MINHA UCRÂNIA

VICTORIA BELIM

MINHA UCRÂNIA

A JORNADA DE UMA MULHER EM BUSCA DA HISTÓRIA DE SUA FAMÍLIA E DE SEU PAÍS

Tradução
Alessandra Esteche

1ª edição

EDITORA RECORD
RIO DE JANEIRO · SÃO PAULO
2023

Título Original
The Rooster House:
A Ukrainian Family Memoir

Tradução
Alessandra Esteche

CIP-BRASIL. CATALOGAÇÃO NA PUBLICAÇÃO
SINDICATO NACIONAL DOS EDITORES DE LIVROS, RJ

B379m   Belim, Victoria
          Minha Ucrânia : a jornada de uma mulher em busca da história de sua família e de seu país / Victoria Belim ; tradução Alessandra Esteche. - 1. ed. - Rio de Janeiro : Record, 2023.

          Tradução de: The rooster house : a Ukrainian family memoir
          ISBN 978-65-5587-827-1

          1. Belim, Victoria - Família. 2. Ucrânia - Guerras - Narrativas pessoais. 3. Pessoas desaparecidas - Ucrânia - História. 4. Ucranianas - Bélgica - Biografia. I. Esteche, Alessandra. II. Título.

23-85461   CDD: 920.72
               CDU: 929-055.2

Meri Gleice Rodrigues de Souza - Bibliotecária - CRB-7/6439

Copyright © 2023 by Victoria Frolova
Copyright de tradução © 2023, Editora Record

Mapa por David Andrassy

Texto revisado segundo o Acordo Ortográfico da Língua Portuguesa de 1990.

Todos os direitos reservados. Proibida a reprodução, no todo ou em parte, através de quaisquer meios.

Direitos exclusivos de publicação em língua portuguesa somente para o Brasil adquiridos pela
EDITORA RECORD LTDA.
Rua Argentina, 171 – Rio de Janeiro, RJ – 20921-380 – Tel.: (21) 2585-2000, que se reserva a propriedade literária desta tradução.

Impresso no Brasil

ISBN 978-65-5587-827-1

Seja um leitor preferencial Record.
Cadastre-se no site www.record.com.br e receba informações sobre nossos lançamentos e nossas promoções.

Atendimento e venda direta ao leitor:
sac@record.com.br

Em memória de minha avó
Valentina (1934-2021)

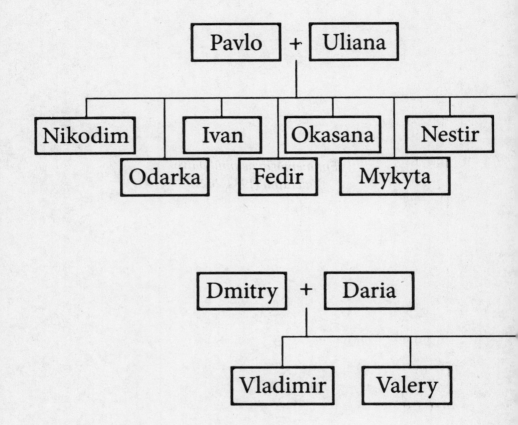

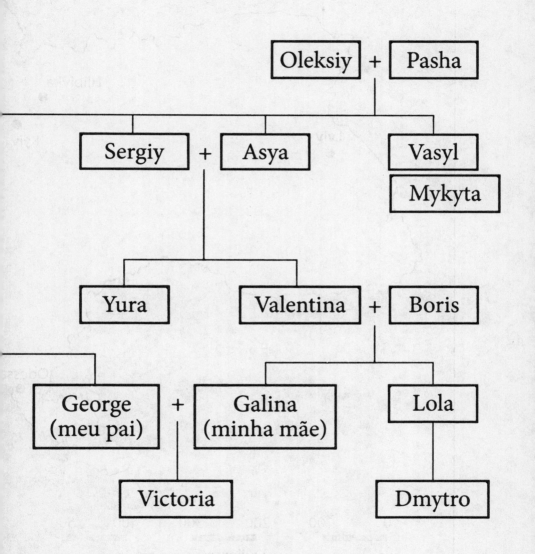

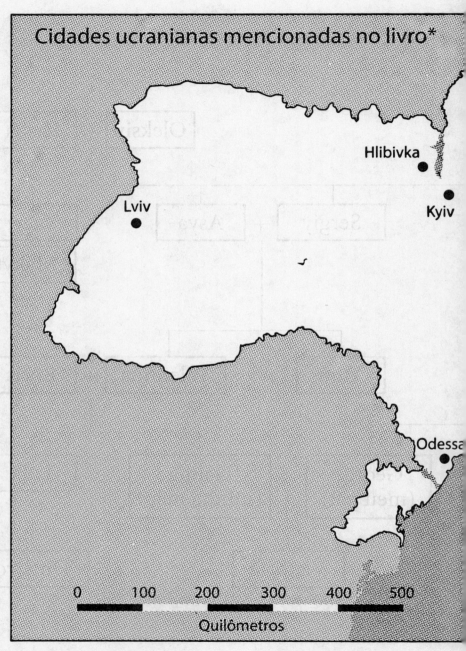

* Apesar do uso corrente de algumas grafias para nomear cidades ucranianas no Brasil, optou-se por seguir as formas adotadas pela autora, que refletem a demanda pela valorização do idioma ucraniano, em detrimento do russo. Com isso, Kiev e Carcóvia, por exemplo, aparecem ao longo do texto nas grafias Kyiv e Kharkiv, respectivamente. *[N. da E.]*

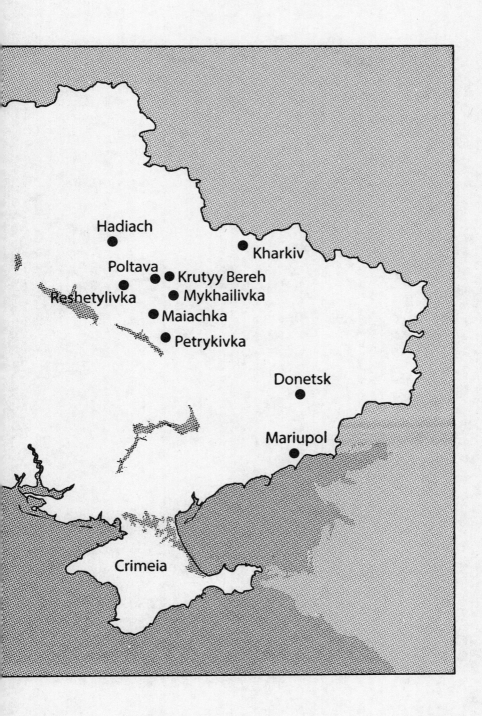

"Quem somos nós? De que pais nascemos?"

— Taras Shevchenko

"É claro que para viver no presente temos primeiro que redimir nosso passado, romper com ele."

— Anton Chekhov, *O jardim das cerejeiras**

---

* Tradução de Millôr Fernandes. Porto Alegre: L&PM, 1983. [*N. da T.*]

Prólogo

Em agosto de 2022, revisei pela última vez o manuscrito deste livro tendo como pano de fundo as notícias sobre a guerra da Ucrânia. A urgência que senti ao escrevê-lo me impressionou mais uma vez. O retrato que faço do país é pessoal e traça a minha história sem esquecer que a história ucraniana é um tsunami. Ao mesmo tempo, tento revelar a natureza complicada da identidade ucraniana e o difícil relacionamento do país com seu passado soviético. Então, posso dizer que a obra explica o contexto em que a guerra atual se desenrola.

O ano de 2014 mudou a minha vida, e seus acontecimentos me fizeram perceber como é intensa a minha conexão com o lugar em que nasci, embora não fosse lá havia anos. A anexação da Crimeia mostrou a facilidade com que a ordem mundial podia ser abalada e a fragilidade dos acordos estabelecidos por estados-nação. Também revelou, para mim, a complexidade da história da Ucrânia, influenciada por sua geografia de "fronteira": localizada entre a Rússia e a União Europeia, o país é disputado em um cabo de força que independe de sua vontade. Às vezes, essa oscilação significa uma troca de ideias vibrante. Em outras, transforma-se em catástrofe, como aconteceu em 2014.

Naquele ano, voltei ao país onde vivi os primeiros 15 anos da minha vida para passar um tempo com a minha avó Valentina e redescobrir a Ucrânia. As viagens que fiz entre 2014 e 2019 forneceram a inspiração para este livro.

Ao reler o manuscrito, encontrei semelhanças entre guerras antigas e a que estava em curso quando o escrevi — similaridades que, apesar de trágicas, espero que toquem profundamente os leitores que desejam entender o país que chamo de lar. O futuro permanece incerto, mas a resiliência da Ucrânia me enche de esperança de que ela saia vitoriosa.

Escolhi assinar esta obra usando o sobrenome da minha bisavó Asya, Belim, com a ortografia que ela preferia, para honrar uma das mulheres que mais me influenciou e que me inspirou a escrever nossas histórias. Embora o nome dos meus familiares seja real, o de alguns personagens foram alterados para preservar suas identidades.

PRIMEIRA PARTE

À costa ucraniana

1

Meu tio Vladimir e eu brigamos um mês depois de seu xará anexar a Crimeia ao território russo. Às 3 horas da manhã, horário de Tel Aviv, ele me enviou uma mensagem dizendo que nossa família deveria ser grata à União Soviética. Quando a li, às 8 da manhã em Bruxelas, não notei que seu perfil do Skype era de um cinza sem vida e que no Viber não aparecia mais a foto dele em posição de lótus.

A minha atenção se fixou na mensagem em si. Ele tinha escrito muitas coisas revoltantes: os Estados Unidos fizeram lavagem cerebral em mim; o capitalismo norte-americano matou meu pai... Porém, o que mais mexeu comigo foi a parte sobre a gratidão à União Soviética. A ideia de alguém sequer aprovar um regime cujo nome era sinônimo de totalitarismo me parecia obscena. Eu não conseguia acreditar que o meu tio, um ávido praticante de ioga e um fotógrafo perspicaz, tinha se tornado um defensor das atrocidades cometidas pelo estado soviético. A União Soviética tinha destroçado minha árvore genealógica impiedosamente, nos dizimando com guerras, fome e expurgos; pagamos caro pelas sete décadas de socialismo soviético. Quanto mais eu vasculhava as memórias da minha infância soviética na Ucrânia e relembrava a miséria que era nossa vida na década de 1980, mais minha garganta se fechava e minhas têmporas latejavam. Fechei o notebook, fui até a janela e encostei a testa no vidro gelado.

Os prédios com fachadas triangulares de Bruxelas brilhavam depois da chuva e nuvens pesadas ainda pairavam sobre uma linha escura de árvores que marcava os limites da cidade a distância. Soltei o ar devagar contra o vidro, observando os telhados vermelhos desvanecerem em um laranja pálido. Alguns segundos depois, no entanto, o vapor da minha respiração se dissipou e tudo voltou à vida, mais vívido que antes. Porém, meus pensamentos seguiram desordenados.

Há três anos, perdi meu pai. Vladimir era o irmão mais velho dele e minha única ligação com aquele lado da família. Nascemos no mesmo país, a Ucrânia. Falávamos a mesma língua, o russo. Vivíamos em lugares onde ninguém nos conheceu enquanto crianças, como Vladimir gostava de dizer. Ainda assim, quando brigávamos, era como se fôssemos de planetas diferentes. Emigrei da Ucrânia aos 15 anos para Chicago, e Vladimir, aos 55 para Tel Aviv, mas ele permaneceu em sua própria galáxia soviética. A União Soviética que ele conhecia não tinha nada a ver com a que eu conhecia. Para mim, ela era privação e prateleiras vazias nas lojas. Para ele, era poder nuclear e exército forte. Minha União Soviética era o colapso da década de 1980 e o desastre de Chernobyl. A dele era o *boom* da década de 1950 e o voo de Yuri Gagarin, primeiro homem a ir ao espaço. Espantava-me o fato de Vladimir esperar que eu me sentisse grata por qualquer uma das duas.

Tínhamos comunistas de carteirinha na família, e meu bisavô materno se dizia um bolchevique, com orgulho. No entanto, esses mesmos comunistas votaram pela independência da Ucrânia em 1991, incluindo esse bisavô bolchevique. Ninguém desejava a União Soviética. Sempre considerei a nostalgia uma doença, da qual a nostalgia soviética era uma variante especial, e o caso de Vladimir me inquietava. Pessoas em sã consciência não deveriam sentir saudade das filas para conseguir comida, dos apagões e da escassez constante, muito menos apoiar e desejar um regime que derrubou todos os valores humanistas, além de matar e prender milhões de seus cidadãos. O próprio Vladimir foi preso por fazer cópias de fitas cassete dos Beatles. Então, se alguém sofreu lavagem cerebral, foi ele.

MINHA UCRÂNIA

19

Se tivesse recebido aquela mesma mensagem em outra época, eu a teria ignorado. Ele já beirava os 80 anos, e muitas pessoas da geração dos meus pais tinham opiniões e ideias que eu não era capaz de conceber. Ressentia-me de seus rompantes antiamericanos, mas a televisão russa fazia com que ele visse o mundo em termos de quintas-colunas e conspirações tortuosas. Eu costumava desviar as conversas da política para a ioga, um interesse que compartilhávamos. Ou pedia a ele que me mostrasse os filmes mudos que fizera quando jovem e que estava começando a digitalizar. Eu aparecia no último a ser restaurado, ainda não nascida. Vladimir o gravou enquanto a família acampava: minha mãe grávida com a mão na barriga, mergulhando os dedos dos pés no rio e olhando para a câmera com timidez; meu pai tirando um peixe grande e reluzente da água. A câmera passando do meu pai para a minha mãe quando ele entregou o peixe para que ela limpasse. A câmera se aproximando do rosto pálido da minha mãe, emoldurado por um corte bob preto, e captando sua expressão de nojo. Vladimir já tinha digitalizado a segunda parte da filmagem que cobria minha infância até 1986, o ano em que Chernobyl explodiu e meus pais se divorciaram.

No entanto, enquanto ele propagava sua nostalgia soviética, a Ucrânia era arrasada em nome da reconstrução da Cortina de Ferro. Outra coisa em comum entre meu tio e Putin era a convicção de que o fim da União Soviética tinha sido "a maior catástrofe do século".

Se meu tio não tivesse tanta fixação pelos Estados Unidos como fonte de todo o mal, talvez culpasse Bruxelas, a minha nova casa, porque tudo começou com um documento elaborado na sede da União Europeia, que ficava na mesma rua que meu apartamento. Talvez atribuísse a tragédia ao acordo que estabeleceu os termos de colaboração e comércio entre União Europeia e Ucrânia, uma associação econômica e política, com a promessa de apoio financeiro do bloco europeu, acesso preferencial a mercados e eventual convergência de padrões legais e políticas de defesa. Os ricos recursos agrícolas da Ucrânia e sua posição estratégica na fronteira oriental da União Europeia tornavam o país um parceiro atrativo. No entanto, para a Federação da Rússia, a virada da vizinha para o Ocidente parecia uma ameaça e uma provocação, já que evidenciava sua perda de influência e de controle sob um território importante para a política russa desde os tempos dos czares. Se o acordo tivesse sido assinado, talvez quase nada teria mudado, sobretudo para a Ucrânia — somente o maior dos otimistas teria a esperança de que um pedaço de papel abrisse as portas da União Soviética para um país pós-soviético disfuncional.

Mas o acordo não foi assinado. O então presidente ucraniano Viktor Yanukovych exibia um sorriso afetado nas reuniões com autoridades da União Europeia e emitia ruídos evasivos sobre liberdade e democracia. Então, em novembro de 2013, ele se agarrou a um empréstimo russo e não assinou o acordo. Quando a notícia vazou, muitos ucranianos ficaram indignados. Apesar de pouco significar, o acordo representava uma virada em direção ao Ocidente e o sonho de uma vida sem a corrupção desenfreada e a pressão constante da Rússia.

— Agora nada nunca vai mudar — disse minha mãe durante uma ligação, em Chicago, engolindo em seco e fungando.

Assistíamos a reportagens na TV que mostravam estudantes reunidos na Maidan Nezalezhnosti, a praça central de Kyiv, para protestar contra a mudança de ideia repentina de Yanukovych.

— Nada nunca muda na Ucrânia — repetia ela sempre que conversávamos, o desespero deixando sua voz rouca.

O Natal chegou, e estudantes continuaram sua vigília na Maidan durantes os dias mais frios do inverno ucraniano.

— Aonde isso vai levar? — perguntava minha mãe, mas ninguém sabia a resposta.

O início daqueles protestos lembrava a Revolução Laranja de 2004, que contestou a fraude eleitoral cometida por Yanukovych. Aquele levante minguou em meio às mesmas denúncias de corrupção que flagelavam todas as presidências ucranianas. Eu não podia me dedicar a

MINHA UCRÂNIA 21

mais uma revolução que provavelmente terminaria como todas as outras, e Vladimir e eu concordávamos que entender a política ucraniana era uma tarefa ingrata. Eu tinha estudado ciência política e até escrito uma tese sobre os padrões de corrupção no mundo pós-comunista, mas a Ucrânia seguia me intrigando. O lugar onde nasci continuava a ser uma terra misteriosa e desconhecida.

Mas, independentemente de eu entender a Ucrânia ou não, os acontecimentos na Maidan acabaram me absorvendo. Quando forças do governo atacaram quem protestava até então, a multidão cresceu, atraindo pessoas de todas as classes e origens. A resposta do governo foi brutal e culminou em snipers atirando nos manifestantes.

Assisti ao noticiário em estado de choque. As imagens surreais de poças vermelhas nas calçadas, buracos de bala e pneus queimando não pareciam a Maidan que existia na minha cabeça. Minha Maidan era um lugar diferente.

"Vamos nos encontrar na Maidan."

Embora minha amiga da escola Alyona morasse perto de mim, atravessávamos a cidade para ir a Khreshchatyk, uma rua de mais de 1,5 quilômetro do centro de Kyiv, onde ficava a Maidan. Sentávamos nos degraus quentes de pedra da praça e observávamos a multidão colorida e apressada de estudantes, famílias e turistas que passava por nós. Imaginávamos que éramos parte daquela energia, da alegria e do glamour. Um dia antes de eu ir para os Estados Unidos, em 1994 — três anos depois da independência da Ucrânia —, Alyona e eu fomos até lá, compramos sorvete de chocolate de um quiosque de rua e comemos passeando pela praça. Alyona estava com um vestido azul-cobalto com colarinho de veludo que a faziam parecer a *femme fatale* que ela queria ser. Eu estava com um batom de cranberry que se acumulava nos cantos da minha boca e me fazia parecer a adolescente desajeitada que eu gostaria de não ser. As castanheiras floresciam em um rosa-escuro, como só acontecia na Khreshchatyk, e parecia que a primavera jamais acabaria.

Em 2014, nada indicava que a primavera tinha começado. As figuras na tela cambaleavam e se chocavam umas contra as outras. A câmera correu atrás delas, penetrando a fumaça preta, e capturou a sombra dos atiradores. O som dos tiros ricocheteou e ecoou em meu quarto em Bruxelas. Eu me senti ensurdecida, meus batimentos cardíacos se acelerando. Quando algo que nos pertence, algo que achamos que jamais será tirado de nós, é destruído diante de nossos olhos, também somos destruídos. Testemunhando os tiros na Maidan, me agarrei às memórias que tinha da Ucrânia na tentativa de recuperar o que era meu e parte de mim.

"Será que Alyona estava naquela manifestação?", perguntava a mim mesma. Mantivemos contato por alguns anos depois que deixei a Ucrânia, mas as cartas ficaram cada vez mais esparsas até que cessaram. Eu lembrava onde Alyona morava em Kyiv, mas não sabia o que tinha acontecido com ela.

Embora a relação entre Ucrânia e Rússia ficasse cada vez mais tensa, achei que o conflito nunca atingiria minha família. Mesmo após o tiroteio na Maidan, não acreditei que a Rússia instigaria uma guerra. E ainda que admitisse a possibilidade de um improvável conflito, tinha certeza de que um entre Rússia e Ucrânia não seria capaz de estilhaçar as raízes entrelaçadas da minha família. O lado ucraniano da família tinha origens, possivelmente judaicas, em Roma, e o lado russo levava a sério o lema comunista "a amizade dos povos", porque, por meio de casamentos, praticamente metade das repúblicas da União Soviética aparecia no mosaico humano da minha árvore genealógica.

Falávamos russo em casa, com exceção dos meus bisavós maternos, Asya e Sergiy, que se comunicavam em ucraniano. Eu não considerava isso um sinal de diferença étnica, porque eles moravam em um povoado e o restante de nós, em Kyiv — na União Soviética, nas cidades se falava o russo e nos povoados, o idioma local das repúblicas. Tanto meu pai quanto meu tio Vladimir, de etnia russa, eram fluentes em ucraniano e recitavam os versos do poeta Taras Shevchenko melhor

MINHA UCRÂNIA

que minha mãe, de etnia ucraniana. Alguns parentes falavam azerbaijano, armênio, iídiche, polonês e bielorrusso. Novos costumes e novas tradições apareciam conforme casamentos e amizades traziam ainda mais cores e culturas ao nosso variado lar. Eu ficava tão confusa quanto ao que colocar no campo "nacionalidade" nos formulários escolares obrigatórios que acabava deixando em branco, para desespero do professor. Não fui ensinada a considerar as pessoas segundo sua etnia, sua raça ou seu idioma, e não fui criada para me identificar com nenhum grupo específico. Levei anos para aprender que isso não era a norma, mas sempre acreditei que deveria ser.

Quando nos mudamos para Chicago, minha identidade seguiu vaga como sempre foi. Sentia falta dos amigos e dos avós que haviam ficado na Ucrânia. Tinha saudade de Kyiv e da justaposição da crueza soviética com o esplendor medieval das cúpulas douradas. Fiquei deprimida e escrevi poemas sobre a morte e a futilidade da vida. Minha mãe e meu padrasto estavam ocupados se adaptando à vida nova, e precisei sobreviver por conta própria à transição de um país para o outro, da infância à vida adulta. Mas logo encontrei muitas coisas para amar no novo país. Ao crescer no subúrbio de Chicago na década de 1990, absorvi a ideia norte-americana de um caldeirão cultural e de uma identidade multifacetada. Não sentia necessidade de me definir. Quando as pessoas perguntavam de onde eu era, respondia "Rússia". A maioria dos norte-americanos que conheci era capaz de juntar pedaços de uma história soviética, mas a Ucrânia era um vazio. Minha mãe era ucraniana, meu pai russo e, como na União Soviética a etnia é herdada do pai, eu podia muito bem ser russa.

Nada disso importava na nossa família. Nem o colapso da União Soviética nem a emigração alteraram a abordagem aberta e tolerante que tínhamos à diversidade, e eu não esperava que isso mudasse com mais uma crise política na Ucrânia.

Mas quando o exército russo apareceu na Crimeia, a tensão entre Vladimir e eu aumentou. Quanto mais eu lia as notícias — e fazia isso de hora em hora —, menos meu corpo parecia me pertencer. Não conseguia parar de assistir à filmagem sombria, procurando por um resquício de esperança ou alguma coisa, qualquer coisa, que impedisse que as coisas saíssem de controle. Mas os tanques chegavam, homens de uniformes verdes não identificados mantinham suas posições, e o pânico me preenchia.

— Não leve isso tão a sério. A península foi um presente do Khrushchev para a Ucrânia — disse Vladimir, tentando me consolar. Quando a gente se falava pelo Skype, a Crimeia ocupava nossos pensamentos, e meu tio se referiu à lei de 1954, quando o secretário-geral tornou a península parte da República Soviética da Ucrânia. — Os tártaros da Crimeia são russos, como nós.

Quis acrescentar que era metade ucraniana, mas não o fiz porque a guerra não era sobre etnia, apesar de tentarem fazer parecer que era, e eu ainda resistia a rótulos.

— Você está esquecendo os habitantes originais, os tártaros — respondi.

— Os habitantes originais eram os gregos — rebateu Vladimir.

— Bom, Stalin deportou tanto os gregos quanto os tártaros depois da Segunda Guerra — lembrei, impaciente.

— E quando a Ucrânia se separou da União Soviética, levou a Crimeia e não perguntou o que as pessoas queriam. Já pensou nisso?

Vladimir levantou a voz, desistindo de me consolar. Mais uma vez, eu discordava da leitura que meu tio fazia da história, porque em 1991 a Ucrânia promoveu um referendo sobre a independência, e todas as regiões, incluindo a Crimeia, votaram por sair da União Soviética. Sendo justa, na Crimeia a proporção foi menor que em qualquer outro lugar, mas não disse isso porque, de qualquer forma, meu tio não iria me ouvir.

— Você culpa a população da Crimeia por apoiar Putin? — continuou ele.

— Por que você apoia Putin? — perguntei. — Em Tel Aviv, ainda por cima.

MINHA UCRÂNIA

— Eu sou russo.

— Parece que você se tornou mais russo depois que saiu da Ucrânia. Mas onde você nasceu? Onde passou a maior parte da vida? Na Ucrânia!

Vladimir olhava para baixo, para o canto esquerdo da tela. Ele era só articulações pontiagudas, cabeça careca e faces encovadas. De uma magreza asceta, parecia um monge estilita, mas, quando eu dizia algo que o deixava frustrado, ele retorcia a boca em um sorriso torto que o fazia parecer um elfo mal-humorado.

— Quando ouço os discursos de políticos norte-americanos e europeus, fico impressionado com sua ignorância a respeito da história da Ucrânia — disse ele, finalmente. — A fala deles não passa de tagarelice infantil.

— Se nem os ucranianos conhecem direito a própria história, o que esperar dos outros? — perguntei, retoricamente.

Vladimir assentiu e, aliviados por ainda sermos capazes de concordar em alguma coisa, passamos a falar de filmes e de como a câmera via mais que o olho.

Naquele dia me dei conta de quanto a guerra tinha se tornado uma tragédia pessoal. O conflito na Ucrânia era sobre controle, não etnia ou idioma. No entanto, rótulos como pró-Rússia, pró-Ucrânia, falante de russo, falante de ucraniano ou pró-europeu se tornaram uma abreviação da posição política. Pela primeira vez na vida, esperavam que eu tomasse partido e usasse uma etiqueta, mas não podia arrancar os fios ucranianos ou os russos da tapeçaria da minha identidade. Eu não tinha certeza da minha posição política, só que não queria um retorno à União Soviética.

Mas na época também não sabia se queria retornar à Ucrânia. Minha mãe viajava para lá todos os anos desde que nos mudamos para os Estados Unidos, e passava o verão com Valentina — sua mãe e minha avó —, mas nem sempre podíamos pagar passagens aéreas para nós duas. Nas raras ocasiões em que me juntei a ela, me senti mais estrangeira em Kyiv do que em Chicago. A União Soviética onde vivi os primeiros 13 anos da minha vida tinha desaparecido, e a Ucrânia que assumiu seu lugar me era desconhecida. Depois de duas décadas nos Estados Unidos, me mudei com meu marido para a Bélgica, refazendo os passos até o velho mundo que minha família tinha deixado para trás com poucos arrependimentos. Achava que viajaria à Ucrânia com mais frequência, mas não o fiz. "Ir embora é difícil, e voltar também", dizia Valentina. Eu não entendia o que ela queria dizer. Sentia que já era complicado chegar, e mais ainda lidar com o que tinha sido deixado para trás.

No fim, não tive escolha, porque a Ucrânia voltou para mim. O tempo reiniciou, rebobinando os anos que eu passara na Bélgica e nos Estados Unidos como se não tivessem acontecido. A Ucrânia que nunca reivindiquei tomou conta de mim e preencheu meus pensamentos e vazios com suas memórias. Os marcos da minha infância — nosso velho apartamento em Kyiv, as castanheiras da Khreshchatyk e a casa cor de pêssego dos meus bisavós em Bereh — me pareciam mais nítidos que os edifícios à vista da minha janela em Bruxelas. Essas memórias reluzindo entre as notícias da carnificina na Ucrânia eram insuportáveis, mas eu as persegui, evocando os mínimos detalhes, como quando apertamos um hematoma latejante para descobrir quanta dor somos capazes de aguentar. O tiroteio na Maidan pulverizou minha ilusão de que a Ucrânia era longe. Então, a decisão de Putin de usar poder militar, sancionada pelo parlamento russo no dia 1º de março de 2014, estilhaçou as minhas expectativas sobre a guerra. Ela estava próxima.

Como a maioria das crianças soviéticas, cresci com as memórias que meus avós tinham da Segunda Guerra. "Se não houvesse guerra", era um mantra que repetiam. Qualquer catástrofe poderia ser superada, diziam, mas viver durante uma guerra mais uma vez era pior que a morte.

A primeira indicação do que meus avós queriam dizer surgiu quando a União Soviética decidiu invadir o Afeganistão, dando início à guerra. Embora as batalhas fossem distantes, os veteranos que voltavam das montanhas do país islâmico traziam a Guerra do Afeganistão com eles. Às vezes os víamos, carrancudos, sem um membro, tocando acordeão na rua ou falando alto no ônibus, dizendo frases truncadas que me assustavam. O que mais me apavorava, no entanto, eram as pessoas como o amigo do meu pai, Danil. Ele foi convocado em 1984 e dispensado um ano depois. Alto, com cabelos escuros e incrivelmente bonito, ele se sentava à nossa mesa de jantar com a esposa Masha e contava piadas, apressando o fim e rindo tanto que não percebia o nosso silêncio. Então parava no meio de uma frase e se agarrava à lateral da mesa, os nós dos dedos embranquecendo de tanto que ele apertava. As mãos e os olhos de Masha não conseguiam encontrar um lugar para descansar. Minha mãe olhava para meu pai, que encarava Danil com uma súplica no olhar. Depois de alguns segundos que pareciam uma eternidade, o homem recompunha a expressão e ria, mostrando os dentes, mas sua esposa continuava respondendo coisas sem sentido e minha mãe me mandava brincar lá fora. Não dizíamos palavras como depressão, ansiedade ou estresse pós-traumático; era somente "guerra", e esse único termo explicava tudo.

Um dia, Danil e Masha nos convidaram para jantar na casa deles. Quando chegamos, fomos impedidos de entrar por uma multidão e uma ambulância.

— Um homem tão lindo... — disse alguém ao nosso lado.

— Ex-soldados sempre têm armas.

— Muitos deles voltam perturbados.

— Não, foi com o rifle de caça.

— Foi na banheira.

— A guerra...

Meu pai empurrou as pessoas e correu na direção da casa. Minha mãe cobriu meus ouvidos e apertou meu rosto contra sua saia. Suas mãos tremiam tanto que seu pequeno anel de pérola puxava dolorosamente meu cabelo. Consegui ver dois médicos empurrando uma maca coberta com um lençol branco. Um braço qual o de uma boneca de pano balançava ao ritmo de seus passos. Masha estava em pé, rígida, em frente à casa, mas desmoronou e uivou ao ver o meu pai. Minha mãe me pegou pela mão e saiu correndo do quintal, me arrastando atrás de si. O grito animalesco e angustiante de Masha nos seguiu por todo o caminho até nossa casa.

Eu devia ter uns 7 anos quando Danil se suicidou, mas em 2014, lendo sobre a guerra na Ucrânia, essa memória ainda me fazia estremecer. Aquele uivo de Masha vivia em mim, e, quanto mais a guerra se tornava real, mais eu o sentia preso na minha própria garganta. A guerra virou realidade antes mesmo que qualquer tiro fosse disparado, mas logo isso também aconteceu e as pessoas morreram. Depois de a Rússia anexar a Crimeia, várias cidades na Ucrânia Oriental declararam independência em relação ao governo de Kyiv e buscaram apoio russo. Novas repúblicas apareciam da noite para o dia, assim como novos campos de batalha. A primeira página dos jornais era repleta de nomes de cidades onde as pessoas invadiram prédios do governo e se agrediram — Kharkiv, Donetsk, Odessa, Mariupol.

Ao ver os marcos da minha geografia pessoal tomados pelo caos, perdi a noção do tempo. Minha mãe nascera em Kharkiv, a metrópole mais ao leste da Ucrânia, onde minha avó Valentina estudou geografia. Meu pai um dia trouxe um pedaço de carvão bruto de Donetsk, onde trabalhou por um breve tempo depois de uma temporada malsucedida garimpando ouro na Sibéria. Ele disse que era um meteorito, mas minha mãe retrucou, alegando que era uma pedra comum. De qualquer modo, a forma áspera e reluzente me cativou. Em Odessa, perdi meu urso de pelúcia favorito correndo pela famosa Escadaria de Potemkin e fiquei inconsolável até que, mais tarde, na praia, meu pai me mostrou como os caranguejos-ermitões trocavam de concha. Em Mariupol, uma cidade famosa por suas frutas, minha mãe e eu compramos uma mudinha de cerejeira para o jardim da minha bisavó Asya. Os acontecimentos correntes na Ucrânia silenciaram todas as minhas sensações, com exceção do medo e do pânico. O lugar onde nasci e cresci, onde minha avó morava... Meu país natal sofria, e eu com ele. Cada nova onda de violência que convulsionava a Ucrânia reverberava em mim, liberando uma enxurrada de imagens e memórias.

Vladimir também lidava com as próprias ansiedades. Em dias bons, me mandava e-mails com fotos da juventude e histórias sobre viagens pela Ucrânia na garupa da motocicleta de um amigo ou de como construía gravadores de som com os irmãos. Eram mais frequentes, no entanto, os links de sites russos que descreviam os acontecimentos na Ucrânia como obra de neonazistas e nacionalistas. Quando separatistas em Donetsk e Lugansk estabeleceram suas repúblicas separatistas, a propaganda russa entrou em ação e manteve seus espectadores frenéticos com uma ladainha de teorias conspiratórias, presunção de poder e paranoia. Quando meu tio se agarrou à teoria de que os acontecimentos na Ucrânia eram obra da CIA em colaboração com nacionalistas ucranianos, nossas conversas passaram a ser assombradas por esses espectros. Outro alvo de sua ira eram os Estados Unidos.

— Por que os Estados Unidos tinham que se meter? Por que sempre têm que se meter? — indagava Vladimir, apontando o dedo ossudo para a câmera.

Eu nem morava mais lá, porém, aquele foi o lugar que me nutriu, e eu tinha um carinho muito grande por ele. Mais que isso, via o apoio dos Estados Unidos à Ucrânia como crucial para impedir que a Rússia invadisse o território. Estava perdendo a paciência e a cada conversa fui ficando mais na defensiva.

— Quando seu pai decidiu se mudar para os Estados Unidos, disse a ele o que eu pensava — continuou Vladimir. — Falei que ele estava cometendo um grande erro. Se seu pai tivesse me ouvido...

Minha mandíbula se contraiu.

— Deixe meu pai fora disso, está bem? — retruquei e inventei que um carteiro estava na minha porta como desculpa para interromper a conversa.

Com o passar do tempo, a Ucrânia e a política dominaram nossas discussões. Apesar das trocas cada vez mais tensas, Vladimir era a única ligação que eu tinha com a família do meu pai. Eu acreditava que ele precisava da minha companhia por ser idoso e morar com uma filha que trabalhava em dois empregos. A saúde frágil significava que a maior parte da sua vida social acontecia on-line, e eu sentia falta dos laços familiares já que vivia em um lugar onde eles não existiam. Ainda assim, com as opiniões dele se tornando cada vez mais radicais, eu não conseguia prever nem controlar minhas reações a elas.

— A Europa devia agradecer a Stalin — disse Vladimir. — Se não fosse por ele, todos teríamos sido destruídos por Hitler.

Eu já tinha ouvido Vladimir elogiando Putin e condenando a democracia como permissão para acumular riqueza, mas a veneração a Stalin era uma surpresa.

— Stalin era como Hitler — retruquei, levantando a voz mais do que pretendia.

— Mas ele ganhou a guerra — argumentou meu tio.

A guerra explicava tudo, como sempre.

— A que custo! Por causa do seu descaso com o povo, a União Soviética perdeu 9 milhões de vidas. Dos 12 irmãos da vó Daria, seus tios e tias, somente dois sobreviveram à guerra! E quantas pessoas o regime de Stalin matou? Vinte milhões, se não mais!

Uma brisa fria de primavera entrou por uma janela aberta e fez os papéis na minha mesa tremularem, mas eu sentia o ar à minha volta quente e elétrico.

— Eu sobrevivi à guerra — disse Vladimir, melancólico.

Não falei nada e nos remexemos diante de nossas telas, ajeitando o ângulo das câmeras.

— Mas, como eu disse, Stalin tinha uma guerra a lutar e precisava ser forte. Sempre há consequências.

Vladimir tinha recuperado a calma e o controle.

— Que guerra ele lutou na década de 1930 quando matou de fome milhões de camponeses na Ucrânia?

— Você está falando do tal do Holodomor? — perguntou, imprimindo uma inflexão sarcástica à palavra que os ucranianos usavam para se referir à Grande Fome. — Foi a colheita que fracassou. Pessoas morreram em muitos lugares, não só na Ucrânia.

— Mas Stalin forçou uma coletivização desastrosa, e o Partido Comunista negou ajuda às áreas atingidas. Há documentos que provam que a fome foi criada deliberadamente para atingir o campesinato ucraniano que resistia às políticas soviéticas.

— É isso que ensinam nas escolas americanas?

Eu tinha provas e fatos organizados em minha cabeça, mas a essa altura meus argumentos foram tomados pela agitação.

— Cresci com pessoas que tinham memórias de tudo. Asya e Sergiy viveram aquilo e me contaram histórias — respondi, a voz embargada.

— Todos contamos histórias, mas elas nem sempre significam o que você acha que significam.

Mais tarde, ele me enviou por e-mail um artigo de um site nacionalista russo chamado "A verdadeira história da fome na Ucrânia". Eu não deveria ter aberto, mas não pude resistir a infligir mais dor a mim mesma. O artigo dizia que a fome da década de 1930 fora inventada por nacionalistas ucranianos no Canadá e que os ucranianos se agarraram à ideia para explorar a condição de vítimas. Passei os olhos secos no texto, sentindo cada músculo do meu corpo se contrair.

A fome atingiu outras regiões da União Soviética, mas na Ucrânia foi pior. Quatro milhões de ucranianos morreram de fome durante o Holodomor, nos anos 1932 e 1933. Isso deixou cicatrizes profundas nas memórias dos meus avós paternos que viveram a fome. Minha bisavó Asya, por parte de mãe — que Vladimir conhecera no casamento dos meus pais —, trabalhava como professora em um povoado perto de Poltava e viu os alunos morrerem um a um. Todos os dias, as aulas começavam depois de ela cavar os túmulos das crianças mortas que não tinham mais ninguém para enterrá-las. Colheitas foram confiscadas e enviadas a outras regiões da União Soviética ou exportadas; o governo soviético fechou divisas e fronteiras para evitar que as pessoas deixassem seus povoados. Asya tinha apenas 18 anos na época e o medo da fome a assombrou pelo resto da vida. Uma vez, joguei fora um pote de geleia mofada e ela ficou furiosa. Gritou que eu era uma pirralha mimada que desperdiçava comida, que não sabia o que era passar fome. Então se agachou ao lado da lixeira e raspou a geleia do pote, colocando-a em uma latinha. Depois comeu.

Baixei a tela do computador. Meus ouvidos zumbiam e sentia meu rosto arder. A negação de Vladimir a respeito da experiência da minha família era um tapa na cara.

Não atendi quando ele voltou a ligar, mas enviei uma mensagem dizendo que não entendia como ele podia aplaudir uma União Soviética que destruíra tantas vidas em nossa família.

Vladimir respondeu, argumentando que a União Soviética defendeu o mundo do fascismo. Ela mandou o primeiro homem ao espaço. Ela era um poder grandioso. Claro, havia problemas também. Qualquer sistema tem falhas. O capitalismo americano era muito pior, por exemplo.

— A podre ideologia da democracia está contaminando a Ucrânia com seu fedor — disse ele, na ligação seguinte. — Putin está enfrentando os Estados Unidos. Já passou da hora de alguém fazer isso.

— Se gosta tanto do Putin, por que está morando em Israel? — perguntei.

— E você, a patriota ucraniana, por que está em Bruxelas e não no "seu país" com "seu povo"?

Foi quando mencionei a prisão de Vladimir, por algo tão trivial quanto gostar dos Beatles — ele mesmo foi vítima da repressão soviética ao ser condenado por vender cópias de fitas de música. Será que os juízes se ofenderam tanto com "Estou de volta à URSS. Vocês não sabem a sorte que têm"* que colocaram meu tio atrás das grades por três anos?

---

* Tradução literal dos versos da música dos Beatles "Back to the U.S.S.R.": I'm back in the U.S.S.R./You don't know how lucky you are. [N. da T.]

MINHA UCRÂNIA   33

Vladimir desligou. Eu me senti culpada e me repreendi, mas ainda estava com raiva por seus comentários sobre o Holodomor. Nos dias seguintes, vi seu perfil do Skype se acender de vez em quando, mas ele não me ligava nem me mandava e-mails. No fim daquela semana, ele entrou em contato e sua mensagem foi breve.

Escreveu que tinha sido preso na União Soviética, mas que não tinha nenhum arrependimento. "Precisamos ser gratos à União Soviética por todas as oportunidades que ela nos deu", acrescentou ao fim da mensagem. "Nada mais que eu possa dizer vai ser assimilado, porque os Estados Unidos fizeram lavagem cerebral em você, isso é tão certo quanto o fato de o capitalismo americano ter matado seu pai."

Um assovio penetrou os meus ouvidos como se eu tivesse caído de uma grande altura. Respirei fundo, tentando encher os pulmões apesar do aperto na garganta. Depois que a raiva inicial diminuiu, passei o dia inteiro pensando em uma resposta. Escrevi que minha experiência com a União Soviética me deixou incapaz de ser grata a ela. Se nossa família conseguiu alguma coisa foi apesar do sistema, não por causa dele. Reli a mensagem e apaguei. Escrevi relembrando Vladimir de que, por mais tempo que eu tivesse passado longe da Ucrânia, ela continuava sendo o lugar onde nasci e cresci. Apaguei isso também. Então escrevi pedindo a ele que não se envolvesse em teorias ridículas sobre o papel do capitalismo americano na morte do meu pai. Pensei por um instante e coloquei a mensagem na lixeira.

O e-mail que mandei consistia em uma linha: "Você esqueceu o pacto que fizemos três anos atrás?"

Enquanto escrevia, pude ver o rosto do meu pai — o bigode farto e levemente grisalho, os óculos de armação dourada e os cabelos castanhos encaracolados. A última vez que o vi foi em São Francisco. Ele e minha madrasta Karina viviam na baía de São Francisco havia mais de dez anos, e fiz uma visita surpresa durante uma viagem de trabalho à Califórnia. Meu pai foi me buscar na estação de trem, ajeitou minha pequena bagagem no porta-malas do carro e me olhou com uma ternura inesperada. Nosso relacionamento tinha certa tensão, e eu não soube como reagir. Dei-lhe um abraço e senti o aroma familiar de fumaça de cigarro e colônia que me reconfortava.

— Você é adulta agora — disse ele.

Eu quis responder que, aos 32 anos, era mesmo, mas um quê de tristeza em sua voz fez meu coração bater em descompasso. Ele se arrependia de ter se ausentado da minha vida por tantos anos? Será que queria reparar seus erros?

Tivemos bons momentos durante a visita, assistimos a competições de canto e preparamos caranguejo com minha madrasta. Meu pai parecia estar de bom humor, falou sobre um novo empreendimento e até me mostrou algumas casas que queria comprar. Conversamos sobre meu trabalho como redatora freelancer escrevendo sobre olfato e como eu descrevia aromas e as memórias que eles evocam. Foi apenas um fim de semana prolongado, mas ainda me lembro dele com clareza, até mesmo do padrão batique da camisa amarela do meu pai e do cheiro adocicado do caranguejo cozido.

Depois que ele morreu, Vladimir e eu fizemos um pacto. Ele mesmo o sugeriu; conversaríamos sobre meu pai e o que quer que houvesse acontecido quando eu estivesse pronta. Como irmão mais velho do meu pai, ele era a pessoa mais próxima da minha vida que o conhecia muito bem. Vladimir compartilhava várias lembranças da juventude dos dois juntos, mas eu não estava preparada para examinar as causas por trás daquela morte. Era muito doloroso. Em todas as nossas discussões sobre a União Soviética, Vladimir tinha quebrado sua promessa. Negar a história da Ucrânia me frustrava, mas citar o fantasma do meu pai me machucava. Se Vladimir achava que o capitalismo tinha mesmo matado o meu pai, eu não suportaria saber o porquê.

Vladimir não recebeu minha mensagem — fui notificada de que o usuário não foi encontrado. Fiquei tão furiosa por ter sido privada da chance de responder que bloqueei o perfil sem foto dele no Skype e marquei seu endereço de e-mail como spam.

2

Ficar de luto por um lugar é muito mais difícil que lamentar a morte de uma pessoa. Perder alguém que amamos é trágico, mas é inevitável, faz parte da experiência humana; a guerra, não. Ver lugares que conhecíamos afundando na violência nos faz sofrer por nós mesmos, pela pessoa que fomos um dia, e questionamos quem nos tornamos. A dor me espremeu a ponto de eu não ser mais capaz de articular qualquer pensamento coerente. Às vezes, enquanto estava entre amigos bebendo uma taça de vinho, pensava: *E se o exército russo invadir mais do que a Crimeia?* Imagens em preto e branco de filmes a que assisti quando criança sobre a Segunda Guerra Mundial vinham à minha mente: tanques entrando no povoado dos meus avós, homens de uniformes derrubando nosso pomar de cerejeiras, bombas caindo em nosso antigo apartamento em Kyiv. Então alguém me perguntava se eu estava bem, eu bebia um gole de vinho e assentia. Eu não sabia como explicar para meus empáticos amigos que a cada dia daquela guerra não declarada algo se estilhaçava dentro de mim. Para eles, a guerra existia nas páginas dos jornais e em lugares distantes. Pedir compaixão nessas circunstâncias obriga as pessoas a fazer julgamentos morais e escolher lados, e eu mesma tinha dificuldade de entender os acontecimentos.

Muitas noites, já deitada na cama, a única maneira de aliviar a dor era imaginar uma faca afiada cortando meu diafragma, partindo meus ossos e rasgando a minha carne. Imaginar uma dor maior que a que eu sentia me acalmava por um instante, mas revelava a verdadeira profundidade da minha agonia. Então eu sofria ainda mais. Ou então ficava acordada, sentada à janela da sala, com o rosto encostado no vidro gelado, deixando as lágrimas escorrerem contra uma Bruxelas tremeluzente no halo prateado das luzes.

Minha família lamentou e entrou em pânico, cada um à sua maneira. Minha mãe imaginava os piores cenários e se baseava em exemplos da Guerra dos Bálcãs para explicar o que estava acontecendo na Ucrânia. Minha tia discutia com quem pensava igual a Vladimir e reclamava do fascínio de um ex-colega pelo presidente da Rússia.

— Ele chegou a comprar um casaco parecido com o do Putin. Sabe, todo preto com a golinha rígida — contou ela. — Todos os anos, ele vai à Rússia "para respirar o ar da liberdade". É isso que ele escreve no Facebook. Ele mora no Canadá!

Depois dessas conversas, minha vontade era chorar ou socar as paredes.

A pessoa com quem eu mais conversava era minha avó Valentina, porque ela não queria falar sobre a guerra. Ela dizia que os canais de TV não paravam de falar sobre isso e todas as conversas giravam em torno dela. Cansada do assunto, falava principalmente sobre o pomar e o plantio da primavera. Quando eu perguntava se ela tinha um passaporte, caso precisássemos tirá-la da Ucrânia, respondia que não precisava de um. Quando eu insistia, ela repetia e afirmava que não queria ir a lugar algum, não importava o que acontecesse, articulando cada palavra. Ao conversar com ela, eu não temia tropeçar em um assunto que nos deixaria chateadas uma com a outra.

Eu me distraía ao falar sobre podar cerejeiras e plantar tomates, mas, quando desligávamos, voltava a um estado de ansiedade e desânimo. Também estava obcecada pelo conflito com Vladimir. Repassava vários argumentos na cabeça para convencê-lo de que a maior catástrofe não foi o colapso da União Soviética, mas sua existência. Eu me imaginava dizendo a ele que a Ucrânia, com sua posição-chave no mapa, seria sempre um campo de batalha para as ambições imperiais da Rússia, que faria qualquer coisa para manter aquela faixa de terra sob seu controle, apesar de os ucranianos terem o direito de escolher quem os governaria e como viveriam. Então me lembrava de suas acusações injustas e minha raiva aflorava em dobro.

Mas acabei descobrindo algo que eu podia fazer: comprar uma passagem e ir para a Ucrânia. Vladimir tinha me incitado a viajar até lá, e decidi aceitar o desafio. E, de repente, certa manhã, jurei voltar a Bereh.

Bereh, ou mais propriamente Krutyy Bereh, era como chamávamos um povoado próximo da cidade de Poltava, na Ucrânia Central. Krutyy Bereh determinou a estratégia da Batalha de Poltava, um divisor de águas na guerra entre Suécia e Rússia e na história europeia, e prosperou na tecelagem, mas esses acontecimentos gloriosos eram passado. Krutyy Bereh significa "costa íngreme", indicando sua localização no rio Vorskla. Sem o adorno dos adjetivos, Bereh significa "nossa costa" para a família da minha mãe.

Nenhum deles nasceu lá, nem mesmo os patriarcas, meus bisavós Asya e Sergiy. Suas raízes estavam em Poltava, só que Bereh era a coisa mais próxima que eles tinham de um lar ancestral. Não tinham joias herdadas de antepassados ilustres nem suas árvores genealógicas. Conheciam os ancestrais distantes apenas pela virtude da própria existência, porque havia poucos vestígios. É difícil acumular bens e história ininterrupta quando se vive em um lugar chamado de "terra do sangue", "zona fronteiriça" ou "a fronteira". Asya e Sergiy vivenciaram muitas reviravoltas no século XX e seu modo de vida foi varrido por uma torrencial sucessão de acontecimentos. No fim, qualquer coisa que tivesse sobrevivido era valorizada simplesmente porque resistiu do caos. Minha mãe e minha tia disputavam as xícaras lascadas da década de 1930 de Asya com a paixão de gregos conversando sobre a repatriação dos mármores do Partenon. Um pedaço translúcido de porcelana era o oposto de um *memento mori*, uma lembrança da mortalidade. Era um *memento vivere*, um testamento precioso da vida e da resiliência. Como o lugar onde a família da minha mãe foi parar após o tumulto da guerra, e sobreviveu, Bereh se tornou nosso *memento vivere* mais importante.

Nasci em Kyiv, mas passei os primeiros 15 verões da minha vida naquela aldeia no rio Vorskla. Considerava Bereh minha segunda casa, e Asya e Sergiy eram meus segundos pais. A foto de casamento deles está na minha estante em Bruxelas — dois jovens de expressão séria. Eles parecem prontos para a batalha, não para o matrimônio, mas em nossa família a parceria deles era considerada a ideal. Ambos nutriram em todos nós a ideia de lar. Quando eu tinha 8 anos, meus pais se divorciaram, e aquele lugar se tornou meu refúgio.

Sergiy foi diretor de uma escola em Bereh e um veterano de guerra que perdeu a perna durante a infame Batalha de Kursk em 1943. Aposentado, cuidava do jardim e dos bisnetos. Assumiu as responsabilidades de um pai quando o meu se ausentou depois do divórcio. Um homem de fala mansa e temperamento brando, raramente erguia a voz ou perdia a paciência, e ainda assim projetava força e determinação. A única lembrança que tenho dele irritado comigo foi quando, depois de devorar os livros de sua biblioteca, engoli um volume dos escritos de Lênin e decidi que o melhor insulto para meu primo de 6 anos seria "burguês".

— Ninguém na nossa família é burguês! Essa palavra não é boa! — trovejou Sergiy ao me ouvir.

Ele abraçou o movimento comunista quando ainda era adolescente e sua lealdade nunca vacilou. Eu usei aquela palavra como insulto exatamente pela natureza ofensiva de ser chamado de "burguês", mas mantive a boca fechada enquanto Sergiy se perguntava se uma garota de 12 anos deveria estar lendo aquilo. Asya riu muito ao ouvir essa história.

Ela trabalhou na mesma escola que Sergiy, mas quando nasci ela também já estava aposentada do magistério havia muito tempo e empregava sua paixão no pomar e no jardim, colecionando espécies variadas de flores e árvores frutíferas. Sempre empreendedora, ela aproveitou a oportunidade e começou a vender flores e frutas no mercado central de Poltava assim que o governo permitiu o comércio privado em pequena escala. Chamada de "a cidade" em Bereh, Poltava era um lugar tranquilo e provinciano, com construções neoclássicas brancas, igrejas verde-menta e monumentos ao escritor russo Nikolai Gógol, um local. Ela ficava a 15 minutos de ônibus de Bereh, uma viagem que Asya fazia todos os dias, exceto às segundas-feiras, quando o mercado não abria. Ela investiu seus lucros em ouro e, quando a União Soviética e sua economia entraram em colapso, ela manteve sua reserva ilesa. Seu pomar de cerejeiras nos alimentou, nos vestiu e nos ajudou a sobreviver ao caos do início da década de 1990. Ela não via nada de errado em ser chamada de burguesa.

Ao contrário do meu bisavô discreto, Asya tinha a língua afiada e um senso de humor indecente. Podia-se contar com ela para dizer coisas inesperadas e desconcertantes. Um dia, quando eu já tinha idade suficiente para paixonites na escola, perguntei como Sergiy e ela se conheceram. O sol da tarde entrava pela janela gradeada estreita, projetando seus raios sobre a pesada mobília de carvalho e uma mesa posta para o chá.

Minha bisavó estava descansando depois de acordar às 4 horas da manhã e ir trabalhar no mercado.

— Bisa, por que você se casou com o biso?

Fiz a pergunta em russo e ela respondeu em ucraniano, um padrão comum em famílias soviéticas mistas como a nossa.

— Por quê? Porque era uma boba — respondeu, sem perceber a minha confusão.

Eu esperava histórias sobre serenatas de violão e outros rituais de paquera como os que apareciam em filmes e livros.

— Eu era linda — acrescentou, gesticulando com as mãos para evocar sua antiga figura em forma de ampulheta.

Nisso eu acreditava, porque, mesmo com mais de 70 anos, Asya era uma mulher impressionante: alta, majestosa, com curvas dignas de um quadro de Rubens.

— Seu bisavô estava apaixonado por mim.

Nisso eu também acreditava, porque Sergiy ainda fazia tudo por ela. Ele tinha servido em uma divisão de tanques na Segunda Guerra Mundial, mas era Asya quem mandava. O silêncio era tanto que dava para ouvir os pombos batendo as asas sob o beiral da casa.

— Ele tinha um cartão de racionamento — contou.

Sergiy entrou nessa hora, com uma cesta cheia de cerejas.

— Asya, do que você está falando? — perguntou, e seu rosto ficou tão vermelho quanto as frutas que carregava.

Ela o olhou com um brilho travesso nos olhos azuis e soltou uma risada melodiosa que com certeza ainda o fascinava. Ele balançou a cabeça e saiu.

À época, eu não entendi o que a história de Asya significava. Parecia impossível que seu casamento fosse baseado em cálculos frios e mercantis. Quando Sergiy olhava para ela, o vinco profundo que havia entre suas sobrancelhas se suavizava e seu rosto se iluminava. "Que você encontre alguém que a ame tanto quanto Sergiy ama Asya", dizia minha mãe, sem acreditar muito que isso fosse possível.

O casamento dos meus bisavós durara sessenta anos e o da minha mãe, oito. Mas meus bisavós se conheceram enquanto trabalhavam como professores no povoado, e em 1932 a fome começou. Durante aqueles anos, cartões de racionamento eram o principal meio de sobrevivência e, como professor sênior, Sergiy tinha um. Apaixonado por Asya, ele a pediu em casamento, e ela aceitou. Asya nunca fingiu ter se casado por amor.

As histórias de Asya eram como os contos das Mil e Uma Noites — narrativas intrincadas que continham outras parábolas que apenas os iniciados eram capazes de entender. Eu era jovem demais e influenciável demais à propaganda soviética para perceber as dei-

MINHA UCRÂNIA 41

xas dela. Na escola, nas décadas de 1980 e 1990, aprendíamos que camponeses e trabalhadores eram o alicerce da sociedade, os maiores beneficiários do regime comunista. O governo soviético não deixaria as mesmas pessoas que eles "libertaram do jugo dos proprietários de terras maldosos morrerem de fome. O stalinismo foi desacreditado por Khrushchev na década de 1960, mas Lênin ainda era um cara legal, e em meu uniforme escolar eu usava uma estrela dos Jovens Pioneiros com o perfil do líder da Revolução Bolchevique e ansiava pelo dia em que poderia usar um lenço vermelho. O próprio Lênin disse: "As forças intelectuais dos trabalhadores e dos camponeses estão crescendo e ficando mais fortes em sua luta para derrubar a burguesia." Li isso em um dos livros de Sergiy. Só comecei a juntar as peças do quebra-cabeça muito depois, conforme fui ficando mais velha.

Asya era o centro do nosso lar, e eu gostava quando minha tia e sua família vinham para Bereh, porque eu tinha que ceder meu quarto para eles e dormia com a minha bisavó. Meus bisavós dormiam em camas separadas — ele, em uma estreita cama de campanha, ela, em uma cama enorme com travesseiros bordados e colchas coloridas. Eu me aconchegava ao lado dela, entre sua barriga macia e a tapeçaria turcomena áspera da parede. Sergiy levantava durante a noite — a perna amputada o incomodava, lançando espasmos de uma dor fantasma por todo o seu corpo. Pela manhã, ele tinha um ritual elaborado para colocar a prótese. Eu o via envolver a pele rosada em camadas de flanela com a mesma fascinação com que observava a dentadura de Asya flutuar em um copo com água. A Segunda Guerra Mundial cortou a família como uma foice, deixando cicatrizes — que, para mim, eram parte da vida cotidiana.

— Conte uma história do seu passado — sussurrava eu para Asya, depois de ouvir a respiração de Sergiy ficar lenta e regular.

Ela raramente fazia isso na frente dele. Seus contos-enigma me desconcertavam, permaneciam em minha memória, e eu a instigava a contar mais.

— Conversa de velha, é isso que minhas histórias são. Não encha sua cabeça de besteiras. O passado ficou para trás — retrucava, fechando o livro e esfregando uma pomada de cheiro forte nas mãos arranhadas por espinhos de rosas. Às vezes, no entanto, ela fazia minha vontade e falava.

Quando eu tinha 15 anos, mudei, com minha mãe, meu padrasto e meu irmão, para Chicago, e Asya e Sergiy faleceram alguns anos depois. Em vinte anos nos Estados Unidos, visitei Bereh apenas duas vezes, e a ausência deles foi tão forte que me deprimiu. Vi canteiros de flores tomados por mato e teias de aranha nas ferramentas de jardinagem de Asya. A prótese de Sergiy, com um brilho incomum entre os móveis cobertos de pó da casa, jazia ao lado de sua cama vazia. Como minha avó Valentina ainda morava em Kyiv e ia para lá apenas no verão, a casa e o pomar exibiam sinais de abandono. Minha mãe e sua irmã voltavam todos os anos, sem falta, incapazes de abrir mão do *memento vivere* que era Bereh. Mas para mim o lugar sem os meus bisavós não fazia sentido. Eu o guardei no âmbar das memórias e o deixei de lado, seguindo o conselho ensinado por Asya de deixar o passado para trás. Eu me tornei especialista em esquecer, enfiando tudo que era desconfortável ou doloroso na pasta chamada "passado".

Minha avó Valentina, no entanto, tinha vendido o apartamento em Kyiv e se mudado para Bereh.

Por mais apreensiva que eu estivesse, a ideia de reencontrar Valentina me entusiasmava. Nunca fui tão próxima dela quanto de Asya, mas admirava e imitava minha avó. Durante minha infância, Valentina era uma profissional dedicada, professora de geografia e, mais tarde, diretora de um departamento de recursos humanos. Uma vez, quando eu tinha 11 anos, ela chegou a Bereh para passar o fim de semana, e o modo elegante como desceu do Volga branco do meu avô Boris a fez parecer dona de um glamour intimidador. Olhando boquiaberta para seu cabelo chanel laqueado com as pontas para fora, o terninho verde-pistache e os escarpins brancos, percebi uma mancha de grama em minha jardineira e sujeira em meus joelhos ossudos. Mesmo depois de trocar de roupa — um vestidinho simples e chinelos —, Valentina continuava exalando sofisticação. Ela me olhou e entrou em ação, esfregando a casa do chão ao teto, me mandando mudar de roupa e preparando um banquete. Me contava histórias sobre artistas famosos e pintores e me deixava com listas de livros para ler, filmes para assistir e museus para visitar. Com a mudança para os Estados Unidos, conversávamos todas as semanas ao telefone, discutindo a crença de Tolstói na redenção ou o tratamento que Picasso dispensava às mulheres.

— Ótimo, você vai me ajudar com as cerejeiras — disse Valentina quando avisei que queria passar a Páscoa Ortodoxa na Ucrânia. — Sabia que tenho planos de expandir este ano?

Ela não disse que ficaria feliz em me ver depois de tanto tempo ou que estava me esperando. Só falou sobre o pomar, mas, como a jardinagem preenchia todas as nossas conversas à época, não achei estranho. Comparamos valores de passagens, falamos sobre datas e fizemos listas de presentes para os vizinhos em Bereh. Eu tinha alguns projetos em Bruxelas, mas, como a maior parte do meu trabalho freelancer consistia em escrever, podia me ausentar por longos períodos. Decidi por uma estadia de três semanas. Meu marido ficou preocupado, mas reconheceu a importância daquela viagem e me apoiou. Os preparativos me distraíram tanto que passei cada vez menos a repassar em minha cabeça a missiva ofensiva do meu tio e parei de checar se ele estava on-line no Skype.

Quando criança, eu mantinha diários, imitando os livros de memórias e as autobiografias que Valentina gostava de ler. Pedi para minha mãe que os enviasse a Bruxelas, porque escrevi a maior parte deles quando estava em Bereh e estava curiosa sobre meus registros de tantos anos antes. Minha mãe usou meu pedido como desculpa para limpar o sótão e me mandou duas caixas cheias de livros, desenhos e diários da minha infância. Folheei volumes embolorados da poesia de Pushkin, contos de fadas do mundo inteiro, haicais japoneses em tradução para o russo e meus trabalhos de escola. Quando cheguei ao fundo de uma das caixas, encontrei um caderninho azul. "Nosso povoado natal de Maiachka, na província de Poltava, era um assentamento cossaco, e foi por isso que apoiamos a Revolução Bolchevique", estava escrito na primeira página, e reconheci a letra do meu bisavô.

À primeira vista, o diário não continha nada que eu não tivesse ouvido do próprio Sergiy. Seguindo seu estilo meticuloso, tudo estava organizado por tópicos: "nosso povoado de Maiachka", "meus pais", "nossa fazenda", "nossa rotina", "a Primeira Guerra Mundial", "meus irmãos e irmãs". Cada irmão tinha o próprio registro. O último e mais curto chamou minha atenção. Dizia: "Irmão Nikodim desapareceu na década de 1930 lutando por uma Ucrânia livre." Estava sublinhado.

Sergiy era o mais jovem de oito irmãos. Oksana morreu de tifo durante a Guerra Civil de 1918. Mykyta trabalhava para a polícia secreta do czar e foi morto durante a Revolução Bolchevique. Fedir morreu na Frente Oriental em 1942. Nestir e Odarka sobreviveram às duas guerras mundiais. Ivan nasceu com uma perna mais curta que a outra, então não foi convocado e trabalhava em uma fazenda coletiva. E Nikodim. Em grego antigo, esse nome queria dizer "vitória do povo". Ele desapareceu.

A ausência dele nas histórias da família era impressionante. Eu também não me lembrava de o meu bisavô falar dele. Sentada folheando o caderno, percebi como a voz de Sergiy era vaga em minhas lembranças. Tentei me agarrar a uma memória, mas ela se dissolveu antes que eu pudesse compor qualquer narrativa. Como Asya, ele contava muitas histórias, mas, com exceção daquelas sobre a Segunda Guerra Mundial, em que ele lutara heroicamente, eu me lembrava de pouca coisa. A guerra definia Sergiy e sua experiência de vida para mim. Nikodim não fazia parte dela.

MINHA UCRÂNIA   45

Liguei para minha mãe para perguntar sobre o diário.

— Você não se lembra daquele verão em que Sergiy foi para Kyiv para operar a perna? — indagou ela. — Ah, espera. Você estava em Chicago.

Sergiy manteve um diário enquanto se recuperava em nosso apartamento em Kyiv, mas não o levou para Bereh. Um ano depois, ele morreu. Perguntei se minha mãe já tinha ouvido falar de Nikodim.

— Um dos irmãos de Sergiy vivia em um povoado perto de Bereh, mas Asya não gostava daquela família — comentou ela.

— Por quê?

— Ela dizia que eles não eram certos — respondeu, procurando uma forma melhor de dizer. — Como se não fossem certos da cabeça ou algo do tipo.

— Alguma vez Sergiy falou de Nikodim? — perguntei mais uma vez.

— Ele falava bastante da Segunda Guerra Mundial...

Eu a interrompi.

— Mãe, e sobre Nikodim?

— Ele não falava muito sobre a família.

Folheei o caderno em meu colo, intrigada com aquelas respostas evasivas.

— Mas ele escreveu sobre a família no diário — insisti, tentando mais uma vez. — Está aqui: "Irmão Nikodim desapareceu na década de 1930 lutando por uma Ucrânia livre."

— Se esse Nikodim lutou pela independência da Ucrânia, como você está dizendo, seria perigoso falar sobre ele.

— Mesmo depois da queda da União Soviética?

— Talvez. Não sei. Medos antigos persistem. Enfim, por que todas essas perguntas?

Quem foi Nikodim? O que ele fez? Como desapareceu? Perguntei à minha tia Lola, irmã caçula da minha mãe, que apenas confirmou o que minha mãe tinha dito. Sergiy não falava muito sobre a família, e

Asya não gostava de visitá-los. Entretanto, o nome de Nikodim estava escrito no caderno, em tinta azul-escura. "Uma palavra dita não pode ser retirada; uma palavra escrita não pode ser apagada", era o ditado popular ucraniano favorito de Sergiy. Passei o dedo sobre a linha. A caneta fora empunhada com tanta força ao escrever "Nikodim" que havia marcas na página seguinte.

Pensei em perguntar a Valentina quando nos falássemos ao telefone, mas decidi não fazer isso. Se o assunto era tão delicado quanto minha mãe e Lola sugeriram, então era melhor abordá-lo pessoalmente.

No entanto, não consegui parar de pensar em Nikodim. Na primavera de 2014, as pessoas estavam morrendo por uma Ucrânia livre e desaparecendo sem deixar rastros. A dor que eu sentia por meu país e o desentendimento com Vladimir se uniram em uma forma sombria. Sentada no chão do meu quarto, olhando para aquele caderninho azul, desejei que a palavra escrita falasse. Nikodim desapareceu na década de 1930. Uma noite — quando? —, ele foi levado de sua casa — por quem? — e nunca mais voltou. O que aconteceu?

Esse misterioso desaparecimento e a subsequente amnésia de parte da minha família me incomodavam. Muitas das histórias dos meus bisavós tinham lacunas, e agora as palavras sarcásticas de Vladimir sobre histórias e memórias não confiáveis me pareciam um mau sinal. O que mais eu acreditava ser verdade e tinha o alicerce de um castelo de cartas? As histórias que me consolavam se desfizeram em minhas mãos.

Minha mãe disse que medos antigos persistem, e havia um lugar onde ganhavam forma em tijolo e cimento. Em voz alta, Asya o chamava de Casa do Galo. Baixinho, ela chamava de Armadilha do Galo.

Não parecia ser assustador — na verdade, era a casa mais linda de Poltava. "Casa" também não era o termo mais apropriado, porque era uma mansão elegante construída na virada do século XX para abrigar um banco. Duas sirenas vermelhas voluptuosas — mulheres-pássaro chamadas de "galos" pelo povo — ladeavam o portal, e mosaicos elabo-

MINHA UCRÂNIA

rados de pássaros de fogo ressurgindo das cinzas reluziam na fachada carmesim. O simbolismo da fênix como criatura que se incendeia antes de renascer era ironicamente apropriado para a organização que ocupou a Casa do Galo durante a época soviética. De início, era conhecida como Comitê Extraordinário (Tcheka); depois, Diretoria Política do Estado (GPU); Comissariado Soviético de Segurança e Polícia Secreta (NKVD); e tornou-se, enfim, o Comitê de Segurança do Estado (KGB). Qualquer que fosse o nome, era a polícia secreta.

Os habitantes de Poltava brincavam dizendo que a Casa do Galo era a construção mais alta da cidade, porque do porão era possível enxergar até a Sibéria. Os andares mais baixos eram as salas de tortura do Tcheka e, no auge do Grande Terror, em 1937 e 1938, as pessoas que viviam perto dali ouviam gritos abafados vindos de debaixo da terra. Era o que dizia Asya. Minha bisavó preferia fazer uma volta grande a descer a elegante avenida vigiada do alto pelas sirenas vermelhas. Pelo modo como o lado direito de seu rosto se contorcia e sua voz virava um sussurro, eu sabia que aquele era um lugar a ser evitado. Também sabia que não devia perguntar sobre ele.

Para ler a história ucraniana é preciso tomar um sedativo, ironizou Volodymyr Vynnychenko, romancista e primeiro-ministro do inédito governo independente ucraniano de 1917. Asya e Sergiy sobreviveram à Revolução Bolchevique, à Guerra Civil, ao Terror Vermelho, à coletivização forçada, ao Holodomor, aos Grandes Expurgos de 1937 a 1939, à Segunda Guerra Mundial, à fome de 1946, à decadência dos anos 1970 e ao colapso da URSS na virada dos anos 1980 para os anos 1990. "A fala é prata, o silêncio é ouro", dizia Asya. Embora a União Soviética da minha infância não fosse o violento Estado stalinista, a Casa do Galo me enchia de medo. Se o legado do último século na Ucrânia era traumático para alguém que não viveu o seu pior e passou a maior parte da vida no exterior, qual seria o tamanho da sombra que ele lançava sobre o presente? "Isso não seria o melhor exemplo para ilustrar o horror que foi a URSS?", me imaginei dizendo a Vladimir.

Descobrir a verdade sobre Nikodim se tornou uma obsessão. Pensava nesse parente, que lutou por uma Ucrânia livre e que pagou o preço mais alto por isso, como alguém com quem eu me identificaria e quis restaurar seu lugar de direito na história da família.

No dia seguinte, enquanto a Rússia mobilizava tropas na fronteira com a Ucrânia, comprei uma passagem de Bruxelas para Kyiv.

— Tem certeza de que quer ir agora? — perguntou minha mãe em uma de nossas ligações, preocupada. — Por que não espera um pouco?

Os jornais já tentavam adivinhar quantas horas o exército russo levaria para chegar à capital da Ucrânia. Não quis adiar a viagem. Quanto mais eu me convencia a mergulhar em um passado desconhecido para encontrar Nikodim, mais os medos quanto ao presente se dispersavam.

3

Abri os olhos e encarei, confusa, o papel de parede de estampa caxemira, deixando o olhar vagar até um quadro com dois cervos em uma paisagem de inverno. Demorei um pouco para lembrar que estava em Kyiv, no apartamento da minha tia Lola. Ela manteve o apartamento depois de emigrar para o Canadá, achando que o fato de ele existir iria acalmar sua ansiedade diante do desconhecido do outro lado do oceano. Lola não voltou a morar na Ucrânia, mas meu primo Dmytro, sim. Ele voltou em um verão para "estudos no exterior" por um ano, que se alongaram por outro ano e então para mais dez. Quando o vi no desembarque do aeroporto de Boryspil, quase não acreditei que aquele homem com um buquê de rosas era o priminho que, um dia, ensinei a nadar. Depois de Dmytro e eu nos cumprimentarmos à moda ucraniana, com três beijinhos no rosto, ele pegou minha mala e me entregou o buquê e o celular. Valentina estava do outro lado da linha.

— Dmytro, o que está acontecendo? Por que o voo atrasou tanto? — dizia ela, como se meu primo controlasse o tráfego aéreo.

— *Babushka*, cheguei bem — respondi, ouvindo seu suspiro de alívio.

Valentina ficava muito preocupada quando viajávamos, e nada tinha mudado, embora eu já beirasse os 40 anos. Mesmo eu morando longe e minhas visitas sendo bem espaçadas, sua preocupação nunca diminuiu.

Trocamos algumas palavras. Minha avó dominou a conversa, enquanto eu me sentia atordoada na entrada do terminal segurando minhas rosas, sorrindo de alegria e a ouvindo.

Os passos de Dmytro ecoaram no corredor e se aproximaram da porta.

— Você já acordou? — perguntou ele, a silhueta de ombros largos pixelada pelo vidro da porta. — Desculpe pelo sol, não tive tempo de comprar cortinas. Tenho passado pouco tempo em Kyiv.

O sol batia em mim com uma intensidade alarmante, fazendo meus olhos lacrimejarem, mas consegui perceber que o apartamento parecia ocupado por pessoas que ainda não tinham terminado de arrumar suas coisas após a mudança. Havia caixas de papelão empilhadas em um canto, ao lado de um banco de supino. Uma parede marrom, tendência em 1989, estava vazia, com exceção de taças de cristal tcheco, duas garrafas vazias de licor expostas como se fossem suvenires, e um pequeno buda de bronze. Uma prateleira ao lado da minha cama estava cheia de edições soviéticas de clássicos que pareciam intelectuais, com encadernações cinza idênticas.

— Estou acordada — respondi.

Olhei para o celular e vi que ainda eram 6 da manhã. Dmytro saiu para correr e eu levantei. Andei pelo corredor comprido, o piso de linóleo grudando em meus pés descalços. Encontrei duas toalhas e um sabonete que meu primo tinha deixado para mim em uma cadeira e fui tomar banho. A água gelada que caía do chuveiro enferrujado me deu um choque hipotérmico — percebi tarde demais que Dmytro tinha colado um recado no espelho: "Desculpe, não temos água quente. Bem-vinda à Ucrânia!"

Os armários da cozinha estavam vazios, exceto por uma caixa de sêmola de trigo sarraceno, açúcar e sal-gema. A geladeira soltou um gemido quando a abri, revelando-se vazia. Enchi um copo de água da torneira e olhei pela janela. A cortina da cozinha tinha laços e dobras

MINHA UCRÂNIA

fofas que contrastavam com a paisagem austera do lado de fora. As linhas quadradas dos prédios, os galhos nus de choupo e os postes de luz pareciam uma pintura minimalista, despida de todos os excessos e também de algumas necessidades básicas.

A porta do apartamento se abriu e Dmytro apareceu equilibrando uma bandeja com dois copos de papel.

— Seu café da manhã — disse, colocando a bandeja sobre a mesa da cozinha e me entregando um dos copos.

Bebi um gole amargo e suspirei de prazer. Era delicioso, e era café.

— Eu precisava disso — falei. — Embora a diferença de horário entre Kyiv e Bruxelas seja de apenas uma hora, parece que viajei para o outro lado do mundo. E... sou eu ou esse café é muito bom?

— Todos são obcecados por café aqui. Até em Bereh a gente consegue um bom espresso no mercadinho da colina — respondeu Dmytro, bebendo um gole do americano.

Bereh só tinha um mercadinho e uma colina, mas todos insistiam em especificar a localização.

— Quer tomar café da manhã no Puzata Hata? — perguntou ele.

Eu não fazia a menor ideia do que era Puzata Hata, mas assenti. Não via a hora de sair de casa.

Do lado de fora, o ar era fresco, reluzente e leve. Atravessamos o pátio, dando bom-dia a um senhor idoso de terno cinza que lia um livro com capa de couro.

— Só me lembre de comprar comida para Petr Ivanovich — pediu Dmytro. — Ele gasta a pensão alimentando os gatos da vizinhança e acaba passando fome.

Apontei para uma garrafa de cerveja ao lado do cavalheiro. Dmytro sorriu para mim.

— Eu disse fome, não sede! As coisas eram ao menos estáveis antes de isso tudo começar — continuou ele enquanto atravessávamos a rua em direção a um shopping que ocupava a extinta fábrica de armas. — Quem sabe o que vai acontecer agora?

Foi o mais próximo que chegamos de discutir política, mas depois do confronto com Vladimir fiquei com receio de sondar as visões políticas dos outros, principalmente de familiares. O tom cínico de Dmytro ao dizer "isso tudo" disparou meu alarme interno.

Puzata Hata, que significa "Choupana Barriguda", era uma rede de restaurantes que servia pratos ucranianos populares, como *borsch*, bolinhos, repolho recheado e crepes. Pedi um prato de *varenyky*, que são uns bolinhos em formato de meia-lua com batatas, e uma porção extra de creme azedo. Dmytro escolheu uma salada de repolho e pepino, pão preto e *tefteli* — almôndegas ao molho de tomate. Ele insistiu em pagar e levou nossa bandeja até uma mesa ao lado de uma janela saliente. Enquanto comíamos, observei o rosto das pessoas à minha volta, como se pudesse descobrir ali o significado da revolução ucraniana. O lugar estava cheio de estudantes bebendo café e comendo *varenyky* enquanto liam mensagens no celular.

— O que quer fazer hoje? — perguntou Dmytro, empurrando o prato. — Preciso trabalhar na minha nova campanha de RP, mas podemos sair juntos mais tarde.

Em Bereh, ele tinha uma pequena metalúrgica que fabricava equipamentos esportivos e passava horas na internet em busca de novos clientes.

Dmytro é seis anos mais novo que eu, e crescemos juntos. Parecíamos mais irmãos que primos, e compartilhávamos as mesmas lembranças de Bereh. Ele tinha apenas 4 anos quando foi embora, muito mais jovem do que eu na minha vez. Mas foi ele quem voltou. Uma vez lhe perguntei o que o fez escolher a Ucrânia em vez do Canadá, mas ele deu de ombros, sem resposta. Como agora eu sabia por experiência própria, anseios latentes fogem à lógica.

Procurei o celular dentro da bolsa e vi que já passava das 9 horas. A manhã estava correndo e eu queria alcançá-la.

— Não se preocupe — respondi. — Vou pegar o metrô até o centro e caminhar por lá. Sinto que preciso conhecer Kyiv de novo. Vamos?

MINHA UCRÂNIA 53

— Preciso ficar alguns dias na cidade para algumas reuniões de trabalho — explicou Dmytro ao sairmos do restaurante. — Depois de morar em Bereh, acho Kyiv exaustiva. Não gosto de vir para cá mais que o necessário. Quando você vai a Bereh?

— Amanhã — respondi, olhando para o sol com os olhos semicerrados. — Ou depois de amanhã. De qualquer forma, preciso ir...

Minha voz foi sumindo. Queria me preparar para voltar a um lugar com tantas memórias que tinha deixado de ser parte da geografia do mundo real.

— Acompanho você até o metrô — disse Dmytro ao perceber que eu não voltaria ao apartamento. Ele assumiu o ar sério e protetor que eu já tinha percebido nos homens ucranianos e achei aquilo fofo e irritante ao mesmo tempo.

O modelo do metrô de Kyiv era baseado no de Moscou, com esplêndidos palácios subterrâneos e mosaicos. O apartamento de Lola ficava próximo a uma estação mais nova que não tinha a magnificência das centrais, como a Khreshchatyk ou a Maidan. Mesmo assim, ao descer a escada rolante interminável em direção ao submundo gelado da cidade, saboreei cada detalhe. Até o aroma distinto de metal e o brilho amarelado das lâmpadas de vidro fosco me entusiasmavam. Comparei essas impressões fugazes com minhas lembranças — e descobri que estava mesmo de volta a Kyiv.

Saí do metrô a algumas quadras da Maidan e vi que estava na Khreshchatyk. Kyiv, uma cidade com tantos bairros e enclaves distintos, tem um centro indiscutível — Khreshchatyk é uma rua de mais de 1,5 quilômetro ligando a área residencial às ruas agitadas ao redor do Mercado Besarabsky. Antigamente, era um barranco em formato de cruz, mas a única lembrança disso é a palavra eslava *khrest* na raiz de seu nome. Quando a cidade se expandiu em virtude dos lucros do açúcar e do trigo no fim do século XIX, o barranco foi aterrado e transformado na Champs-Élysées de Kyiv. Em setembro de 1941, toda a extensão da rua foi demolida pelo Exército Vermelho em retirada, e na reconstrução da década de 1950 as mansões neoclássicas deram lugar ao rococó stalinista. No século XXI, novos edifícios de vidro e cromo construídos para atender aos gostos das novas elites obscureceram a vista familiar, confirmando o status daquela rua como central.

Cresci na capital da Ucrânia, mas a Kyiv da minha infância estava confinada a um apartamento de três quartos que pertencia à família do meu pai e a um bairro onde as construções pareciam caixas de cimento cinza da era Khrushchev. Esses apartamentos eram ocupados por famílias como a nossa, vivendo em aposentos apertados e mal projetados. Elas esperavam nas mesmas filas, espremiam-se nos mesmos bondes brancos e vermelhos e mandavam os filhos às mesmas escolas batizadas em homenagem a heróis soviéticos. Do lado de fora da janela do nosso quarto, eu via o pátio, com uma lixeira e fileiras de blocos de apartamentos idênticos. Se entrasse no quarto de Vladimir, ignorando sua postura de cachorro olhando para baixo e os potes de cenouras fermentadas, eu podia admirar os choupos que pareciam fileiras de soldados em um desfile militar, o zigue-zague das linhas do bonde e os olhos amarelos das janelas em um conjunto semelhante de blocos de apartamentos do outro lado da rua. Ainda assim, eu gostava daquela Kyiv. Era familiar, era minha.

A Cidade Velha, com seus monastérios antigos e palácios barrocos italianos, podia muito bem ser de outro planeta. Mas também era a minha Kyiv, porque a descobri com meu pai. Quando meus pais ainda viviam juntos, ele me levava para longas caminhadas ao redor do Kyivo-Pecherska Lavra, um santuário ortodoxo medieval às margens do rio Dnieper. Passeávamos pelo complexo do mosteiro e admirávamos os afrescos ornamentados no interior das igrejas escuras. Eu queria ir direto para lá, mas primeiro precisava ver a Maidan. Procurei sinais daquilo que a cidade tinha sofrido apenas semanas antes, mas vi apenas a Kyiv primaveril de que me lembrava da infância. Os domos dourados das igrejas reluziam ao sol gelado da primavera. Próximo às entradas do metrô, avós vendiam violetas e cebolinhas embrulhadas

MINHA UCRÂNIA

em jornais úmidos. Garotas com saltos vertiginosos desfilavam pelas ruas. As famosas castanheiras da Khreshchatyk estendiam seus galhos, resolutas, para o céu. Virei em direção à praça Maidan.

Senti o vento em meu rosto, trazendo o frescor úmido do rio Dnieper e o cheiro pungente de borracha queimada. Caminhei como se estivesse enfrentando uma corrente forte, mas não diminuí a velocidade nem segurei a respiração. Deixei o cheiro preencher meus pulmões até engasgar. Quando finalmente avistei o centro arredondado e a coluna da vitória na Maidan, minha garganta estava tão seca que doía.

Vi prédios enegrecidos, ruas de paralelepípedos, pilhas altas de pneus de carros e tendas improvisadas. Mas nenhum desses sinais de violência me surpreendeu tanto quanto a estranha calma. Fileiras de fotografias, velas e flores cobriam as calçadas. Algumas pessoas se ajoelhavam no chão, rezando. Uma jovem de casaco branco limpou um dos retratos e arrumou as guirlandas de cravos vermelhos ao redor de uma moldura preta. A imagem do retrato era de um jovem com olhos grandes e uma fenda entre os dentes da frente ao sorrir. Não era mais a praça de uma cidade, era um cemitério.

Apoiei-me na parede do prédio mais próximo com uma das mãos. Meus dedos escorregaram pela superfície lisa da parede e sentiram um buraco circular cercado por uma reentrância irregular em formato de estrela. "Por que enfrentar balas por um acordo tedioso da União Europeia?", me perguntavam em Bruxelas, a busca por uma explicação simples para coisas terrivelmente complexas. Eu mesma me perguntava isso. Na Maidan, no entanto, a pergunta parecia absurda e irrelevante. As convicções que levavam as pessoas a encarar seus medos ultrapassavam qualquer fato isolado, acontecimento ou acordo não assinado — ou uma frase do diário do meu bisavô. Então me perguntei se eu teria ocupado a Maidan se estivesse na Ucrânia durante os protestos, e não soube a resposta. Era provável que não. Fui obrigada a participar de tantos desfiles e manifestações na União Soviética que detestava qualquer coisa que fizesse o povo entoar slogans e perder sua individualidade, mesmo que acreditasse no que cantava e gritava. A única coisa que eu sabia era que precisava estar ali naquele momento.

Passei o restante do dia caminhando por Kyiv. Fora da praça, a vida seguia como antes, desafiando todas as expectativas, incluindo as minhas. Eu esperava que a cidade revelasse algo sombrio e nefasto, e que as pessoas estivessem taciturnas. Mas Kyiv estava animada, e as pessoas sorriam quando os olhares se encontravam.

— *Divchynka*, não fique triste, vai ficar tudo bem — ouvi alguém gritar.

Uma mulher vendendo flores no ponto de ônibus acenou para mim. Seu lenço turquesa-vivo combinava com a cor dos botões das flores. De início, não percebi que era comigo, porque já tinha passado muito da idade de ser chamada de *divchynka*, que quer dizer "garotinha". Outra coisa que tinha esquecido sobre a Ucrânia era a familiaridade calorosa que estranhos dispensavam uns aos outros ao usar palavras como "mãe" ou "avó", ou diminutivos como aquele "garotinha". Sorri para ela.

— Se as flores podem sobreviver a um inverno longo e rigoroso, nós também podemos — disse ela.

Eu também tinha esquecido a propensão ucraniana a falar em parábolas. Sem pechinchar, um pecado grave de acordo com Valentina, comprei três buquês de flores azuis e enterrei o rosto nas pétalas geladas.

O celular na minha bolsa vibrou, impaciente.

— Onde você está? — perguntou Valentina. — Quando vem para cá?

— Amanhã — respondi.

— Ótimo. Preciso começar a cozinhar — retrucou ela.

Quando voltei para casa, Dmytro estava assistindo à série *Friends* dublada em russo no notebook enquanto fazia abdominais.

— Puzata Hata? — perguntou, e eu assenti.

No dia seguinte, iria a Bereh. Encontraria Valentina. Tudo ficaria bem.

Nosso vizinho Petr Ivanovich ainda estava sentado com seu livro no pátio sob o único poste de luz que funcionava. Gatos se aglomeravam ao seu redor, esfregando a cabeça em suas pernas.

— Em dias como este, me sinto como o príncipe Andrei — disse ele, levantando os olhos do livro e encarando o céu nublado. Ele estava lendo *Guerra e paz*, de Tolstói.

Eu me sentia mais como Pierre Bezukhov, o forasteiro de volta ao lar.

Quando viajava pelo trem noturno de Kyiv a Poltava, eu gostava de ver o primeiro vislumbre da curva do rio pela janela da composição. O trem trepidava e sibilava e, de repente, o rio saltava aos olhos, com suas curvas voluptuosas cobertas de salgueiros e pontilhadas de casinhas sendo engolidas por pomares de cerejeiras e damasqueiros. Sempre esperava por esse momento. Sabia que, atrás do rio, envolta em névoa, ficava nossa casa cor de pêssego com venezianas acinzentadas.

Na Estação Central de Kyiv, no entanto, descobri que a jornada noturna que fazia na infância fora reduzida a poucas horas em uma linha nova.

— Tem um trem noturno, mas demora bastante — comentou o bilheteiro, se divertindo com a minha insistência. — Quer mesmo passar mais de 12 horas viajando?

Meu lado prático e impaciente prevaleceu, e comprei uma passagem em um trem Hyundai de alta velocidade para o fim da tarde. Só tive tempo de ir mais uma vez ao Puzata Hata com Dmytro e refazer a mala.

A viagem foi tão curta que, antes mesmo que eu desse conta, o moderno trem coreano me expeliu na plataforma repleta de viajantes em Poltava. O apito estridente dos controladores de tráfego se dissipou e a multidão se dispersou, mas permaneci na plataforma, agarrada à mala. A névoa noturna descia sobre a estação, cobrindo fileiras de armazéns de tijolos brancos, vagões enferrujados e guaritas verdes das senhoras do tráfego — o controle dos cruzamentos ferroviários da Ucrânia era um domínio exclusivamente feminino. Poças de chuva primaveril re-

fletiam as luzes azuis frias da estação e as letras vermelhas bruxulean-
tes do anúncio sob o seu telhado: "Bem-vindo a Poltava".

Caminhei até um grupo de taxistas, todos com jaquetas pretas
idênticas e calças de moletom.

— Quanto para ir até Krutyy Bereh? — perguntei em ucraniano.

Um dos homens me olhou de cima a baixo e falou um preço. Imaginei que ele estivesse cobrando a mais, então franzi a testa e fiz um
biquinho como lembrei que Asya fazia ao pechinchar no mercado. O
homem riu e disse um valor um pouco mais baixo. Assenti e, orgulhosa de mim mesma por compreender Poltava com tanta facilidade,
carreguei a mala e entrei no Lada bege, uma cópia soviética da Fiat.

Dirigimos por uma Poltava escura e passamos pelo rio com suas
margens íngremes magníficas. O taxista tentou bater papo, mas, como
eu estava muito concentrada nos contornos familiares que surgiam e
desapareciam no crepúsculo, a conversa não vingou. Ele ligou o rádio
e começou a cantarolar com o cantor de voz rouca, que reclamava dos
fardos de uma vida no crime. "Ouça a Rádio Chanson", dizia o locutor
ao fim de cada música. Eu não entendia como uma canção tradicional
francesa tinha virado uma balada russa sobre o submundo do crime,
mas o gênero era popular entre os motoristas ucranianos de ônibus e
táxis no passado. Isso não tinha mudado.

Atravessamos a ferrovia que marcava oficialmente a divisa com
Bereh. O primeiro vislumbre de nossa aldeia foi o de luzes dispersas
e contornos de galhos contra o céu cinza-escuro. Reconheci o estádio
de futebol e avistei o mercadinho "na colina". A loja tinha um letreiro
novo que anunciava produtos de qualidade europeia. Será que ainda
vendia os caramelos empoeirados que a atendente, nossa vizinha do
fim da rua, pesava com a precisão de um joalheiro?

Embora conseguisse distinguir apenas seu formato na escuridão
sombria, eu sabia que ao lado do mercadinho na colina ficava a Dom
Kultury, a Casa de Cultura, um clube com um pórtico em estilo grego e
telhado de zinco. Ali, indiquei ao taxista que virasse na segunda rua, e

ele entrou com cuidado na área residencial. A via não era pavimentada e, quanto mais devagar avançávamos, afundando na lama macia, mais meu coração acelerava.

— Pode parar ali, por favor? — perguntei, indicando ao taxista um lugar logo à frente.

Sentei na beirada do banco com a mão já na maçaneta. Não conseguia enxergar nada na escuridão, mas sabia — sentia — que a casa estava ali. O carro parou e saltei. O motorista abriu o porta-malas e entregou minha bagagem.

— Veio do exterior visitar a família? — perguntou ele.

Fiquei intrigada. Como ele sabia? Depois de colocar um maço de notas na mão dele, peguei a mala e corri em direção à casa. Meus dedos, dominados pela memória muscular, abriram a tranca do pesado portão de madeira. Ele soltou um guincho vigoroso e se abriu. Atravessei uma escuridão que cheirava a amêndoas amargas e farinha de arroz — os damasqueiros estavam floridos.

Vi as luzes dançantes dentro da casa. Quanto mais eu me aproximava, mais altas ficavam as vozes na televisão. Empurrei a porta, e as luzes e os sons me atingiram. Valentina estava sentada em uma cadeira, um dos braços descansando sobre a toalha de plástico da mesa de jantar e o outro segurando o controle remoto. Ela virou para mim, boquiaberta, e inclinou-se para a frente. Estava com uma camisola de flanela e um casaco forrado de pele por cima. O cabelo castanho curto, ainda úmido do banho, formava cachos em sua testa. Suas bochechas estavam vermelhas e seus lábios, contorcidos entre um sorriso e um soluço.

— *Babushka*, cheguei.

Valentina quis desligar a TV, mas aumentou o volume. Fui em direção a ela. O tapete da entrada se prendeu na fivela da minha bota.

— Você chegou — repetiu Valentina.

Ela permaneceu desajeitada à beira da cadeira e estendeu os braços na minha direção. Arrastando o tapete até a sala, cambaleei até seu abraço. Ela me envolveu com toda a sua força, me apertando como se quisesse confirmar que eu era real. Minha avó era mais alta e mais pesada que eu, mas em meus braços ela parecia frágil, como um filhote de pássaro, e as batidas de seu coração pulsaram através de mim.

— Por que não veio com Dmytro? — perguntou enquanto eu desligava a TV, tirava os sapatos e me sentava à sua frente. — Ele estava com medo de não ser seguro você chegar tão tarde.

Eu disse que Dmytro ainda tinha alguns compromissos em Kyiv e se juntaria a nós em alguns dias.

— Quanto pagou pelo táxi? — perguntou ela.

Seu rosto liso com bochechas macias e queixo arredondado não entregava sua idade, mas eram os olhos grandes e castanhos que a faziam parecer especialmente jovem. Eles deixaram transparecer todas as suas emoções — entusiasmo, impaciência, alívio.

Ao ouvir o valor, ela semicerrou os olhos e bateu na mesa.

— Ele roubou você! Cobrou pelo menos o dobro do que seria o certo. É por isso que eu deveria ter insistido para Dmytro vir junto.

Ela censurou o taxista por ser ardiloso, a mim por ser ingênua e a si mesma por não ter imaginado aquilo. Ser repreendida ao estilo das avós ucranianas assim que entrei pela porta me encantou tanto que eu ri.

— Dinheiro não é piada aqui — comentou Valentina. — O que parece trivial para você em euros é exorbitante em grívnias.

— Eu até pechinchei e me achei bem esperta por fazer como os locais assim que desembarquei.

— Ele percebeu que era de fora só de olhar para você.

Então, ela abaixou os braços e riu. Sua risada era alegre e solta.

— Tudo que importa é que você está aqui — disse ela. — Vou preparar algo para você comer.

Eu não estava com fome, mas Valentina esquentou uma tigela de *borsch*. Contou sobre o jardim e os vizinhos, e só falou da guerra uma vez, ao reclamar dos preços altos.

— Eu queria fazer porco assado na Páscoa, mas a carne está cara, o dobro do preço. Você se importa se fizermos frango?

Respondi que não e internamente decidi comprar o melhor porco para nossa ceia de Páscoa.

Fomos dormir depois da meia-noite.

— Arrumei tudo no quarto de Asya. Ninguém mais usa, mas o limpei e aqueci para você — avisou ela, me entregando toalhas e uma camisola branca de flanela que combinava com a dela. Depois, foi em direção ao próprio quarto e se virou para olhar para mim. — Você voltou — sussurrou e me abençoou com o sinal da cruz de longe. — Graças aos céus.

Envolta nos lençóis que cheiravam a água de tília e umidade, encostei o rosto na tapeçaria turcomena da parede, e a aspereza familiar me reconfortou.

— Eu voltei — disse eu, um pouco mais alto, para tornar a ideia concreta, e peguei no sono.

Acordei pela manhã ao som de vozes. Minha avó conversava com alguém sobre o preço da água. A mulher com sotaque cadenciado de Poltava reclamava da dificuldade de regar o pomar porque a bomba do poço estava quebrada. Embora pudesse usar o abastecimento de água do governo, disse que tinha medo da polícia.

— Eles têm aviões especiais que sobrevoam Bereh e veem quem está usando a água do governo ilegalmente. Aviões especiais! — repetia.

Os latidos alegres dos cães e uma chaleira assoviando me embalaram e voltei a dormir.

Quando finalmente levantei, Valentina estava colocando a mesa para o café. Vestia um agasalho azul por baixo do xale rosa de Asya.

— Nunca vi você de calça, muito menos com uma roupa tão esportiva — comentei, apontando o logo da Nike no moletom.

Minha avó de 80 anos ficava estilosa de roupa esportiva, terninhos feitos sob medida e vestidos de festa.

— Sua mãe me mandou esse agasalho, é a roupa mais confortável que já vesti. É perfeito para trabalhar no jardim. Posso me abaixar de qualquer jeito e não preciso me preocupar em escandalizar os vizinhos — explicou Valentina. — E minhas roupas antigas não me servem. Está vendo como engordei?

Ela deu um tapinha nas coxas largas e riu, sem se preocupar com os quilos extras.

Minha avó foi para a cozinha pisando firme e voltou com um prato grande de douradas panquecas de queijo branco fresco, conhecidas como *syrnyky*. Ela o deixou na mesa e voltou a desaparecer na cozinha. Ouvi o som de um pote sendo aberto.

— Espero que Sasha e eu não tenhamos acordado você — continuou ela, voltando com uma bandeja de chá. — Ela apareceu aqui para falar de um boato sobre aviões especiais que verificam quem faz mau uso da água distribuída pelo governo.

Valentina se deixou cair pesadamente na cadeira, passou manteiga em uma fatia de pão e salpicou sal grosso.

— Se a aviação ucraniana tivesse essa destreza, não estaríamos em guerra, mas eu não quis discutir — disse minha avó, mordendo o pão sem se importar com as migalhas que caíam em seu moletom. — Quando vim para Bereh, achava que as pessoas eram loucas por acreditarem nesses boatos, mas esses dias, enquanto eu regava o jardim, olhei para cima para ver se havia algum avião sobrevoando a área. — Ela riu e espanou as migalhas do peito farto. — E eu nunca uso a água do governo para regar o jardim!

— Não vai tomar café da manhã comigo? — perguntei, vendo que havia apenas um prato na mesa.

— Acabei de comer — respondeu Valentina, engolindo o resto do pão. — Vou ver com os vizinhos se alguém tem batata-semente sobrando para eu plantar.

Minha avó deixou a mesa e se deteve perto do cabideiro.

— Estou tão feliz por você ter vindo — confessou, remexendo as roupas de inverno. — Cadê meu chapéu? Você chegou a tempo de me ajudar

MINHA UCRÂNIA 63

com a plantação — continuou, amarrando sob o queixo um gorro de lã com um pompom vermelho-vivo. — Tem tanto trabalho para fazer aqui. Depois vou mostrar meus novos projetos para o jardim.

Valentina fechou o zíper do casaco e apalpou os bolsos.

— Dinheiro, óculos, lista, caneta... Até depois. Não vou demorar, quando ficar com fome esquente o *borsch*. Você não deve saber, mas temos abastecimento de gás e um fogão decente agora! — gritou do corredor.

Durante muitos anos, usamos botijões em Bereh porque a cidade não tinha uma rede de gás encanado, apesar de ficar próxima dos campos de gás da planície de Poltava. Segui Valentina até o corredor para dizer que eu não tinha ficado fora por tanto tempo assim e que sabia do abastecimento de gás, mas ela já estava atravessando o quintal, apressada.

Voltei para a sala e me sentei em uma cadeira à mesa. A casa me envolveu em um silêncio tão estranho que parecia pairar sobre mim, pesada e sufocante. Enchi meu prato de *syrnyky* e cobri com geleia de damasco e creme azedo. Comi uma garfada. A geleia preencheu minha boca com o amargor do caroço do damasco, e me perguntei por que as batatas-semente seriam tão importantes para minha avó não ter ficado para tomar café da manhã comigo em meu primeiro dia de volta a Bereh. Engoli em seco e minha garganta se enrijeceu. De repente, me senti sozinha e perdida. O tique-taque enferrujado do relógio do quarto de Asya marcava os minutos com parcimônia.

Peguei minha xícara de chá e saí para o quintal. O sol apareceu de trás de uma nuvem e lançou uma luz dourada em meu rosto. Deslumbrada, mal consegui enxergar o quintal largo, coberto de grama crespa e cercado por galpões e por um pomar de cerejeiras. A roupa no varal lutava para se libertar e flutuava com alegria ao vento. Tinha me esquecido de quanto a primavera é estimulante em lugares que conhecem o verdadeiro inverno. Lembrei-me então do meu plano de encontrar Nikodim, e a promessa de novas aventuras me entusiasmou, apesar das dúvidas. "Vai ficar tudo bem", disse a mim mesma. Por que não ficaria?

SEGUNDA PARTE

O pomar
de cerejeiras

4

Os dias seguintes se passaram da mesma maneira. Valentina geralmente saía antes que eu acordasse para cuidar do pomar ou visitar vizinhos a fim de falar sobre seus projetos de jardinagem. Ela voltava no fim da tarde, e, se estava ocupada demais planejando o plantio da primavera para contar sobre seu dia, imagine então para falar sobre coisas que aconteceram há mais de um século. Eu me acostumei a tomar o café da manhã na companhia do tique-taque do relógio e do sol da manhã.

A casa estava como eu lembrava. Até mesmo as portas rangiam no mesmo tom agudo. O piso ainda cedia e o relógio de parede, mostrando a hora com 15 minutos de atraso. A mobília era a mesma — armários, uma geladeira da década de 1950 e uma mesa de carvalho tão sólida que parecia crescer dos alicerces. A casa foi construída pelos soldados do Exército Vermelho em 1945. Uma divisão de engenharia trabalhando em uma nova rede ferroviária selecionou um prado entre a estação de trem e o rio e ergueu ali uma casa atarracada, com tijolinhos à vista nas janelas, charmosamente deslocadas na fachada austera. Quando os engenheiros foram embora, o comando do exército cedeu a casa e o terreno ao redor para meu bisavô recém-desmobilizado. A construção apressada nos assombraria décadas mais tarde — o único quarto pequeno e estreito, a cozinha congelante no inverno e sufocante no verão, o piso irregular. Quando olhava fotos da década de 1950, a construção não me parecia muito diferente da que eu estava. Acabamos nos adaptando à casa, e não o contrário.

Uma fotografia de Pasha, mãe de Asya e minha trisavó, espreitava a mesa de jantar. Ela usava um lenço branco que cobria a testa e uma túnica preta comprida que a fazia parecer uma freira. Segundo Valentina, durante a ocupação alemã, ela andava pelo povoado libertando o gado confiscado e apagando as marcas de giz das casas que seriam desapropriadas pelo exército nazista. Quando os alemães se retiraram em 1943, ela ficou para trás para "defender seu lar", enquanto o restante da família fugiu. Quando voltaram, ela estava sã e salva e usava um par de resistentes botas alemãs. Pasha era conhecida por ser mal-humorada, rabugenta e dada a explosões violentas.

— Não me admira que os alemães a tenham deixado em paz — dizia Valentina.

Sempre que nos reuníamos para jantar, o retrato dela nos lançava um olhar de decepção daquele privilegiado lugar no alto da parede.

Eu estava dormindo no quarto de Asya e Sergiy, que também tinha sido a biblioteca deles. Meus bisavós, que descansavam sob um pinheiro alto no cemitério de Bereh, deixaram para nós as estantes esguias e esculpidas abarrotadas com três fileiras de volumes encadernados em couro de Gógol, Dostoiévski e Lérmontov. Antes de aprender a ler, eu abria as portas de vidro resistentes e sentava no chão, inalando o aroma almiscarado dos livros velhos. A prateleira mais baixa continha a coleção de Sergiy com os escritos de Lênin e uma edição em capa dourada da Constituição soviética. Os tomos pesados eram perfeitos para secar as flores que eu roubava do jardim de Asya. Lênin não estava mais ali e os livros sobre agricultura de Valentina ocupavam seu lugar.

Fui de cômodo em cômodo, olhando dentro de estantes e abrindo álbuns de fotos como se procurasse por pistas. Continuei na parte externa, seguindo o caminho do jardim e espiando dentro dos galpões de depósito. Em Bereh, essas construções eram chamadas de *sarai*, que no turco original significava "palácio". Engasguei com o cheiro de mofo e madeira petrificada e tirei uma teia de aranha que grudou no meu rosto. A poeira dançava no ar atravessado por pálidos raios de sol.

MINHA UCRÂNIA

Como um palácio turco virou um galpão em um jardim ucraniano era um mistério para mim, mas o nosso podia ser chamado de palácio da memória. Valentina não tinha jogado nada fora. No alto das pilhas, vi meu velho casaco da escola e o jeans gasto do meu primo. Encontrei os vestidos e as revistas de minha mãe, da década de 1970. No fundo da pilha, reconheci os babados dos vestidos de baile de minha avó, usados nas festas do clube dos oficiais. Valentina e meu avô Boris formavam um casal glamouroso em tais noites — ela de saia longa de renda e batom vermelho, ele de uniforme militar, cada vinco bem definido, cada estrela reluzindo. Boris era engenheiro e diretor de uma fábrica de aviões, e ganhou prêmios no trabalho, mas não recebeu tratamento médico adequado. Um homem que nadava no gelo e corria maratonas um dia reclamou de dores no estômago e, alguns meses depois, morreu.

— Apendicite infecciosa — atestou o médico.

Mais tarde, Valentina descobriu que aquela apendicite, na verdade, era um câncer. Os livros de engenharia e as pilhas de jornais de Boris transbordavam das caixas no *sarai*. Folheei edições do *Pravda*, o principal jornal do Partido Comunista, cujo nome significava "verdade". "O Ocidente decadente está à beira do colapso", augurava uma manchete de 1988.

Um dos meus locais favoritos em Bereh sempre foi uma pequena cabana à beira do pomar de cerejeiras. Chamávamos de "cozinha de verão", embora ninguém a usasse para cozinhar. Era uma construção tradicional feita de junco e barro, caiada e coberta por um telhado de terracota, do tipo que estava desaparecendo nos povoados cada vez menores da Ucrânia. A nossa tinha uma janelinha coberta de renda e teias de aranha, um fogão a lenha e piso de terra coberto com esteiras de palha. Pintado de um cor-de-rosa vivo, o cômodo quadrado tinha uma tapeçaria na parede, uma cama, uma mesa redonda grande e um guarda-roupas antigo. Meu reflexo no espelho manchado pendurado na parede tinha tons de sépia, como uma fotografia antiga. No início da primavera, a cozinha de verão sem aquecimento ficava gelada demais, mas me sentei na cama sentindo o aroma de argila úmida e cascas de nozes.

A melancolia que preenchia aquele cômodo negligenciado tomou conta de mim. "Cada canto dessa casa está cheio de lembranças de vidas cruelmente devastadas por um estado negligente", escrevi mentalmente um e-mail para Vladimir, antes de me dar conta de que não poderia enviá-lo. Deitei sobre a colcha de macramê e fechei os olhos, recordando um poema que eu escrevera aos 10 anos, sentada naquela cama: "Quem sou eu? Onde estou? Um grão de areia no universo vasto. Onde é o inferno? Onde é o céu? Quem poderia me dizer?"

— O que você está fazendo aqui?

A voz de Valentina me fez levantar de um salto.

— Essa colcha não é lavada desde o último outono. Está imunda. Você não está com fome?

Minha avó estava parada à porta segurando um maço de cebolinha. Não tinha interesse na angústia existencial. Quando minha tia Lola fez 50 anos, procurou a mãe para ouvir palavras de sabedoria, perguntando o que ela gostaria de ter aprendido quando era mais nova.

— Como cultivar tomates grandes — respondeu Valentina, sem titubear.

Dmytro voltou de Kyiv na quarta-feira anterior ao fim de semana de Páscoa e, embora morasse em Poltava — onde alugava um pequeno apartamento com um amigo —, foi direto para Bereh. Valentina ligou várias vezes para confirmar a hora exata de sua chegada e preparou uma panela grande de sopa de frango com bolinhos. Ela voejava pelos quartos como uma borboleta, passando toalhas a ferro. Depois de dias de desjejuns solitários e passeios sem rumo, também fiquei feliz ao ver meu primo. O burburinho de entusiasmo, a abertura de presentes e o estardalhaço por causa da comida me lembraram das nossas férias quando crianças.

MINHA UCRÂNIA   71

— Tem certeza que não está com fome? — perguntou Valentina. —
Vika, por favor, esquente a sopa para Dmytro.

Ela me chamou pelo diminutivo de Victoria, como minha família
costumava fazer. Acendi o fogão e coloquei a panela pesada sobre o fogo.

— *Babushka*, já disse que não estou com fome — disse Dmytro,
sentando com uma xícara de chá.

— Talvez algumas batatas?

— Não estou com fome.

— Ou quer outra coisa?

— Não estou com fome agora, mais tarde faço um lanche. Morei
aqui tempo suficiente para saber onde fica a geladeira.

— Você não mora mais aqui — retrucou Valentina, fungando e
indo até a cozinha, onde bateu a porta.

Fiquei parada no meio da sala com uma concha de sopa sem saber o
que estava sendo dito ou quem tinha acusado quem de quê.

— *Babushka* não queria que eu me mudasse. Já se passaram dois
anos desde que aluguei meu apartamento em Poltava, e ela deixa isso
claro sempre que surge a oportunidade — explicou Dmytro, olhando
para a porta com uma expressão de culpa.

Ele começou a contar por que se mudara e por que tinha sido melhor
para ele e para Valentina. Se ela achava que meu primo a abandonou
ao se mudar para uma cidade vizinha, o que devia pensar das filhas
que atravessaram o oceano? O que devia pensar de mim? Eu sabia que
minha mãe e Lola queriam que Valentina emigrasse com elas e todo
ano tentavam convencê-la a vender a casa e se mudar para os Estados
Unidos ou o Canadá, mas ela se recusava. Não queria abrir mão de seu
lar, seu pomar ou sua liberdade. Tinha sido escolha delas ir embora.
Ela queria ficar. Ainda assim, devia sofrer com nossa ausência.

Dmytro andou de um lado para outro e foi atrás dela. Através da
parede fina, ouvi vozes agitadas, algumas fungadas e, em seguida,
murmúrios suaves. Instantes depois, meu primo voltou para a sala e
anunciou que ficaria conosco durante todo o feriado de Páscoa. Valentina estava atrás dele, batendo palminhas e irradiando felicidade.

A manhã seguinte era Quinta-Feira Santa, e nós três limpamos a casa para a Páscoa. Dmytro esfregou o piso da sala, enquanto eu pendurava os tapetes no varal do quintal. Bati neles com uma vassoura, e eles soltaram grandes e satisfatórias nuvens de poeira.

— Olá!

Eu me virei e vi nossa vizinha Sasha abrir o portão que separava as propriedades e entrar em nosso quintal. Ela era uma mulher bonita, com uns 50 anos, cabelos cor de vinho e bochechas avermelhadas. Seu vestido estampado de algodão, o colete de lã e os chinelos eram a versão Bereh para as roupas casuais.

— Faz um tempo que queria vir conversar com você, mas o trabalho tem me mantido ocupada — disse.

Como minha avó, Sasha e nossos vizinhos conversavam comigo em russo, mas usavam o ucraniano quando falavam entre si. Como meu ucraniano saía com um sotaque americanizado, eles achavam encantador e estranho ao mesmo tempo. Sempre me perguntei o que isso queria dizer sobre minha identidade ucraniana e me preocupava em não pertencer ao lugar onde tinha nascido. Porém, gostava tanto dos sons suaves da língua que continuei falando o idioma. Valentina parecia orgulhosa quando eu falava em ucraniano e, embora me corrigisse com um sussurro, me exibia como uma aluna exemplar. Sempre que tinha a oportunidade, eu falava para que ela pudesse se deleitar com as novas palavras e frases que eu tinha aprendido.

— Bom dia, Sasha — respondi em russo.

Desde a infância, era a única língua que eu usava com ela, então pareceu natural continuar.

Sasha tinha uma barraca no mercado central de Poltava onde vendia mudas de hortaliças e buquês de flores.

— O pequeno Sasha estava procurando um trabalho no exterior, mas estou feliz por ele ter ficado em casa — comentou.

O pequeno Sasha era o filho de 19 anos de Sasha — a família resolveu o dilema dos nomes chamando todos os filhos, homens ou mulheres, de Sasha.

Sasha deu um grande sorriso enquanto seus olhos verdes penetrantes me examinavam da cabeça aos pés. O sol da primavera na Ucrânia era enganoso, e eu tinha vestido todas as minhas blusas e mais o casaco de pele de carneiro de Sergiy por cima. Parecia uma pastora, mas estava confortável e aquecida.

Valentina tinha me avisado que qualquer coisa que eu contasse a Sasha viraria fofoca no povoado, mas suspeitei que isso aconteceria quer eu dissesse algo ou não. Então, sorri de um jeito que esperei parecer natural e disse que nossa casa era o melhor lugar do mundo. Soou tão falso que me encolhi, mas Sasha não percebeu, porque estava franzindo a testa para as botas de borracha em meus pés.

— Você e seu marido ganham bem onde moram? — perguntou Sasha.

Apoiei meu peso na outra perna.

— O bastante para nós dois.

Sem se convencer, Sasha olhou mais uma vez para meu casaco e minhas galochas.

— E o que você faz lá?

Nesse momento, Valentina saiu da casa, e eu me esgueirei por trás dela, entrando no corredor e deixando minha avó falando sobre uma nova variedade de tomate que queria plantar.

No domingo de Páscoa, acordei ao som de tiros. Com o coração batendo forte, sentei na cama e apurei os ouvidos para escutar de onde vinham. Levantei de um salto e corri descalça até o quintal. Fiquei paralisada sobre a grama gelada o bastante para queimar minha pele, mas cada estalo me prendia no lugar com mais firmeza.

— São só os recrutas treinando. A base do Exército é ali perto do rio — comentou Valentina, saindo do *sarai* com uma panela grande. Ela percebeu meus pés descalços e levou as mãos ao rosto, deixando a panela cair. — Céus, está tentando me causar um ataque cardíaco? Entre agora mesmo!

Limpei os pés no tapete, sentindo meu rosto vermelho. Quando estava arrumando a cama, ouvi Sasha entrar.

— Estão aprontando uma confusão — reclamou ela.

— Eles não têm um único osso sagrado no corpo. Fazer uma coisa dessas no fim de semana de Páscoa — queixou-se Valentina, a voz estridente de tanta indignação.

— Eu pedi a eles que não começassem tão cedo, mas Igor disse que eles precisam terminar a cerca até o fim dessa semana.

O barulho de perfuração vindo do terreno do outro vizinho abafou o estampido de tiros e a resposta da minha avó. O treino do Exército não incomodava nem minha avó nem Sasha tanto quanto a cerca de Igor.

Cozinhamos para a Páscoa com a trilha sonora de tiros e furadeiras elétricas. Como o forno estava ligado, deixamos a porta entre a cozinha e a sala aberta, e os sons de fora entravam com mais nitidez. Descasquei batatas e tentei não me encolher a cada vez que os tiros reverberavam, embora depois de algumas horas eles tenham se misturado à cacofonia comum de sons de Bereh — galos, cães, crianças, vizinhos se cumprimentando aos gritos. A calma com que se aceita o anormal me incomodou, mas eu não sabia se havia outra maneira de viver uma calamidade.

— Os preparativos para os dias santos são mais agitados que o dia em si — disse Dmytro, chegando do mercadinho na colina com dois pães. — Passamos dois dias cozinhando e depois todos estão cansados demais para aproveitar a refeição. Tenho certeza de que *babushka* também vai nos acordar antes do amanhecer para abençoarmos os ovos e o pão na igreja.

— É claro que sim. Até parece que você nunca celebrou a Páscoa antes — retrucou Valentina. — Por que comprou pão integral? — Ela cutucou o pão que chamávamos de *kirpichik*, tijolinho, por causa de seu formato retangular. — É muito azedo!

— É igualzinho ao *kirpichik* branco — respondeu meu primo. Ele rasgou um pedaço de pão e enfiou na boca. — E não é azedo.

— Ei, não coma toda a casca — falei, acenando com o descascador de batatas.

MINHA UCRÂNIA

Nós dois amávamos as pontas crocantes e caramelizadas e ainda brigávamos por elas como quando éramos crianças.

— Temos muito o que fazer — disse Valentina, colocando punhados de cascas de cebola em uma panela grande. — Vika, você precisa descascar mais batatas.

— Já descasquei uma dúzia. Quantas pessoas vêm para o jantar? — protestei, pegando mais uma batata.

Diferentes das batatas vendidas em Bruxelas, maleáveis e ovais, essas eram duras e pareciam esculturas surrealistas em miniatura. Mas eram incrivelmente doces e amanteigadas.

— Nós três — afirmou Valentina, colocando mais seis batatas em uma tigela para eu descascar. — Dmytro e eu gostamos de batatas.

— Valentina e o Exército dos Estados Unidos têm o mesmo lema: seja tudo o que pode ser — comentou Dmytro, alto o bastante para que Valentina ouvisse. — Vai por mim, é melhor se submeter à general Valentina e obedecer às ordens.

— Não gosto de ser comparada a um general — reclamou ela, embora parecesse satisfeita.

Valentina pegou a tigela de batatas e me deu uma lista de ingredientes para a *paska*, um brioche assado tradicional na Ucrânia.

— Tem certeza de que precisamos de dois quilos de farinha? — perguntei, calculando que haveria o suficiente para o povoado inteiro.

Mas minha avó já estava no corredor instruindo Dmytro, de saída para mais uma expedição de compras, e não me ouviu. Juntei as quantidades de farinha, leite e fermento em uma bacia grande de madeira que Valentina tinha deixado sobre a mesa de jantar e enfiei as mãos na mistura empelotada. O cheiro cremoso do trigo me envolveu. Embora não celebrássemos a Páscoa em razão das objeções do meu bisavô a qualquer rito religioso, fazíamos *paska* toda primavera para nos deliciarmos com o sabor rico do brioche amanteigado recheado com passas embebidas em rum e cascas de laranja cristalizadas. A massa se tornou elástica e, quanto mais eu a amassava, dobrando-a várias vezes como Valentina tinha me ensinado, mais ela resistia. Cobri a massa com uma tigela e sentei, limpando a farinha dos braços.

Valentina voltou para a cozinha e começou a fazer o corante natural para os ovos de Páscoa. Ela cobriu as cascas de cebola com água e levou a panela ao fogo para ferver. O aroma doce flutuando pela sala de estar lembrava manga madura. Ao escrever sobre perfumes, passei a notar os aromas ao meu redor e associá-los a outros que evocavam memórias. Alguns meses antes, eu estive em Mumbai com meu marido em uma visita aos seus parentes. Embora não fosse época de manga, os aromas de frutas tropicais com suas notas pungentes distintas dançavam no ar saturado de especiarias, óleo de cozinha e fogueiras. Visitamos uma plantação de especiarias em Goa na qual os fazendeiros me mostraram como colhiam pimenta-preta, cardamomo e vagens de baunilha. Enviei a Vladimir fotos do povoado, das vinhas verdes e das guirlandas de jasmim. Vladimir respondeu dizendo que as cabanas dos fazendeiros lembravam as do povoado de seus avós na Rússia. Lembrar aquilo foi como recordar uma melodia pela metade.

Os quadrados de luz do sol que entravam por uma pequena janela deslizavam da mesa até o chão atrás de mim. Passava do meio-dia. Valentina coou o líquido oleoso das cascas de cebola fervidas e mergulhou os ovos nele. Eles ferveram até que a cor pálida da casca se transformasse em um mogno escuro.

Minha avó e eu nos revezamos na feitura da massa da *paska*, acrescentando ovos, açúcar, manteiga e mais farinha aos poucos. A massa brilhava e se expandia, preenchendo a sala com o cheiro de noz-moscada e creme. Valentina amassou a massa com força, apoiando o peso do corpo contra a mesa e fazendo-a sapatear e rebolar. Ao inclinar o tronco para a frente, empurrando a massa, ela congelou no meio do movimento e arquejou. Levou a mão coberta de manteiga e farinha à lombar.

— *Babushka*, o que foi? — perguntei, correndo até ela.

— Nada de mais — respondeu, respirando bruscamente.

Seu rosto se contorceu em uma careta de dor excruciante. Peguei uma cadeira e ajudei-a a se sentar.

— Você deve ter distendido as costas. Deixe a massa, eu termino.

— A última coisa que eu preciso é de um problema nas costas — disse, olhando-me irritada e passando as mãos em uma toalha que eu tinha lhe dado, mas continuou sentada.

Dmytro voltou do mercadinho. Valentina se levantou com dificuldade e foi até a cozinha. Fui atrás dela.

— Temos analgésico em casa? — perguntei a Dmytro. — *Babushka* distendeu as costas.

Valentina virou e olhou para mim.

— Eu já disse, estou bem — retrucou.

Minha mãe me avisou que Valentina era sensível com a saúde e tinha medo de médicos, se recusava a tratar suas enfermidades. Voltei para a sala.

— Não gosto dessa marca de presunto. — Eu a ouvi dizer a Dmytro.

— É a de sempre.

— Quanto foi o queijo fatiado? Muito caro! Por que comprou tanto?

Fragmentos de suas vozes disparavam pelo ar apimentado. Soquei a massa.

Dmytro espiou a sala e me viu parada à mesa com os braços mergulhados na farinha até os cotovelos.

— Que tipo de pão leva um dia inteiro para preparar? — perguntou com uma ironia suave que não me divertiu.

Virei para o outro lado.

Ele se aproximou e buscou meu olhar.

— Você precisa de ajuda? Posso lavar a louça.

Ele pegou a torre inclinada de pratos e tigelas de cima da mesa e levou até a cozinha.

— Você não pode lavar a louça! Eu mesma lavo ou Vika lava quando terminar a *paska* — disse Valentina, interceptando-o. — Vamos preparar um chá para você. Está com fome?

— Por que Dmytro não pode lavar a louça? — perguntei, vendo-o largar a esponja na pia e se afastar.

Eu tinha acrescentado a última porção de manteiga e voltado a sovar. Espessa e escorregadia, a massa resistia à manteiga e às minhas mãos.

— Não é trabalho para um homem — respondeu Valentina, espremendo detergente em uma esponja gasta.

— Meu marido lava a louça — retruquei, teimosa.

— Os homens ocidentais são diferentes.

— Dmytro cresceu no Canadá.

Meus braços latejavam de sovar a massa. A fadiga e a irritação estavam me esgotando, e eu não conseguia conter minhas palavras, embora soubesse que cada comentário me colocava em rota de colisão com a minha avó.

— Meu marido nunca lavou a louça em casa. Eu não deixava que ele fizesse um trabalho feminino tão insignificante — retrucou ela, jogando garfos e facas na água com sabão.

Ela disse "meu marido", não "seu avô", e, apesar do barulho dos pratos na pia e da massa sendo lançada contra a mesa, um silêncio congelante se impôs entre nós. A massa escapou das minhas mãos por um instante.

— Temos nossos costumes aqui em Bereh, e Dmytro é um de nós — disse Valentina ao abrir a água fria para enxaguar a louça.

Soquei a massa mais uma vez, batendo o punho contra a mesa e sentindo uma pontada de dor no braço. Não falei que Sergiy, pai dela, lavava a louça, preparava o chá para Asya e o café da manhã para mim. Não perguntei se ela me incluía naquele "nós". Tinha medo que ela dissesse "não".

Ao amanhecer, fui acordada por Dmytro. Bereh não tinha uma igreja, mas o povoado do outro lado da ferrovia tinha, e o padre vinha de Pol-

MINHA UCRÂNIA 79

tava para fazer o ritual da bênção. Vasculhei o armário do quarto em busca de roupas adequadas, lembrando que algumas igrejas ortodoxas tinham um código de vestimenta rígido para mulheres. Vesti uma saia azul longa e plissada, um sobretudo preto de lã e um lenço cinza que escorregava continuamente pelo meu cabelo.

— Você parece Asya quando ela era jovem — comentou Valentina quando saí do quarto.

Depois da briga na noite anterior, estávamos nos tratando com um comedimento e uma educação que não eram naturais. Nós duas sabíamos que eu em nada lembrava a Asya alta e loira e que meu cabelo escuro e meu corpo pequeno tinham sido herdados da família do meu pai — mas entendi o que Valentina quis dizer, e isso me consolou.

Na sala, a mesa estava coberta de *paskas*. Os pães altos e cilíndricos, parecidos com as formas de panetones, brilhavam sob a camada de merengue branco e pétalas de violeta açucaradas. Escolhemos o mais bonito e colocamos no cesto, com vários ovos e sal embrulhados em um lenço. O jantar de Páscoa começava com um ovo mergulhado em sal bento e uma fatia do pão. Eu não tinha comido muito no dia anterior e a fome deixava cada cor, textura e aroma mais nítido.

Valentina nos abençoou com o sinal da cruz quando saímos pelo portão. Ela decorava a penteadeira com imagens e marcava os feriados religiosos em um calendário para se lembrar de não trabalhar no jardim nesses dias, mas raramente ia à igreja. Dizia que não sabia como se comportar lá, mas gostava da ideia de um pão abençoado.

Passamos por casas e pomares ainda adormecidos. As flores brancas dos damasqueiros pareciam nuvens e impregnavam o povoado com o refinamento de um quadro japonês. Quando Dmytro e eu viramos em direção ao rio, hortas delineadas por estufas portáteis flutuaram a distância. Vista do ponto íngreme da margem do rio, Bereh parecia um daguerreótipo antigo de cabanas caiadas com persianas de madeira, salgueiros-chorões e videiras emaranhadas. As margens do rio estavam desertas. A correnteza avançava veloz, levando consigo árvores de ponta-cabeça, como casas equilibradas sobre o telhado, e nossas sombras borradas.

— Onde é o campo de treinamento do Exército? — perguntei a Dmytro.

Ele apontou na direção das florestas reluzentes contra o céu claro da manhã, mas que para mim pareciam sombrias e agourentas.

A igreja era uma construção branca pequena com telhado de metal azul e decorada com cruzes douradas. Nos juntamos à multidão no pátio que esperava que ovos e *paskas* fossem abençoados. Duas mulheres de jeans e jaqueta de couro olharam para minha saia longa e meu sobretudo e sussurraram algo entre elas, rindo baixinho. Percebi que era a única mulher com menos de 70 anos usando saia. A porta da igreja se abriu, e um padre jovem com uma barba preta rala, que fazia seu rosto parecer ainda mais jovem, surgiu no pátio, carregando uma vassourinha e um balde de metal como o que Valentina usava para guardar batatas. Mergulhou a vassoura no balde, entoou *"Khristos Voskres"* e jogou água em nós. A vassoura se tornou um aspersor de água benta, o balde um receptáculo sagrado, e a multidão sonolenta pareceu exaltada ao responder em um coro harmonioso *"Voistinu Voskres"*. O sol da manhã subiu mais alto no céu e fez brilhar as cruzes no telhado da igreja. O padre percorreu o círculo nos abençoando com a água benta três vezes e desapareceu dentro da igreja. Ainda sob o encanto das bênçãos, as pessoas se cumprimentaram, se abraçaram e se beijaram. Não encontramos ninguém conhecido, mas naquele momento todos pareciam familiares e queridos, até as mulheres que riram da minha roupa antiquada.

— Vocês dois são da Asya Berezko?

Perto do portão da igreja, uma mulher curvada segurando um cesto enorme e uma bengala fez um gesto indicando que nos aproximássemos. Dmytro assentiu, mas eu a encarei, confusa. Fazia tempo desde que morei em um lugar onde as pessoas conheciam minha família, e tinha esquecido que em Bereh nós somos definidos pelos mais velhos, estejam eles vivos ou mortos. A mulher nos estudou em silêncio.

MINHA UCRÂNIA

— Sim, somos bisnetos da Asya — confirmou Dmytro.

— Nossos jovens estão tentando fugir, e vocês insistem em voltar — comentou ela, largando o cesto no chão.

Sob a toalha bordada que cobria seu cesto, percebi *paskas*, ovos e um buquê de tulipas vermelhas, os botões carmim presos por elásticos. Quando vendia flores no mercado, Asya confiava a mim a tarefa de cortar balões de festa em faixas finas e envolver os botões frescos. Balões vermelhos para tulipas vermelhas, brancos para as brancas. O truque impedia que as flores abrissem e perdessem o frescor.

— Mas por que não voltariam? — continuou, depois de esfregar os lábios com as costas da mão, antes que eu pudesse responder. — Nosso lar é sempre nosso lar.

Quando chegamos em casa, adormeci no sofá e acordei ao anoitecer. Os encantos da missa de Páscoa ainda ecoavam ao redor. Meus olhos estavam úmidos e minha respiração, pesada. Senti a mão de alguém em minha testa e vi que Valentina estava em pé ao meu lado.

— Não conseguimos acordar você. Dmytro foi levar os pães abençoados para Sasha e outros vizinhos. Você parece um pouco quente. Será que preparo uma xícara de chá com geleia de framboesa?

— Estou bem, de verdade — respondi, sentando e sacudindo o torpor. — Mas aceito o chá com geleia.

O remédio favorito da nossa família contra resfriados era uma xícara de chá preto com uma colherada de geleia de framboesa.

— É tudo culpa minha — resmungou Valentina, saindo do quarto. — Eu devia ter me preparado melhor. Fiz você trabalhar demais.

Valentina aqueceu o porco e as batatas e fatiou a *paska* abençoada. Batemos nossos ovos um no outro para ver quem teria melhor sorte naquele ano. Meu ovo quebrou, então Valentina tinha ganhado. No dia seguinte, acordei cedo e fui com ela cuidar do pomar de cerejeiras.

5

Esperei ansiosa que o feriado de Páscoa terminasse para que eu pudesse ligar para o Arquivo Nacional em Kyiv. Tinha estudado a história e a política do Bloco Socialista o suficiente para saber que, se uma pessoa tinha desaparecido na década de 1930 na União Soviética, o responsável mais provável era a polícia secreta. Eu precisava dar um jeito de entrar na Casa do Galo.

— Como espera que eu encontre registros de seu parente se você não tem nenhuma informação sobre ele? — perguntou a voz do outro lado da linha. — Você acabou de cair do céu por acaso?

O insulto gratuito me lembrou da minha aversão visceral à burocracia estilo soviético e, por algum motivo, pensei em Vladimir, ficando ainda mais irritada. No entanto, como eu apostava muito naquela conversa, engoli a réplica afiada e implorei por ajuda.

— Deixe seus números para contato e retornaremos — disse a voz, mais calma, porém entediada.

Ninguém me ligou.

A pressa de Valentina em sair para cuidar do jardim em meu primeiro dia em Bereh devia ter sido um sinal de que o chá ao redor do samovar e as longas conversas despreocupadas definhariam em minha imaginação. Ela fingia não ouvir minhas perguntas sobre Nikodim nem tinha interesse em reviver dias de um passado distante. As pessoas imaginam que os mais velhos vivem no passado e gostam de vasculhar memórias como se elas fossem uma pilha de fotografias, mas minha avó não era como Vladimir. Ela demonstrava pouca nostalgia pela União Soviética e pelos dias de sua juventude. Sorria sempre que me via olhando as fotografias de uma mulher alta e esguia posando para a câmera com ar sedutor — sua versão mais jovem — espalhadas pela casa.

— Sim, linda mesmo — murmurava, como se estivesse avaliando uma estranha.

Então, deixava as fotos de lado e pegava um de seus almanaques agrícolas favoritos.

— Mas isso é passado. Agora precisamos pensar no futuro — dizia, abrindo a publicação, fazendo anotações nas margens e desenhando canteiros intrincados.

Por mais irritada que eu estivesse no início, não pude deixar de me emocionar com a busca de Valentina pelo jardim perfeito — um lembrete da busca obsessiva de Asya. Logo deixei de esperar que minha avó mudasse sua rotina por minha causa. Em vez disso, me adaptei à dela, acompanhando-a até o pomar.

— Quem te ensinou a caiar o pomar assim?! — perguntou Valentina.

Levantei a cabeça e vi minha avó em pé ao meu lado, com as mãos na cintura e uma expressão irritada no rosto redondo.

— A camada de cal tem que ser mais grossa.

Eu nunca tinha caiado um pomar. Para mim, aquele era um lugar para devorar os romances de Jules Verne sob os galhos das cerejeiras, ouvindo o farfalhar suave das folhas enquanto me aventurava ao centro da Terra. Mais tarde, quando fui para os Estados Unidos, minhas memórias do pomar se tornaram fantasias românticas de chás da tarde sob galhos floridos. Eu o imaginava quando lia o poema famoso de Taras Shevchenko: "Um orquidário ao lado da casa. Acima das cerejeiras, os besouros cantarolam." Até ucranianos como minha mãe, que não eram fluentes em sua língua materna, sabiam recitar a coda romântica do poema, "E os rouxinóis fazem sua vigia".

Quando comecei a escrever sobre aromas, o pomar me fornecia a tela perfumada, e minhas memórias de flores e árvores floridas enriqueciam a descrição dos cheiros. O jardim de Bereh se tornou minha reserva infinita de odores e suas nuances. Caiar o pomar nunca foi parte dos meus devaneios. No entanto, a ideia que Valentina tinha de um pomar de cerejeiras perfeito incluía árvores com faixas brancas de solução de cal no tronco.

— Como assim mais grossa?

— O bastante para que as faixas fiquem brancas, não raiadas de cinza — retrucou Valentina.

Comecei tudo de novo, pintando a metade inferior das árvores com o maior cuidado possível e preenchendo cada rachadura com a pasta grossa. Depois de algumas horas, o pomar estava branco e reluzente, e eu estava com manchas vermelhas e descascando nos dedos, causadas pela solução que penetrava nas luvas. Vestindo o velho agasalho do meu avô e o avental da minha bisavó, eu parecia um vagabundo dos pesadelos urbanos de Gógol — não a camponesa de minhas fantasias tchekhovianas.

Valentina voltou para inspecionar o trabalho.

— Parece bom — comentou, andando entre as árvores. Então fez uma pausa e franziu o cenho. — Mas agora está irregular, não está vendo? Algumas faixas estão mais grossas que as outras. E você esqueceu a árvore perto do poço.

Minhas mãos salpicadas de cal ardiam.

— Estudei ciência política, não agricultura — resmunguei enquanto Valentina demonstrava a técnica adequada.

— E de que adiantou isso?

Quando contei a Valentina minha escolha para a pós-graduação, ela a classificou como "nada prática".

Pressionei o pincel contra o tronco da árvore, observando a solução leitosa se infiltrar nas ranhuras. O cheiro de giz me lembrou dos quadros da escola e os antigos lápis de cera.

MINHA UCRÂNIA 85

— Ainda não entendo por que a ciência polícia não seria algo prático — arrisquei.

Valentina passou a mão nos galhos da cerejeira e acariciou os botões pegajosos com os dedos.

— Estudar política é a coisa mais inútil do mundo. Ou você entra na política e joga o jogo ou deixa para lá e espera que políticos não estraguem sua vida — disse, finalmente. — Embora seja difícil evitar esse estrago aqui. Agora, por causa da situação com a Rússia, os preços estão disparando. Até essa cal que você não aplica direito está custando o dobro do que custava há alguns meses.

Olhei para o líquido opaco pingando da ponta do pincel.

— Quis estudar ciência política por causa do que passamos quando a União Soviética colapsou. Eu queria entender esse lugar. E achei que pudesse gostar de dar aulas. Você não gostava de ser professora?

— Eu gostava. Mas escolhi a área por acidente. Asya insistia que eu me tornasse tecnóloga de carnes, uma açougueira de luxo, porque assim sempre teríamos carne à mesa. No instante em que entrei em um matadouro, desmaiei com o cheiro de carne podre e entranhas escorrendo pelo chão de cimento. Decidi me tornar geógrafa. Na época, a área se chamava geografia econômica, porque o objeto de estudo era como fazer a natureza obedecer aos planos quinquenais. — Valentina balançou a cabeça. — Eu era boba, imaginei que não teria que lidar com sangue ao estudar números e mapas.

Foi a conversa mais franca que tivemos desde a minha chegada, e eu queria que ela continuasse.

— Você era uma professora maravilhosa, qualquer que fosse a disciplina. Quando era criança, amava ouvir você, ainda que não entendesse nada do que estivesse dizendo. Também gostava quando as pessoas se amontoavam ao nosso redor em museus para ouvir suas explicações sobre a arte. Quis te imitar e também ser professora.

No entanto, o rosto de Valentina voltou à expressão neutra e ela se agachou perto de uma cerejeira com um pincel. Minha avó estava mais preocupada com a árvore do que com minhas escolhas de vida. Então não disse que ela tinha me influenciado também ao me dar a confiança para tentar algo novo. Quando a ciência política não correspondeu às minhas expectativas, não hesitei em mudar de área. Deixei de lado os modelos da teoria dos jogos, entrei em uma escola de perfumaria e aprendi química orgânica. Escrevia sobre aromas e sabores, traduzindo o intangível em palavras. Nunca tive medo de mergulhar no desconhecido.

Lembrei-me da última ida à Califórnia para visitar o meu pai. Ele também estava pronto para começar algo novo e parecia exultante. Quis contar isso a Valentina. Ela conhecia bem meu pai, mas quase nunca falava sobre ele.

— Por que a aplicação de cal tem que ser tão precisa matematicamente, se o único objetivo é proteger a casca das árvores dos insetos? — perguntei.

Um medo que não consegui identificar me impediu de perguntar sobre o meu pai.

Minha avó inclinou a cabeça para o lado e estendeu a mão para mim.

— Me dê aquele pincel largo — disse ela, apontando para o objeto.

Então, consertou a faixa torta de cal em uma cerejeira velha.

— A aplicação de cal protege a casca das queimaduras solares no inverno e de insetos, mas também precisa ficar bonita.

Os padrões da minha avó continuavam altos.

Parte do pomar de cerejeiras encontrava a horta de Sasha, e sempre que o perfeccionismo de Valentina e minha teimosia colidiam, eu via a vizinha nos espiando através da cerca de arame frágil que separava as propriedades. O vento levava as conversas de um jardim ao outro, e eu tinha certeza de que Sasha estava tão a par dos nossos pequenos dramas quanto nós de suas brigas com o filho.

— Então, vocês decidiram aplicar cal hoje — comentou Sasha, abrindo o portão e entrando. — Valentina Sergiyvna, quanto você pagou pela cal?

MINHA UCRÂNIA

Valentina e Sasha discutiram o preço da cal enquanto eu pintava.

— O pequeno Sasha chamou uma encantadora de pepinos para vir à tarde. Preciso preparar as sementes — disse Sasha, prestes a voltar ao seu jardim.

Parei de pintar e virei-me para olhá-la.

— Encantadora de pepinos?

— Sim, encantadora de pepinos. Ela é profissional, não como os charlatães que anunciam seus serviços no *Alvorecer de Poltava* — respondeu a vizinha, parecendo ofendida por algum motivo. — Nunca contrate um encantador de pepinos de um anúncio no jornal. São todos uns golpistas.

— O que faz um encantador de pepinos? — perguntei. Nunca pensei que esse serviço existisse, menos ainda que as pessoas anunciassem nos classificados.

— Um encantador de pepinos lança um feitiço para garantir uma colheita abundante — explicou a mulher, revirando os olhos diante do óbvio que eu desconhecia.

Enquanto eu permanecia estupefata, me perguntando se Valentina também contratava encantadores de pepinos, Sasha olhou para as árvores que eu tinha pintado e deu um sorriso torto.

— Eu não sabia que moças da cidade eram tão boas nisso.

Sasha sempre me elogiava na minha frente, mas fazia isso com uma doçura tão exagerada que parecia falsa. Eu sabia que ela dizia coisas duras sobre mim pelas costas.

— Sasha diz que você usa sapatos feios — comentou Valentina no dia seguinte, quando estávamos saindo para nossa rotina diária no jardim. — Diz que seus sapatos são mais adequados para uma *kolkhoznitsa*, uma trabalhadora de fazenda coletiva, do que para uma *amerikanka*. Ainda mais uma *amerikanka* que mora na Europa!

Valentina riu alto e enxugou os olhos. Não achei tão divertido.

— Mas o que eu deveria usar? Andou chovendo e a estrada de terra em frente à casa está intransitável!

Olhei para as botas de borracha perto da porta, robustas e grosseiras. Não eram alta moda, mas, considerando que a própria Sasha preferia chinelos rasgados, não entendi por que meus sapatos a incomodavam.

— Não importa — disse Valentina, abanando a mão em frente ao rosto como se estivesse espantando moscas. — Sasha é uma tagarela.

Minha irritação com aqueles comentários passivo-agressivos se transformou em uma raiva que não consegui conter.

— Ela espalha boatos sobre mim. Uma pessoa me perguntou outro dia se eu me divorciei... Afinal, por que eu estaria aqui se não fosse por isso?

— É só conversa fiada. Sasha fala besteira, mas tem boas intenções. Quando nenhum de vocês está por perto, ela me ajuda — disse minha avó.

Eu não entendia como Valentina não se incomodava com fofocas sobre meu casamento.

— Por que me contou o que ela disse sobre meus sapatos? E por que sempre a defende?

— Por que você está tão irritada? As botas de borracha são feias, ponto final. Use se quiser, mas não fique irritada se ouvir as pessoas comentando — disse Valentina, erguendo as sobrancelhas.

— Mas foi você que me deu as botas e disse que eram melhores do que tênis — insisti, apontando as botas forradas de pele falsa que aparentemente causavam tanto drama em Bereh.

Valentina soltou o ar bruscamente e levantou.

— Use o que quiser. Estou indo para o jardim.

Ela vestiu o casaco sem olhar para mim.

— As pessoas daqui são mais exigentes com você porque você mora em outro país. Elas valorizam o fato de ter voltado. Podemos até dizer que têm orgulho de você por isso. Mas vão te julgar mesmo assim — disse, jogando um lenço em volta do pescoço. — Consegue imaginar o que disseram quando Dmytro veio do Canadá para morar aqui?

Sua expressão se suavizou e ela saiu.

Tirei a poeira das botas de borracha com a manga da blusa e decidi não usar outro tipo de sapato quando Sasha estivesse por perto.

Mais tarde, liguei para meu marido e contei a ele a conversa com Valentina. Ele me consolou dizendo que, em lugares pequenos, as pessoas sabem tudo umas sobre as outras e precisam discutir isso. Sentíamos falta um do outro, mas concordamos que eu ficaria na Ucrânia o tempo que precisasse. Àquela altura, reconheci que a estadia de um mês teria que ser estendida. Eu precisava ir ao sul da França para a colheita das rosas, mas, fora isso, redigir meus textos não exigia que eu voltasse a Bruxelas imediatamente.

No fim, não foi a fala de Sasha que me incomodou de verdade. Eu podia deixar isso para lá. Mas não conseguia ignorar a tensão entre mim e minha avó. Eu a achava imprevisível e difícil de ler e vi que me aproximar dela exigiria mais que comprar uma passagem para a Ucrânia ou caiar um pomar de cerejeiras.

Eu também precisava reconhecer que minha busca por Nikodim não estava me levando a lugar nenhum. Depois de desistir do Arquivo Nacional, explorei os recursos regionais de Poltava. Busquei informações sobre visitas no site oficial da divisão de arquivos e, tendo me convencido de que não era necessário agendamento, troquei as botas de borracha por calçados apropriados para a cidade e peguei o ônibus até lá.

Poltava me deixou desconcertada e encantada. Na Ucrânia, onde a geografia costuma determinar o destino, essa cidade desafiava classificações fáceis. Não era Oriente nem Ocidente. Era o meio, e também a periferia. Na praça central, imponentes edifícios neoclássicos, como nas muitas réplicas do Partenon, cercavam um grande parque com um monumento à vitória de Pedro, o Grande, sobre a Suécia em 1709. Uma bandeira ucraniana tremulava sobre o monumento, afixada na base onde repousa a águia imperial russa, no topo da coluna. Nas colinas acima, as cúpulas douradas do Mosteiro da Exaltação da Santa Cruz reluziam, sombrias. O mosteiro foi fundado pelos cossacos, muitos dos quais lutaram ao lado da Suécia na antiga, mas ainda muito lembrada, guerra do século XVIII. A rua Lênin era paralela à rua do Velho Mosteiro. A rua Engels cutucava a Gorki. A rua Pushkin tropeçava na Gógol e na Rosa Luxemburgo e parava no silêncio do beco Linden, onde o poeta russo lançava um olhar de bronze sobre os idosos que jogavam dominó e os gatos que cochilavam nos bancos vazios. Os nomes das ruas estavam em processo de mudança, mas as placas ainda indicavam nomes da era soviética e as pessoas combinavam de se encontrar perto do ausente monumento a Lênin. Eu tinha certeza de que uma cidade cuja psique era tão marcada pela memória ofereceria pistas do destino de Nikodim.

Mas minha confiança diminuiu quando entrei no Departamento de Arquivos Regionais. O bloco de cimento cinzento tinha todas as características de uma instituição burocrática ao estilo soviético e projetava um poder sem rosto. Fui atacada pelo cheiro de poeira e pelos planos quinquenais não cumpridos e me transformei em mais um número em uma fila de pessoas — embora "fila" não fosse o termo exato para a multidão impaciente que se dirigia à recepção.

— Vá para o segundo andar — disse uma jovem recepcionista a uma idosa com aparelho auditivo e um antigo chapéu de feltro.

— Sétimo andar? Como assim? Esse prédio não tem sete andares! — respondeu a senhora, tentando ajustar o aparelho auditivo e derrubando-o no chão.

— Segundo andar. Segundo!

A voz da recepcionista estava rouca de tanto esforço. Outros procuraram pedaços do aparelho auditivo pelo chão e guiaram a senhora ao lugar certo, também gritando instruções. A fila se recompôs, e me vi no final dela. Dois idosos de casaco de tweed com medalhas de guerra penduradas brandiam folhas de papel amareladas como prova de algum documento oficial cuja sigla não reconheci. Certificados, permissões e atestados eram solicitados e negados. Pedidos eram feitos e declarados impossíveis. Os arquivos seguiam inatingíveis.

MINHA UCRÂNIA   91

Uma mulher de meia-idade com um casaco vermelho comprido queria prova de sua herança judaica.

— A senhora nasceu em Poltava? Entrou em contato com a sinagoga? — perguntou a recepcionista.

— Que sinagoga? A sinagoga virou um teatro. O teatro pegou fogo e está fechado — respondeu a mulher.

— A senhora fala como se eu tivesse fechado a sinagoga e colocado fogo no teatro — reclamou a recepcionista, empurrando um pedaço de papel na direção dela. — Aqui está uma lista de todas as sinagogas de Poltava. Temos mais de uma, sabe? E você, o que quer? — A recepcionista olhou para mim e logo voltou a encarar a tela do computador.

Expliquei que estava rastreando minha árvore genealógica e precisava de informações sobre os povoados dos meus bisavós. Lembrando minha experiência com o Arquivo Nacional, decidi não citar Nikodim àquela altura.

— *Devushka*, você precisa agendar um horário com a arquivista-chefe, mas ela está ocupada hoje. Próximo!

Ser chamada de "mocinha" em ucraniano, por algum motivo, me deixou ainda mais irritada.

— Vocês não têm sistema de agendamento. Entrei no site para procurar isso — insisti, sentindo a multidão me pressionar.

— Eu nem fazia ideia de que alguém usava nosso site — comentou a recepcionista.

— Eu vim de outra cidade — retruquei, querendo dizer Bereh.

— Não me importa se você veio de Paris, entende? Próximo!

— Eu não vim de Paris... — comecei a dizer, mas a recepcionista me interrompeu.

— Sim, estou vendo — disse, olhando para meu casaco preto simples complementado pelo xale com estampa de rosas de Asya.

Dei um passo para trás involuntariamente e alguém me deu uma cotovelada para tomar meu lugar. Dei um passo para o lado e senti mais uma cotovelada na costela. A dor, imerecida e inesperada, me enfureceu e mergulhei na multidão, voltando para o balcão da recepção.

— Entendo que isso é um departamento de arquivos e que seu trabalho é ajudar, não insultar os visitantes — disse. Quando tomei a decisão de me manter firme, minha raiva evaporou e minha voz saiu nítida e clara acima da multidão, repentinamente silenciosa. — Moro em outro país, perto de Paris, caso isso importe, e vim até aqui para rastrear a história da minha família. Se eu preciso agendar um horário, gostaria de saber como fazer isso.

A recepcionista me encarou boquiaberta, e as pessoas que estavam na fila também. Naquele momento, desejei estar com as botas de borracha que usava no povoado e o casaco soviético de Sergiy.

— Mas por que não disse desde o início que veio do exterior? — murmurou a recepcionista. — Você precisa falar com Oksana Vasylivna, a arquivista-chefe. O escritório dela fica virando o corredor.

Dei um passo para o lado, tirei a poeira do casaco e ajeitei o xale, me sentindo como se tivesse vencido uma briga. A facilidade com que as portas se abriram com a simples menção à terra estrangeira fez minha vitória parecer barata. Ainda assim, aceitei e avancei pelo corredor até a sala da arquivista-chefe, com a recepcionista em meus calcanhares. Ela entrou no escritório de Oksana Vasylivna comigo e explicou que eu era uma estrangeira procurando por minha família em Poltava. Assenti com pesar. A arquivista pegou um livro de registros volumoso e meu coração acelerou — encarei o gesto como um bom sinal.

— Deixe-me ver o que temos em nosso banco de dados. Sim, aqui só usamos alta tecnologia. — Oksana Vasylivna revirou os olhos diante da própria ironia e abriu uma página com um glossário escrito à mão.

Citei os nomes dos povoados de onde diversos ramos do meu clã de Poltava se originavam.

— Mykhailivka, Maiachka...

A arquivista-chefe fechou o livro e guardou-o de volta na prateleira.

— Então não posso ajudá-la. Não sobrou arquivo algum desses povoados. Ou foram queimados durante a Guerra Civil, ou destruídos

MINHA UCRÂNIA

durante a repressão stalinista, ou perdidos depois da ocupação alemã. Simplesmente desapareceram.

Ela virou para a recepcionista, que ouviu nossa conversa apoiada na porta.

— Não é isso? É como se nunca tivessem existido.

As mulheres deram de ombros como se dissessem que até mesmo a poderosa burocracia era impotente diante da história ucraniana.

— Como se nunca tivessem existido.

Arquivos perdidos eram uma história comum em um país que mudou de governo 12 vezes apenas em 1919, mas, antes de ir até os arquivos, eu não imaginava que os vestígios de uma família inteira em uma área do tamanho da Bélgica pudessem ser extirpados.

— Também tenho um tio que desapareceu na década de 1930 — falei, hesitante. — Será que devo consultar a Casa do Galo? Quer dizer, o Serviço Secreto da Ucrânia?

As duas mulheres sorriram para mim com uma compaixão maternal e balançaram a cabeça.

— Os arquivos criminais ainda são confidenciais. Além disso, com a situação atual, acha mesmo que alguém naquela organização vai te ajudar a procurar um tio que desapareceu sabe Deus quando? — respondeu a arquivista-chefe.

— E você não é parente direta — observou a recepcionista. — A única maneira de fazer uma consulta é pedir ao parente mais próximo.

Eu duvidava que Valentina se interessaria, ocupada como estava com o pomar. Não conseguia convencê-la sequer a compartilhar algo sobre Nikodim.

Saí do prédio dos arquivos evitando contato visual com a multidão de idosos na recepção, que cochicharam entre eles enquanto eu passava. No ponto de ônibus, alheia às pessoas que me empurravam, fiquei embaixo da cobertura de metal cheia de anúncios de móveis e ferramentas de segunda mão e refleti sobre minhas descobertas. Se os arquivos tinham desaparecido e Valentina não queria falar sobre o passado, eu precisava desistir da minha busca.

Não esperei pelo ônibus. Desci pela rua onde as avenidas centrais pavimentadas de Poltava davam lugar a paralelepípedos e pomares de cerejeiras. Virei à direita e vi uma construção branca com uma cúpula verde simples. "Igreja Ucraniana Ortodoxa São Nicolau", dizia uma placa nova no portão. A pequena igreja consistia de um pórtico coberto e duas asas protuberantes e pairava precariamente à beira de um barranco, parecendo um pássaro pronto para alçar voo — ou mergulhar no abismo.

Sabia mais sobre o judaísmo pelo lado paterno da família do que sobre o cristianismo ortodoxo. Meu bisavô Sergiy cresceu em uma família religiosa, mas considerava a igreja responsável por fomentar fatalismo e medo — e desprezava qualquer coisa que lembrasse seu credo e seus rituais. Sergiy até se encolhia quando as pessoas usavam frases comuns como "se Deus quiser" ou "pelo amor de Deus". Primeira pessoa da família a ter um diploma universitário, ele ensinava história e literatura e se dizia um ateu cuja única missão sagrada era disseminar a educação.

Ainda assim, o misticismo da igreja ortodoxa que repelia meu bisavô me atraía, e eu achava seus ritos e rituais enigmáticos e reconfortantes. Gostava de entrar em igrejas e me ver envolta em fumaça de incenso e cânticos — o mistério despertava minha curiosidade. Fiquei um tempo parada em frente à igreja São Nicolau e então abri as portas pesadas de madeira, sem pressa para descobrir o que me esperava.

A luz do sol sumiu bruscamente, substituída por sombras espessas. O corredor era estreito e escuro, cheio de estandartes e guirlandas adornados com ouro. Hesitei, passei por uma portinha e, embora a igreja estivesse vazia, senti como se tivesse interrompido uma multidão reunida. Centenas de olhos bizantinos me analisavam, a única mortal naquele reino celestial. As paredes brancas estavam cobertas de imagens de santos, de mártires e da Virgem Maria, envolvidas por bordados ornamentados. A luz que entrava pelas janelas altas e estreitas fazia brilhar as molduras barrocas e as auréolas dos santos.

MINHA UCRÂNIA

Um silêncio impregnado de flores e mirra amplificava os meus passos. Acendi uma vela sob a imagem de Santa Bárbara, que foi decapitada por se recusar a abrir mão de sua fé. Percebi que seu altar tinha mais velas e oferendas que os demais.

Senti alguém me observando — um olhar humano caloroso — e virei tão de repente que quase esbarrei em uma mulher baixinha de uns 60 anos, com um rosto redondo e corado e uma trança loira espessa que envolvia toda a sua cabeça.

— Posso tirar uma foto? — perguntei.

— Claro — respondeu ela. — Meu nome é Pani Olga.

Perguntei-me se não tinha ouvido errado. As pessoas raramente usavam *pani*, uma palavra antiquada para senhora, em nossa cidade de ruas Lênin e praças Engels. Enquanto isso, Pani Olga analisava minha Canon.

— Tenho um arquivo que precisa ser fotografado — comentou, sem qualquer introdução. — Será que você conseguiria vir uma ou duas vezes na semana para fotografar?

Ela percebeu minha hesitação.

— Eu rezo por você — ofereceu.

Concordei sem entender direito o que tinha aceitado fazer.

Se Sergiy saiu da igreja para seguir Lênin, naquela primavera fiz o caminho contrário. Continuei ajudando Valentina no pomar e, nos fins de semana, pegava o ônibus até Poltava para fotografar o arquivo de Pani Olga.

Não me enganei ao sentir que a igreja de São Nicolau estava à beira da destruição. O Partido Comunista de Poltava a explodira na década de 1950, em uma época de paz e abundância, quando parecia que Deus não era mais necessário. A única parte que sobreviveu foi um vestíbulo, o corredor que ligava o mundo sagrado ao mortal. A igreja angariou dinheiro para se reerguer das ruínas e se transformar em uma paróquia funcional, mas faltavam fundos para aterrar o barranco e reconstruir o restante da estrutura. Ainda assim, havia ali uma vibração. Ela me envolveu também, e o perfume dos incensos penetrou em minha pele e meu cabelo. Depois de algumas das minhas visitas, o padre Oleksiy, o sacerdote angelical de barba preta, passou a ignorar a minha presença e conduzir ritos e confissões ao som dos disparos agudos da minha câmera. Deixando-me à vontade para fotografar, Pani Olga distribuía velas diante das imagens, limpava a cera derretida que escorria para o chão e anotava nomes para serem lidos durante a missa, pedindo saúde ou repouso eterno.

— Ela está curando nossa história — explicava, embora a maioria das pessoas que passavam pela igreja tivesse preocupações e problemas suficientes para prestar atenção em mim.

As portas da igreja ficavam abertas para todos e, como muitos deles, eu era apenas mais uma pessoa trazida pelo vento.

O que Pani Olga chamava de "arquivo" era uma trouxa de panos. A igreja de São Nicolau reabriu depois do colapso da União Soviética, mas antes disso as pessoas traziam para o templo imagens, cruzes, queimadores de incenso e outras parafernálias religiosas que foram mantidas escondidas. Esse foi o início da coleção de tesouros não enterrados de Pani Olga, sendo os *rushnyky* o mais precioso entre eles. À primeira vista, um *rushnyk* parecia uma toalha de rosto chique, com duas faixas grossas bordadas, mas, segundo Pani Olga, surpresa com a minha ignorância, eles serviam de talismãs, e era por isso que cobriam imagens, em casa ou na igreja. Asya e Valentina faziam aqueles pontos, mas os panos eram usados como toalhas normais. Enquanto Sergiy era vivo, nunca vi uma única imagem em nossa casa, coberta ou não com um *rushnyk*. Valentina mantinha algumas, mas a maioria era impressa em papel frágil, lembranças que recebia de amigos e vizinhos que voltavam de peregrinações a santuários ortodoxos importantes.

— Um *rushnyk* envolve um recém-nascido — continuou Pani Olga. — Une os recém-casados para simbolizar um laço eterno. O tamanho depende da sua função. O mais longo é aquele usado para descer o caixão em sua cova...

MINHA UCRÂNIA

Em Bereh, quando Sasha ou outros vizinhos apareciam, eles falavam sobre as sanções russas, a ameaça de invasão, o clima e os perigos da praga do tomate, tratando cada um desses assuntos com o mesmo nível de importância. Não eram cegos à realidade ou ignorantes em relação às consequências, mas aceitavam que não tinham controle sobre os acontecimentos, então cuidavam de seus pomares e seguiam em frente como sempre. Na igreja, no entanto, a guerra era uma presença constante. Estava no rosto enrugado de uma mulher que não dormia havia dias e perguntava se ali tinha trabalho para um refugiado. Nos soldados uniformizados e dolorosamente jovens que vinham receber uma bênção. Estava nos parentes desesperados que solicitavam os preparos fúnebres, nas conversas, nas rezas, nos pensamentos. Como forma de esclarecimento, as pessoas falavam sobre "essa guerra" como se fosse diferente "da guerra". Ainda que a língua ucraniana não tenha artigos definidos, elas não precisavam especificar que estavam se referindo à Segunda Guerra Mundial. Foi a guerra que deixou cicatrizes nas famílias e, ainda que a geração que a vivenciou tenha morrido, a ideia da Segunda Guerra Mundial como a Guerra Santa ou a Guerra Justa — a ideia do heroísmo e do sacrifício — se mantinha como um dos legados soviéticos mais duradouros. A guerra atual parecia covarde e feia em comparação a ela. Nem era chamada de guerra. Nos jornais ocidentais aparecia sob o nome insípido de "crise ucraniana", e os locais a chamavam de Operação Antiterrorista.

— Como pode ser uma guerra? — ouvi várias vezes.

O que quer que fosse, pessoas estavam morrendo.

A missa da tarde estava prestes a começar quando um homem entrou e me perguntou se podia falar com o sacerdote. Padre Oleksiy chegou, fechando a batina e alisando a barba preta comprida.

— Meu filho desapareceu em Donetsk... — disse o homem. — Não conseguem nem achar o corpo dele.

Lágrimas começaram a escorrer por sua barba por fazer e ele nem se preocupou em secá-las. Dobrou o boné nas mãos calejadas e encarou o grande crucifixo decorado por Pani Olga com um *rushnyk* vermelho. Padre Oleksiy abriu o missal.

— Nós nos colocamos nas mãos de Deus...

As rezas ecoavam pelas paredes brancas e desapareciam, deixando para trás os murmúrios suaves e os arabescos pálidos da fumaça do incenso. Tonta por causa da mirra e do olíbano, saí da igreja, em direção à luz do sol, onde o badalar dos sinos e o arrulhar dos pombos se misturavam em um único acorde primaveril. Uma garotinha estava sentada na grama, tecendo hastes pegajosas de dentes-de-leão em uma guirlanda.

— A missa já vai começar. Por que não está lá dentro? — perguntei. Ela me lançou um olhar tímido.

— Meu pai é padre. Eu já ouvi tudo isso.

Eu compartilhava do cansaço da garotinha em relação aos rituais da igreja e, sempre que o padre dizia "Coloque-se nas mãos de Deus", pensava em Sergiy e em sua crença de que a religião gerava submissão, ensinava a passividade e confundia a mente racional. Ainda assim, eu continuava frequentando a São Nicolau, atraída tanto pela força mística de uma religião desconhecida quanto pela amizade com Pani Olga. Em dias ensolarados, estendíamos lençóis na grama, enxotando o cachorro sarnento que ficava sentado próximo à entrada da igreja como um leão de guarda chinês.

— Essa é uma árvore da vida. — Os dedos de Pani Olga traçaram o bordado de um *rushnyk* que representava uma planta fantástica. De seus galhos brotavam flores opulentas. — Significa que quem bordou sonhava com uma vida longa e uma família grande... E este é um dos pontos mais antigos de *rushnyk*.

Pani Olga apontou para o zigue-zague partido, dizendo que padrões parecidos apareciam na cerâmica tripiliana, cuja civilização floresceu no território da Ucrânia há mais de sete mil anos. Seus distintos potes de barro com padrões geométricos preencheram muitos museus arqueológicos no país.

— Esta é Bereginya, uma protetora — disse ela, apontando para uma figura de quadris e seios fartos, segurando ramos carregados de

MINHA UCRÂNIA 99

uvas e flores. — Foi bordado por alguém que queria proteger um ente querido do perigo.

A imagem não tinha nada da sobriedade ortodoxa e remontava à antiga religião animista dos eslavos, que veneravam os espíritos de plantas, animais, pássaros e rochas.

— É uma maravilha! — exclamou, entusiasmada, assustando o cachorro que farejava ao redor. — Esse *rushnyk* foi bordado na década de 1960, mas está vendo esses tons de amarelo e azul? Dê uma olhada na dobra dessa folha. Não parece um tridente? Quem bordou devia saber que essa forma poderia levar a uma acusação de nacionalismo ucraniano.

Um tridente era o brasão de armas da Ucrânia independente, um símbolo poderoso o bastante na época soviética para garantir uma passagem só de ida para a Sibéria.

Pani Olga abriu uma pequena toalha bordada em preto.

— Quando passavam por um período difícil ou tinham uma questão que não conseguiam resolver, as pessoas bordavam seus sentimentos em um tecido e amarravam o *rushnyk* em uma árvore.

Cada pano nas mãos da minha amiga se tornava um registro de aspirações, sonhos e ansiedade. Ela lia os tecidos comidos pelas traças como se fossem livros, decodificando mensagens e sentimentos nos desenhos e nas cores.

— Como eu bordo "laços familiares, arrebatamentos e retornos" em uma toalha? — perguntei.

Pani Olga olhou para mim e semicerrou os olhos.

— Eu sabia que você estava em uma peregrinação.

— Estou? Só quero entender o que está acontecendo, e fico mais confusa. Acho que minha avó estranha minha presença.

— Tenho certeza de que isso não é verdade. Nada é mais importante que a família. Mesmo quando brigamos, continuamos sendo uma família.

Pensei em Vladimir e não falei nada. Pani Olga não insistiu. Compartilhou suas lutas como viúva com dois filhos e reclamou do trabalho de professora particular.

— Os alunos não querem aprender. Eles pedem que eu faça seus deveres de casa. E eu faço, porque não tenho outra maneira de conseguir dinheiro. Contribuo para o sistema corrupto que desprezo.

Ela era de origem russa, "uma siberiana de sangue puro", como dizia, e se mudou para Poltava depois de se casar com o marido ucraniano, um colega professor de esperanto.

— Meu marido e eu acreditávamos que um dia o esperanto seria a língua universal — contou. — Em vez disso, tornou-se a língua de duas pessoas. Usávamos quando não queríamos que os outros nos entendessem. Então meu marido morreu, e agora o esperanto está morrendo dentro de mim.

Pani Olga baixou o rosto e virou-se.

Quis consolá-la, mas quando me aproximei ela já tinha voltado a seu eu sorridente e alegre. Sempre que revelava algo doloroso ou triste sobre si mesma, ela não se demorava na questão nem buscava minha solidariedade. Aceitava as humilhações e as mágoas porque também sabia que cada momento tinha potencial de ser um milagre, que se manifestava como os *rushnyky* que ela entesourava.

Pani Olga pegou um *rushnyk* de linhas vermelho-sangue. Pássaros com caudas longas como a de um pavão, sentados em uma árvore enfeitada de estrelas e flores, olhavam para o céu.

— Depois que meu marido morreu, fiquei obcecada por bordados, colecionando padrões, catalogando técnicas diferentes e encontrando outras bordadeiras — contou. — Eles me lembravam de que a vida ainda era bela.

A luz da tarde lançava sombras oblíquas na grama e tingia nosso rosto de vermelho, mas o ar estava gelado. Pani Olga me entregou o pano bordado. Os pontos eram tão pequenos que era difícil diferenciá-los, e ainda assim formavam um lindo desenho.

— Que lindos esses pássaros de fogo — falei, tremendo.

— São galos. Um galo simboliza um chamado ao arrependimento. Lembra a história do evangelho de Pedro, da negação de Cristo e de sua

MINHA UCRÂNIA

redenção? — perguntou Pani Olga. Ela olhou para o relógio de pulso e viu que era hora de preparar a missa da tarde. Dobrou o *rushnyk* e levantou de um salto. — Por que não vai até a Casa do Galo se está procurando seu tio?

Minhas pernas formigavam e tive dificuldade de levantar.

— As pessoas dos arquivos regionais me disseram que casos criminais continuam confidenciais.

— É assim que as coisas são — disse Pani Olga, estendendo a mão para mim. — No bordado, o único jeito é fazer ponto a ponto. De início, parecem runas, mas logo começam a formar um desenho.

Sua mão era tão firme que ela me levantou com facilidade.

6

A metáfora do *rushnyk* de Pani Olga parecia sensata, mas aplicá-la à busca por Nikodim se revelou algo complicado. Eu não conseguia usá-la nem para entender minha avó. Pequenos desentendimentos continuavam criando tensão entre nós. Quando ela dizia que eu era lenta demais para capinar os canteiros de morangos, eu levava para o lado pessoal. Quando eu perguntava se ela ia jantar em casa, ela tomava isso como uma repreensão por não passar tempo suficiente comigo. Valentina achava minha ajuda insuficiente, e eu invejava suas longas visitas a Sasha. Para aumentar minha frustração, Sasha compartilhava meus atritos com Valentina com os demais vizinhos, e eu sentia que eles me olhavam de soslaio, convencidos de que eu era um fracasso tanto como neta quanto como jardineira. A guerra tornava cada plano menos exato e cada desentendimento mais estridente. No fim, o melhor que podíamos fazer era nos perder em nossos projetos — Valentina cuidava do pomar e eu catalogava os *rushnyky* de Pani Olga.

— Costurar tudo é mais difícil do que eu imaginava — comentei amargamente um dia, lembrando Pani Olga de sua analogia. — Ponto a ponto, você disse, mas parece que quanto mais eu tento, mais tudo se desfaz.

— Você é muito impaciente — disse minha amiga, ajustando as tranças em torno da cabeça. — Sua avó precisa de tempo. Enquanto isso, por que não vai visitar os povoados onde seus avós viveram e vê o que consegue encontrar? Converse com as pessoas. Respire o ar.

MINHA UCRÂNIA 103

Não disse que viajou pouco pela Ucrânia? Talvez sua avó queira ir junto...

Pani Olga tinha razão. Dias depois, ela e eu fizemos planos de viajar de *marshrutka*, um jeito de fazer viagens compartilhadas, até a cidade vizinha de Reshetylivka. Pani Olga queria visitar o Museu do Rushnyk da cidade e conhecer padrões de bordados que a deixavam perplexa. Eu, por outro lado, continuava em minha busca particular. Antes da Segunda Guerra Mundial, Asya tinha trabalhado brevemente como professora na escola anexa à fábrica de tapetes Clara Zetkin. Ainda que a viagem não me deixasse mais próxima de Nikodim, me ajudaria a encontrar mais informações sobre minha bisavó.

— *Babushka*, você gostaria de ir a Reshetylivka comigo e com Pani Olga? — perguntei para minha avó. — Queremos visitar a fábrica Clara Zetkin e, quem sabe, a escola onde Asya trabalhou.

Naquele momento, Valentina estava gesticulando para a TV e resmungando algo sobre uma "estupidez sem limites". Não sabia se ela se referia ao governo russo ou à administração em Kyiv, que ela odiava pela incompetência apesar de seu patriotismo feroz. Minha avó me lançou um olhar que reprisou seu comentário sobre os políticos.

— Como você pode falar de Reshetylivka quando há tanta jardinagem a ser feita? — disse.

Continuei de pé, inquieta à frente dela.

— Mas você devia ir — reconheceu Valentina, desligando a TV. — Pergunte a eles o que uma marxista alemã tem a ver com tapetes ucranianos.

Ela tratava meu interesse pelos *rushnyky* e pelos povoados como um capricho estranho.

O interior de Poltava se desenrolava como um pergaminho de pomares verdes e terra preta. Imagens passavam pela janela: dois gatos brancos sentados em um palheiro, parados como bonecas japonesas; um espantalho vestindo um paletó xadrez e calça de agasalho vermelha; uma mulher com um lenço azul pastoreando um bando de patinhos tão amarelos que reluziam à luz cinzenta da manhã.

Pani Olga, por sua vez, não perdeu tempo com a paisagem. Ela já tinha aprendido a biografia dos companheiros de viagem e contado sobre nossa busca por bordados em Reshetylivka. Várias mulheres entraram na conversa, citando os *rushnyky* de suas avós.

— Quem tem tempo para bordados hoje em dia? — desdenhou uma mulher de meia-idade com luzes alaranjadas e um molar de ouro.

— Na Europa, eles protegem seu patrimônio — disse uma jovem ao lado dela.

— Na Europa, eles são ricos e podem pagar para proteger seu patrimônio — retrucou a Molar de Ouro, olhando em volta do ônibus em busca de apoio.

Não demorou para ele surgir: um homem vestindo um agasalho Adidas novinho revirou os olhos.

— Na Europa, eles têm dinheiro e cultura, mas também têm Estado de direito. Aqui, por outro lado, precisamos pagar para que a lei seja aplicada como deveria. A professora do meu filho insinua que, a não ser que eu lhe pague um extra, como todos os outros pais fazem, ela vai dar uma nota baixa para ele. Meu filho estuda muito, e preciso pagar a professora para que ela lhe dê uma nota justa. Será que um dia esse país vai mudar?

O suborno era tão comum que logo todos estavam compartilhando seus infortúnios a respeito.

— Bom, nós também somos Europa. Mas *aquela* Europa não quer admitir — disse Pani Olga, contrariada com o rumo que a conversa tinha tomado.

— Como se ela precisasse de nós e de nossos problemas — respondeu a Molar de Ouro.

— O Ocidente vai nos ajudar. Não desistam — disse o homem de Adidas, e o ônibus inteiro riu, reconhecendo a famosa fala do romance picaresco de Ilf e Petrov, *As doze cadeiras*.

Como a União Europeia só era capaz de "expressar preocupação" ou "expressar grave preocupação" com a guerra em suas fronteiras, o gracejo irônico doeu. A situação era desesperadora. O silêncio se impôs e o humor no ônibus se tornou sombrio.

Chegamos a Reshetylivka, uma cidadezinha como tantas outras espalhadas pela Ucrânia, com seu misto de casas de tijolinhos aparentes e blocos de apartamentos com fachadas feias de ladrilhos, memoriais de guerra da era soviética e trechos de hortas. Tentei e não consegui encontrar traços de seu antigo patrimônio artístico. Pani Olga explicou que os mestres dali criaram muitas técnicas originais de bordado, tecelagem, fabricação de tapetes, escultura em madeira e pintura. Dizia a lenda que, no século XVI, os sapateiros da cidade eram famosos na Europa por seu couro vermelho incomum. Mais que isso, Reshetylivka criou o *bile po bilomu*, branco sobre branco, a mais intricada de todas as técnicas de bordado.

Uma mulher na padaria do centro da cidade riu quando perguntei como chegar à fábrica Clara Zetkin.

— Você está vinte anos atrasada, querida. A Zetkin foi fechada na década de 1990. Tudo se foi. Também fui tecelã e agora vendo doces. Leve estes. — Ela apontou para umas rodelas farelentas salpicadas com metades de amendoins. — Pode parecer que não, mas estão frescos.

Pani Olga não pareceu considerar o fim da fábrica uma má notícia para nossa busca. Depois de agradecer à mulher, comprou um pacote de biscoitos de amendoim. Ao deixar a névoa doce da padaria, ela me guiou em direção aos barracões baixos a distância.

— Nada desaparece sem deixar vestígios — disse.

Os barracões eram a Faculdade de Artes de Reshetylivka. Assim que entramos no corredor escuro que cheirava a pó e aguarrás, soube que estávamos no interior de uma instituição da era soviética. A faculdade tinha paredes bicolores — marrom sujo na parte inferior e branco sujo na parte superior, como deve ter sido prescrito pelos padrões governamentais por volta de 1980. O reboco nas paredes exibia rachaduras profundas e manchas de mofo. Espiando uma das salas, vimos um grupo de cinco moças e um rapaz curvados sobre bastidores de bordado, os dedos voando sobre o tecido. O piso de linóleo estava coberto de fios e pedaços de tecido. Outra garota regava as plantas no parapeito da janela, alheia às torrentes de água que escapavam por baixo dos vasos perfurados.

— Os professores? Devem estar na sala deles — disse, lançando-nos um olhar ligeiro e desinteressado.

Refizemos nossos passos pelo corredor, vagando na escuridão até encontrar a sala dos professores. Metade do pequeno espaço era ocupado por amostras de tecidos e a outra metade, por duas pessoas que bebiam chá. Uma mulher rechonchuda com um rosto bonito, covinhas e cabelo castanho-escuro se apresentou como Nadia Vakulenko, professora de bordado. Um homem de aparência melancólica apertando um cigarro entre os dedos era o professor de pintura, Petro. Nenhum dos dois perguntou por que estávamos invadindo a sala dos professores, e Nadia nos ofereceu um pouco de chá. Espremidas no espaço apertado, oferecemos aos professores nossos biscoitos de amendoim.

Quando Pani Olga explicou que vínhamos de Poltava para dar uma olhada nos bordados locais, Petro assentiu distraído, mas Nadia ficou entusiasmada. Ela se ofereceu para nos levar ao Museu do Rushnyk, e saímos deixando o mestre de pintura com suas contemplações e seu cigarro.

Descendo a rua principal batizada em homenagem ao líder da Revolução Bolchevique, observei que Lênin era presença constante na Ucrânia. Quanto mais se avançava em direção ao leste, maior era a probabilidade de morar em uma rua Lênin, fazer compras em uma avenida Lênin, frequentar um colégio Lênin e trabalhar em uma fábrica com Lênin no nome. Depois da dissolução da União Soviética em 1991, as ruas de Lviv e Kyiv foram rebatizadas, mas Poltava e seus arredores mantiveram os adornos comunistas.

— Há anos pedimos ao governo local que mude o nome da rua, mas eles dizem que temos que esperar, que não é a hora certa. Quando será a hora certa?! Por que temos que caminhar por uma rua batizada em homenagem a um tirano sangrento? — argumentou Nadia. — Mas a

MINHA UCRÂNIA

verdade é que muitas pessoas não se importam. Ou não se importavam até agora. Acho que a hora da mudança finalmente chegou. Não se trata do nome dessa ou daquela rua, mas da perda da compreensão da nossa própria história.

Na pressa de mudar, as autoridades escolherem não voltar aos nomes antigos, mas criar novos heróis. O que me pareceu ironicamente soviético em espírito.

Nadia e Pani Olga trocaram um olhar e riram.

— Você passou mesmo muito tempo longe da Ucrânia. Achava que o modo soviético desapareceria da vida cotidiana com o Estado? Temos um longo caminho até aprender a fazer as coisas de um jeito que não seja o soviético — disse Nadia.

Embora fosse um empreendimento de baixo orçamento, o Museu do Rushnyk exibia um investimento de muito amor e cuidado. Os *rushnyky* expostos eram decorados em uma variedade de estilos, dos rendados brancos aos suntuosos ornamentos em vermelho e azul, e Nadia abriu um vidro atrás do outro para que eu me maravilhasse com a riqueza de texturas e cores.

Uma coleção de fotografias da fábrica Clara Zetkin chamou a minha atenção. Procurei Asya nas impressões nebulosas em tons de sépia, embora fosse improvável que, como professora, ela fosse fotografada com os tecelões. Em uma das imagens, um grupo de mulheres com vestidos bordados trabalhava em um bordado com uma árvore da vida. Lênin monitorava seu trabalho de um canto vermelho, um nicho das casas ucranianas tradicionalmente reservado para imagens. Era óbvio pela posição nada natural das mãos e pelo tecido exageradamente elaborado que a fotografia fora encenada, uma foto promocional sobre os avanços do comunismo na área do bordado. Embaixo dela havia outra imagem com o clima sereno e solitário de um quadro de Vermeer. Mostrava uma mulher de pé, em frente a uma janela aberta. Ela usava um lenço puxado para trás revelando o cabelo escuro e se debruçava sobre uma pilha de *rushnyky* com uma concentração determinada —

como se nada mais existisse além daquele punhado de tecidos. A luz que inundava o local através das cortinas bordadas embranquecia os bordados e seu rosto, transformando-os em meros contornos. Podia ser Asya. Extasiada, encarei a fotografia até Pani Olga me dar um tapinha no ombro e dizer que ela e Nadia estavam indo.

— Regiões diferentes têm estilos próprios tão distintos quanto suas personalidades — explicou Nadia, quando voltamos à faculdade.

— As pessoas de Poltava eram calmas e descontraídas, como sua paisagem plana, então seus bordados são suaves, em tons pastel e discretos — interveio Petro, que continuava sentado na sala dos professores, suspirando e enrolando outro cigarro. — Nas regiões ocidentais, principalmente nos Cárpatos, as pessoas são enérgicas e dramáticas, e seus bordados são mais ousados, com cores mais vivas. Essa é a diferença entre quem mora nas planícies e quem mora nas montanhas. As pessoas bordam o que veem.

Petro era um homem das montanhas, mas ultimamente tinha que se contentar em viver nas planícies de Poltava.

— Eu casei — disse, e eu não sabia ao certo se a falta das montanhas ou a presença de uma esposa seria a fonte de sua melancolia.

Se as pessoas transferiam seus arredores para a arte que produziam, então os habitantes de Reshetylivka deviam viver em um mundo de flores, estrelas e flocos de neve. Bordados com os desenhos locais de flores de cerejeira e videira entrelaçadas, adornados com uvas e centáureas, deixavam Pani Olga sem palavras. Então chegou a minha vez de ficar sem palavras. Nadia desdobrou uma camisa branca de linho.

— Acabei de concluir esta *vyshyvanka* — disse ela.

Em ucraniano, essa palavra significa "camisa bordada". A alfaiataria da camisa de Nadia era simples — corpo reto e solto, com uma gola redonda e mangas três-quartos —, mas era justamente o que destacava o bordado. O principal desenho era a *kalyna*, uma planta que simboliza a inocência da juventude com suas flores brancas e a paixão do amor com suas bagas vermelhas. Nadia bordou os dois desenhos, deixando

MINHA UCRÂNIA 109

que os galhos cheios de bagas abraçassem os pequenos cachos de flores. Pequenas estrelas ao redor dos principais elementos realçavam a leveza do projeto. Nadia explicou que conseguiu o efeito de filigrana removendo fios e bordando sobre o restante do tecido. O bordado parecia o mais fino rendado, e eu não conseguia acreditar que aquilo era resultado do trabalho com a agulha. Era o famoso estilo branco sobre branco de Reshetylivka.

Nadia disse que aquele tipo de bordado não permitia erros e que um lapso ao contar um único fio deixava todo o desenho torto. Complicando ainda mais as coisas, nós não são permitidos no trabalho finalizado, uma vez que o verso tem que parecer idêntico à frente. Para dar luminosidade e forma ao desenho, a pessoa responsável pelo bordado deve usar fios de diferentes acabamentos e ângulos a cada ponto, de modo a capturar a luz. Eu não conseguia imaginar o nível de habilidade necessária para criar algo tão sofisticado, mas, enquanto observava a beleza daquele bordado, o ambiente descuidado que me deprimiu tanto quando entrei na faculdade desapareceu. Eu só conseguia prestar atenção na roupa que parecia leve como asas de borboleta em minhas mãos.

Nem Nadia nem Petro faziam ideia de por que a fábrica de bordados tinha sido batizada em homenagem a Clara Zetkin, mas ambos tinham muito a dizer sobre seu declínio. A fábrica empregava milhares de pessoas de Reshetylivka e dos arredores, e a faculdade era parte de seu programa de treinamento, concedendo diplomas em arte, bordado, tecelagem e outros ofícios. Depois do colapso da União Soviética, a fábrica se dividiu, e as lutas pelo poder entre seus diretores a levou ao colapso e à falência. Apenas a faculdade permaneceu.

— Eles mataram Clara Zetkin, e agora a faculdade está à beira do colapso — disse Petro. — Não dá para perceber que operamos com orçamento do governo?

Ele apontou o reboco rachado e os fios expostos nas paredes. Como muitas faculdades técnicas em toda a Ucrânia, a faculdade de Reshetylivka lutava para se manter em funcionamento, apesar da falta de financiamento e da crise demográfica. Eram poucos os alunos em idade de fazer faculdade para a quantidade de vagas, e a arte como vocação tinha pouco prestígio. Os alunos se matriculavam porque a faculdade do governo oferecia gratuidade e uma bolsa, mas não estavam preparados para o trabalho meticuloso que os aguardava como artesãos do bordado.

— Meu sonho é que o bordado branco de Reshetylivka seja reconhecido pela Unesco como patrimônio cultural — disse Nadia. — Sei que, com essa guerra estranha acontecendo, existem coisas mais importantes no momento, mas ainda posso sonhar, não posso?

Perdemos o ônibus para Poltava e tivemos que pedir carona. Ficamos à beira da estrada, tentando parecer passageiras respeitáveis, mas os carros passavam zumbindo e jogavam lama em nós. Os sinos da igreja recém-pintada de verde próxima a um grande lago chamaram para as orações noturnas. O vento levantava os galhos longos e flexíveis dos salgueiros-chorões à beira do espelho d'água. Eles se arqueavam com graça e caíam em direção ao lago, desfazendo o reflexo da igreja em fragmentos dourados e verdes. A chuva caía com força brutal. Através da névoa cinzenta, distinguimos veículos blindados e um caminhão levando soldados na estrada que ia para o leste. Pani Olga e eu nos encolhemos sob meu guarda-chuva, os olhos no comboio. Ele passou por nós devagar, o rugido surdo abafando os sinos e a chuva. Os rostos dos soldados sentados em silêncio, olhando ao longe, pareciam pálidos e empoeirados. Por que pensei nos bordados do tipo branco sobre branco naquele momento? Talvez estivesse buscando alguma evidência de que a beleza e a arte podem sobreviver à pior turbulência da história. Agarrei-me a essa ideia como a uma tábua de salvação enquanto o comboio avançava, parecendo interminável.

De volta a Bereh, percebi que não perguntei sobre os arquivos de Reshetylivka e as ligações da minha família com a cidade, mas, antes que pudesse decidir o que faria a seguir, peguei no sono. Naquela noite, sonhei com fios emaranhados e bordados brancos.

7

Dois meses tinham se passado desde minha chegada à Ucrânia. A primavera deu lugar ao verão. Fiz minha breve viagem para colher rosas no sul da França e voltei a Bereh levando lembranças da Provença para Valentina e Dmytro. A memória da viagem pairava no cheiro adocicado das rosas plantadas por Asya anos antes. A videira seguia presa ao longo da cerca e a enfeitava com pequenas flores cheias de fragrância que minha bisavó destilava em água de rosas. Essas memórias entrelaçadas me enchiam de desejos melancólicos que eu não conseguia localizar. Em Bereh, minha vida fora da Ucrânia, ocupada por trabalhos de pesquisa, visitas a galerias e saídas com amigos, parecia muito distante e quase irreal. Sentia falta de Bruxelas e do meu marido, mas ainda não suportava a ideia de ir embora.

Os dias se tornaram gradativamente mais longos, e o sol branqueava as últimas flores de cerejeira, reduzindo pétalas cor-de-rosa a uma poeira cinzenta. Quando lembrei que, algumas semanas antes, encontrar Nikodim parecia envolver apenas algumas conversas com Valentina e visitas aos arquivos locais, minha ingenuidade me deixou frustrada. Às vezes, folheava o diário de Sergiy para me certificar de que não tinha inventado aquele parente, e passava o dedo no lugar onde a caneta tinha gravado aquele nome no papel.

Certa manhã, ao sair do banho, avistei um pedaço de isopor de formato estranho em um canto. O banheiro não ficava dentro da casa por falta de espaço, então Valentina tinha equipado um galpão ao lado com uma banheira e um vaso sanitário, e nos acostumamos a tomar banho entre suprimentos agrícolas, potes de geleia e ferramentas enferrujadas. O objeto que chamou minha atenção parecia mais peculiar que o restante. Intrigada, virei-o e dei de cara com Vladimir Ilyich Lênin. O líder da Revolução de 1917 fora retratado de perfil, o cavanhaque projetando-se em direção ao futuro brilhante do comunismo e à nossa banheira. A cabeça de Lênin havia sido cortada do restante do corpo logo abaixo das orelhas, e ainda assim tinha quase a minha altura. Parada ali, levantando a imagem com uma das mãos e segurando o roupão com a outra, cheguei à constatação inquietante de que aquele *voyeur* me viu tomar banho por dois meses.

Logo confirmei que a música soviética "Lênin está sempre com você" era real. Lênin era onipresente em nossa casa. Em outro galpão, encontrei um pôster que mostrava o arquiteto do Estado soviético como um garotinho angelical sorrindo em frente a uma grande estrela vermelha. Sob a lona do antigo galinheiro, desenterrei dois retratos dele, mais velho e mais durão, com uma auréola ao redor da cabeça careca. No verão de 2014, estátuas de Lênin por toda a Ucrânia foram derrubadas e o governo discutia leis anticomunistas, mas na propriedade da minha avó havia artefatos suficientes para um museu. Reconheci os retratos da minha infância, quando vigiavam a escrivaninha de Sergiy, mas fiquei surpresa ao ver que ainda tínhamos aquilo tudo.

— São de Sergiy — disse Valentina quando mostrei minhas descobertas. Ela lia o jornal da manhã e suspirava; as manchetes eram quase todas terríveis. — Ele se recusava a jogar fora, mesmo depois do colapso da União Soviética. Só tirei essas coisas da casa depois que ele morreu.

— Por que guardou tudo isso?

— Por que eu deveria jogar fora?

Valentina me passou o jornal e apontou um artigo sobre mais uma estátua de Lênin derrubada.

— Na época romana, eles reutilizavam as representações dos imperadores, então por que não aprender com os antigos? — disse ela. —

MINHA UCRÂNIA 113

Tire o cavanhaque, arrume o nariz de batata, tire a gravata e pronto... Taras Shevchenko.

Transformar o criador dos gulags no bardo nacional da Ucrânia pareceria obsceno para a maioria das pessoas, incluindo Sergiy. Eu disse isso a Valentina, mas ela apenas riu.

— Seu bisavô era um homem de princípios rígidos — replicou, e tive que concordar que era uma boa descrição de Sergiy.

Tudo nele era próprio e correto: sua biografia, seu apoio à Revolução Bolchevique, sua participação na Segunda Guerra Mundial, seu trabalho na educação. As linhas permanentes em sua testa e a barba por fazer lhe conferiam uma aparência severa que era suavizada pela cabeleira branca rebelde. Tínhamos orgulho de nosso bisavô corajoso vestido em um terno com as prestigiosas honras do Exército Vermelho. A única pessoa que não escondia a irritação ocasional com a aura polida de herói era Asya. Sempre que Sergiy falava da guerra, ela revirava os olhos.

— Falando nisso de novo? Parece até um disco arranhado... — reclamava.

Nas manhãs em que Asya ia ao mercado, Sergiy e eu cuidávamos da casa. Depois da primeira xícara de chá, escaldante e com uma fatia grande de limão, Sergiy preparava o café da manhã. Ele cortava *salo*, uma amada iguaria ucraniana feita de gordura de porco curada, com o floreio de um chef com estrela Michelin. No instante em que uma gota de água chiava na superfície da frigideira, Sergiy jogava ali os cubos partidos. À piscina dourada de gordura fervilhando, ele acrescentava tomates, cebolas e ovos que eu tinha trazido do galinheiro, espantando as galinhas cacarejantes do calor pungente de seus ninhos. Sergiy se movimentava lentamente pela cozinha, a prótese pesada batendo no chão de madeira. Comíamos direto da frigideira, molhando pedaços de pão integral na gema mole.

Na parede da sala de jantar, entre fotos da família e retratos de Lênin, havia a reprodução de um mapa antigo. Era coberto por uma rede espessa de linhas sinuosas — rios e fronteiras — e pontilhado de florestas e montanhas. Sergiy acordava ao amanhecer para capinar o jardim e, depois de tomarmos o café da manhã, já estava tranquilo e com vontade de conversar. Um dia, ele tirou o mapa do gancho com gentileza e o abriu sobre a mesa.

— Este é o primeiro mapa da Ucrânia. — Ele pegou um lápis e apontou Poltava. Traçou então a linha escura que representava o rio Vorskla. — Bereh fica bem aqui.

Ouvi com muita atenção quando Sergiy explicou que o mapa tinha sido desenhado por alguém chamado Boplan, que veio para a Ucrânia no século XVII, quando suas terras faziam parte do Estado Polonês--Lituano. Acrescentou que, embora trabalhasse para o rei polonês, Boplan gostava dos cossacos ucranianos e admirava a coragem destes.

— Ele chegou a escrever em seu livro: "Eles valorizam muito a própria liberdade e não gostariam de viver sem ela. É por isso que os cossacos, quando consideram que estão sujeitos a rédeas muito curtas, são tão propensos à revolta e à rebeldia." — disse Sergiy. — Os cossacos foram para a batalha com estas palavras nos lábios: *Abo slavu zdobudem, abo doma ne budem*. Ou encontramos a glória, ou não voltamos para casa.

— E você, *dedushka*? Também disse essas palavras quando lutou contra os alemães?

— Perder não era uma opção para um cossaco — respondeu Sergiy.

O nome Boplan soava como Bohdan para mim, e como a única pessoa com esse nome que eu conhecia era nosso vizinho, imaginei o cartógrafo como um bêbado de boa índole vestindo camisa de marinheiro que desenhava mapas no tempo livre. De fato, o Bohdan de Bereh se irritava com as rédeas curtas de sua esposa e, quando brigavam, ele gritava que ela o tratava como um escravo.

Mais tarde, aprendi que Boplan era Guillaume Levasseur de Beauplan, um engenheiro militar francês do Exército da Coroa do Reino da Polônia. Quando viajou para o leste em 1630, ele se juntou a muitos

MINHA UCRÂNIA

115

aventureiros que viram a fronteira oriental como uma nova oportunidade. Beauplan usou suas habilidades de arquiteto e cartógrafo para desenhar mapas e construir fortalezas e, depois de voltar para a França, em 1651, publicou *Description d'Ukranie*, um best-seller improvável que continuou sendo reimpresso ao longo dos três séculos seguintes. Igualmente famoso era seu mapa da Ucrânia com um nível impressionante de detalhes sobre cidades, fronteiras e paisagens. O fato de Sergiy ter aquele mapa antigo não era incomum. Muitos salões de povoados por toda a Ucrânia o exibiam com orgulho, com sua localização específica marcada com um alfinete, como quem diz: "Olhem, nós existíamos naquela época e ainda estamos aqui." Depois da independência da Ucrânia, o nome de Beauplan foi usado para nomear ruas e placas comemorativas, superando os de heróis comunistas. Se acreditarmos nos historiadores locais, ele não deixou passar nenhum povoado da Ucrânia.

Se o cartógrafo francês era uma figura desconhecida para mim à época, os cossacos certamente não eram. Na escola, tínhamos que decorar passagens de *Taras Bulba*, de Nikolai Gógol, uma história sobre os cossacos do Zaporozhian Sich e sua luta contra os senhores poloneses. Imagens de cossacos com calças largas e camisas bordadas apareciam em edições das histórias de Gógol, livros didáticos e pôsteres oficiais. Um cossaco ao lado de uma donzela de saia xadrez com uma coroa de flores e fitas na cabeça — a mesma roupa que Valentina usava em muitas fotografias da juventude. Ao lado do casal ucraniano, havia um par russo — sempre no meio e pelo menos uma cabeça mais altos. Com eles, outros 13 casais representavam as repúblicas soviéticas.

Os comentários de Sergiy sobre a bravura dos cossacos correspondia ao que eu tinha aprendido na escola. Os primeiros cossacos eram um bando desorganizado de párias e aventureiros, que fugiram da servidão e da perseguição religiosa no século XV estabelecendo-se atrás das corredeiras do rio Dnieper. Ganhavam a vida cultivando a terra e pilhando cidades vizinhas, mas, quando Beauplan chegou à

Ucrânia, o grupo heterogêneo já tinha virado um poder militar bem-organizado que fazia incursões até Istambul e reconhecia somente a autoridade de seu líder eleito, o Hetman. Com Bohdan Khmelnytsky à frente, os cossacos impuseram severas derrotas às tropas do Estado Polonês-Lituano — e, no processo, massacraram tantos inocentes que nos relatos judaicos o levante era lembrado como um período de trevas. No entanto, essa parte era omitida em nossas lições escolares. O ano de 1648 foi um divisor de águas na história ucraniana: os cossacos formaram o próprio Estado, com Poltava como centro.

Tudo isso teve vida curta. Em busca de aliados, o Estado cossaco se uniu ao vizinho oriental, o Estado da Moscóvia, e assinou em 1654 o infame Tratado de Pereyaslav. Mas onde os cossacos viam colaboração, os czares da Moscóvia viam novas colônias e aplacaram as ambições da nação cossaca enquanto precisaram de seus serviços para policiar a fronteira. Quando esse objetivo foi alcançado, a Ucrânia também se tornou uma colônia.

O regime cossaco original foi tão fugaz quanto o proverbial fogo de palha. Os próprios cossacos estavam longe de ser heróis perfeitos, mas a ideia romântica sobre eles teve maior duração. No período soviético, ou eles eram louvados como a vanguarda da luta do povo, ou eram tidos como uma expressão do "nacionalismo burguês" ucraniano. Sergiy aderiu ao primeiro ponto de vista, e não foi por acidente que escreveu em seu diário: "Nosso povoado natal de Maiachka, na província de Poltava, era um assentamento cossaco, e foi por isso que apoiamos a Revolução Bolchevique." Maiachka foi o povoado onde Sergiy cresceu e, em minha imaginação infantil, era tão misterioso quanto outros lugares do mapa de Beauplan. Na verdade, ficava a uma curta viagem de carro de Bereh.

— *Babushka*, eu queria ir até Maiachka — disse para Valentina mais tarde naquele mesmo dia. Tinha encontrado uma cópia surrada do mapa de Beauplan, junto aos retratos de Lênin de Sergiy.

— Maiachka? Por quê? — perguntou ela, empurrando o mapa empoeirado que eu mostrava.

MINHA UCRÂNIA

— Tenho curiosidade de ver onde Sergiy cresceu. Ele sempre falava da herança cossaca de Maiachka e do mapa de Beauplan...

— Mas temos batatas para plantar!

Nós já havíamos plantado batatas, mas Valentina temia que não tivéssemos plantado o suficiente ou que aquela variedade não fosse apropriada. Minha primeira experiência plantando batatas foi tão cansativa que não estava ansiosa por repeti-la. E estava ficando frustrada com minha avó usando o pomar como desculpa.

— Tudo bem. Já entendi que você não tem interesse em ir. Então, vou sozinha — retruquei.

— Mas as batatas... — recomeçou Valentina, e eu a interrompi.

— Eu ajudo quando voltar, não vai demorar nem um dia inteiro. — Faço uma pausa antes de perguntar: — Aliás, você conhece alguém por lá?

Valentina estava folheando seu caderno cheio de cronogramas de plantio.

— Estou vendo que já se decidiu — respondeu Valentina, fechando o caderno. — Não, não conheço ninguém. Quase nunca íamos lá.

Ela se levantou bruscamente da mesa e foi para o corredor dar uma olhada nas raízes brancas das batatas-sementes que estavam brotando.

Não conseguia entender por que ela tinha ficado chateada com minha curta viagem e até pensei em adiá-la. Mas seu silêncio melancólico e as respostas curtas às minhas perguntas me deixaram tão frustrada que resolvi ir, apesar de suas objeções.

No dia seguinte, consultei o trajeto até Maiachka pelo celular e tomei um ônibus em Poltava. Enfiei o mapa de Beauplan na bolsa como um talismã, mesmo que, sem a ajuda de Sergiy, não conseguisse lê-lo — sua orientação estendia e virava a Ucrânia de cabeça para baixo. Quando vi uma placa indicando Maiachka aparecer na estrada, saltei do assento e pedi ao motorista que encostasse.

— O povoado fica logo à frente — avisou ele e logo depois pisou no acelerador, levantando uma nuvem de fumaça.

A faixa cinzenta da rodovia e os campos de trigo eram os meus únicos pontos de referência. Imaginei ter visto os telhados de ladrilhos vermelhos do povoado, mas o sol do meio-dia brilhava tão impiedosamente que meus olhos lacrimejavam e, por mais que tentasse, eu não conseguia enxergar nada além dos campos e do céu infinitos. Protegi os olhos e saí da estrada principal até chegar a uma fileira de lápides. Avancei mais um pouco e vi que estava em um velho cemitério cercado por um bosque de bétulas. Os troncos esguios e prateados pareciam transparentes à luz branca do sol, suas folhas tremulando ao vento. Estremeci, apesar do calor, e voltei para a estrada principal.

Parada à beira da estrada, lembrei que na Ucrânia os cemitérios marcam o acesso aos povoados, então virei mais uma vez e entrei no cemitério. Ignorando o assovio assustador das velhas bétulas, avancei pela grama alta que deixou manchas grossas de pólen em minhas roupas. Os túmulos antigos eram enfeitados com cruzes inclinadas, enquanto os mais novos tinham placas de pedra com fotos dos falecidos. Passei por uma matriarca com um lenço branco diante do túmulo de granito do marido, a pedra se elevando sobre outra, menor. No túmulo de uma garota com um sorriso tímido e tranças com fitas, incomodei uma cobra que deslizou lentamente para a vegetação rasteira. Foram as únicas criaturas vivas que encontrei entre os túmulos e as flores de plástico desbotadas pelo sol.

Então, fiquei frente a frente com Sergiy. Ele me encarava de uma fotografia em preto e branco colocada em um bloco de granito — a mirada penetrante dos olhos profundos, a ruga entre as sobrancelhas, a testa larga e a juba de cabelos brancos. "Ivan Pavlovych Berezko", li na lápide e reconheci o irmão mais velho de Sergiy, o que sobreviveu às guerras e passou a vida em Maiachka. Pelas datas embaixo de seu nome, vi que ele viveu 86 anos, de 1898 a 1984. Rabisquei as datas em meu caderno, acrescentando-as às informações que tinha reunido sobre a família Berezko até então.

Atravessei o cemitério procurando pelo túmulo dos pais de Sergiy ou de outros irmãos, mas a tumba de Ivan era a única que exibia o

MINHA UCRÂNIA

nome Berezko. Gotas de suor escorriam pelas minhas costas. A grama pisada liberava um aroma seco de cânfora que fazia o ar morno parecer mais quente. Depois de duas horas de buscas infrutíferas, desisti e fui em direção às casas nos limites do povoado.

Idosas usando lenços triangulares estavam sentadas em um banco sob uma amoreira. Ao verem uma turista encharcada de suor com uma mochila, uma espécie exótica em um povoado ucraniano, viraram para mim e, antes mesmo que eu pudesse abordá-las, perguntaram em uníssono aonde eu estava indo. Responder a essa pergunta exigiria tempo, então larguei a mochila no chão e sentei ao lado delas.

Expliquei que meu bisavô nasceu em Maiachka e que era a primeira vez que eu visitava seu povoado natal. A ideia as deixou curiosas. Elas sacaram os celulares do bolso dos aventais pretos e, depois de uma saraivada de ligações para todo o povoado, me mandaram procurar Konstantin Teliatnik, que era amigo da família Berezko.

— Siga esta estrada e, ao avistar uma casa azul-escura, entre e diga que Tonia a enviou — disse uma das senhoras.

A prontidão delas em me ajudar me lembrou do motivo pelo qual eu gostava de estar na Ucrânia, apesar da guerra e da turbulência, e me agarrei a essas demonstrações de humanidade para me convencer de que tudo ficaria bem para todos nós.

Uma mulher de 30 e poucos anos não pareceu surpresa com minha visita ou minha explicação.

— Meu avô está começando a esquecer as coisas — comentou, me guiando até o quarto de Konstantin Teliatnik. Um idoso careca estava reclinado sob as cobertas. Ele tinha braços fortes cobertos de tatuagens e seus dedos se agitavam sobre a colcha, como se procurassem alguma coisa. O quarto cheirava a doença prolongada.

— Essa jovem quer fazer uma pergunta sobre a família Berezko — disse a neta em voz alta, inclinando-se sobre Konstantin.

Ele fixou os olhos lacrimejantes em mim. Perguntei se alguém com o sobrenome Berezko ainda vivia em Maiachka.

— Maiachka era um lugar tão lindo — começou ele, desviando o olhar para um canto do quarto. — O rio Oril, as florestas, a pescaria. É claro, eu me lembro dos garotos Berezko. Ivan e Sergiy, você disse? Eles eram mais velhos que eu.

Segurei a respiração, esperando que ele continuasse, mas os olhos de Konstantin se fecharam e ele ficou em silêncio.

— Eu me lembro de pescar com Sergiy. Ou talvez com Ivan.

Ele olhou para a parede à frente e descansou o olhar sobre duas fotografias: uma de um Konstantin jovem, irradiando saúde e bom humor, e outra de uma mulher de camisa bordada e casaco.

— São ele e minha falecida avó — explicou a neta. — Ela morreu recentemente e a saúde do meu avô vem se deteriorando desde então.

Konstantin começou a tossir e tremer com tanta violência que a única coisa que pude fazer foi pedir desculpas pela intromissão e ir embora.

No mapa, Maiachka tinha um formato peculiar, se estendendo em todas as direções como um polvo. Foi um posto de fronteira no século XVIII, povoado por cossacos para proteger as fronteiras do império. Meu bisavô se lembrava da casa da família, grande e caiada, que ficava na área mais próxima do Oril, o rio citado nas crônicas cossacas como fonte de abundância sobrenatural. Quando Sergiy nasceu, na virada do século XX, Maiachka não era nada abundante. Depois da Revolução Bolchevique, o caos se instalou e o povoado voltou a ser uma fronteira desprotegida. A Guerra Civil de 1917 a 1921 pode ter sido chamada de russa, mas foi lutada principalmente no território da Ucrânia, uma região relutante em aderir ao Estado soviético. Sergiy tinha 13 anos quando os bolcheviques ocuparam Poltava no inverno de 1918. Quando ele completou 14 anos na primavera, os vermelhos haviam recuado e as forças ucranianas — apoiadas pelos alemães — tinham retomado o território. Aos 17, Sergiy ficou órfão e tornou-se o chefe da família. Seus pais morreram no surto de febre tifoide, e seus irmãos mais velhos se juntaram a diferentes grupos partidários, deixando-o para cuidar da terra e das irmãs. Passando por casas térreas cercadas

MINHA UCRÂNIA   121

por pomares de cerejeiras, me perguntei qual delas teria pertencido à família de Sergiy e como ele sobreviveu à guerra. Quando meu bisavô se preocupava demais conosco, rejeitávamos sua atenção sufocante e dizíamos a ele que era um exagero desnecessário. Seus olhos se nublavam com um misto de tristeza e reprovação, e ele resmungava que éramos sortudos por viver sem saber "como o mundo pode ser terrível".

Sempre que eu via alguém passando, parava para perguntar se já tinham ouvido falar da família Berezko, mas aparentemente estava seguindo um rastro de histórias que se evanescia.

— Minha avó saberia, mas ela faleceu semana passada.

— Antes de perder a memória, Olka contava muitas histórias sobre Maiachka.

— Se você tivesse vindo antes, quando os mais velhos ainda estavam vivos...

— Nunca nem pensei em perguntar a meus avós sobre o passado deles. Que diferença faria para mim? — retrucou uma mulher, dando de ombros.

A memória era frágil, e histórias não registradas desapareciam como ondulações na água.

Quando dei de cara com outro Lênin, não fiquei surpresa. Parecia apropriado que a aldeia de Sergiy ainda tivesse uma estátua do líder russo na praça principal. Pintado de um amarelo metálico, ele reluzia sob o sol, de frente para uma construção grande de tijolos. Segui a direção de seu olhar e descobri o conselho do povoado.

Àquela altura da pesquisa, eu já tinha contado minha história tantas vezes que repeti-la para a mulher sentada atrás de uma mesa cheia de arquivos em papel não demandou esforço algum. Expliquei que estava pesquisando sobre minha família e que ficaria muito grata por qualquer informação dos arquivos do povoado. A chefe do conselho do povoado, Taisia, era uma mulher corpulenta na casa dos 60 anos, com modos bruscos e unhas delicadamente pintadas. Ela me ouviu semicerrando os olhos e assentindo. Então levantou o fone do antiquado telefone de disco e, em voz alta, pediu que os registros das fazendas coletivas fossem levados até seu escritório.

— Sim, me refiro a todos os registros das fazendas coletivas que tivermos — disse.

A mulher do outro lado da linha pareceu consternada o bastante para que eu ouvisse sua indignação estridente.

— Todos significa todos — repetiu Taisia, desligando o telefone.

Logo depois, uma jovem apareceu com uma torre de pastas. Ela me lançou um olhar fulminante, mas Taisia fez um sinal para que ela saísse e fechasse a porta.

— Conheço a nora de Ivan Berezko. Ela ainda mora em Maiachka e talvez possa lhe dizer algo sobre a família — comentou Taisia, fazendo uma pausa para olhar para mim.

Eu estava na beirada da cadeira, agarrada à mesa diante de mim.

— Mas, para uma pesquisa adequada — continuou Taisia —, você precisa analisar os registros das fazendas coletivas. Eles mencionam coisas como nomes dos chefes e outros membros das famílias, datas de nascimento, ocupação, nível de educação e às vezes até um novo endereço caso tenham saído do povoado. Claro, não estou te obrigando a isso.

— Eu gostaria, por favor— respondi, inspirando profundamente para controlar a agitação. Estava disposta a passar a noite naquele escritório com as pilhas de jornais e os gerânios caídos nos peitoris das janelas para vasculhar os arquivos.

— Vou ajudá-la — disse Taisia, colocando os óculos. — Esta pilha é minha, e aquela é sua.

Levamos mais de duas horas para encontrar a primeira menção aos irmãos de Sergiy — Fedir, Nestir e Ivan. Os registros das fazendas coletivas confirmavam que Fedir não sobreviveu à Segunda Guerra Mundial e não teve esposa nem filhos. Nestir e Ivan viviam lado a lado. Os filhos de Nestir se mudaram, mas Ivan e sua família continuaram ali. O terreno onde cultivavam trigo, centeio e cevada — os registros

MINHA UCRÂNIA

eram precisos sobre as plantações — ficava nos limites de Maiachka, perto de onde o rio Oril fazia uma curva ao redor do povoado. Isso também correspondia às descrições de Sergiy da casa de sua infância.

— Encontrei um registro sobre uma pessoa chamada Fekla Berezko — disse Taisia. — Não sei se é relevante.

Olhei por sobre seu ombro para o texto que ela apontava com a unha cor-de-rosa.

— Fekla Zakharovna Berezko. Vera Nikodimovna Berezko. Nikolai Nikodimovych Berezko. Tem uma anotação ao lado de Fekla Berezko: "Nikodim Berezko, marido, nascido em 1900".

Senti o sangue pulsando nos meus ouvidos.

— Nikodim... — sussurrei.

Taisia olhou para mim com curiosidade.

Os registros mostravam que Fekla tinha chegado em Maiachka em 1938, com o filho e a filha, somente. Também citavam uma família de três pessoas, o que significava que Nikodim já devia ter desaparecido. Ela trabalhava em um pequeno lote de terra e estava listada como dona de casa. Durante a Segunda Guerra Mundial, Fekla e seu filho Nikolai ainda viviam ali, mas sua filha Vera foi levada como *ostarbeiter*, uma trabalhadora escravizada, para a Alemanha, e estava listada como desaparecida. Os registros não falavam do destino de Fekla e Nikolai depois de 1945, mas eu já tinha mais informações do que esperava encontrar em Maiachka.

Taisia anotou em um pedaço de papel o endereço de Lyuba Porfirivna, nora de Ivan Berezko, me acompanhou até a praça principal e apontou para a longa estrada atrás do povoado.

— Siga por aqui — instruiu.

Perguntei a ela sobre o Lênin dourado, surpresa por ele ainda estar de pé.

— É claro que está — respondeu ela, posicionando-se na defensiva e me desafiando a contradizê-la.

Não fiz isso. Agradeci Taisia por seu tempo e sua generosidade, mas ela me interrompeu e disse que estava apenas fazendo seu trabalho.

Ajustei a mochila e tomei a direção que ela indicou. Quando virei para olhar para Maiachka mais uma vez, vi a chefe do conselho parada sob a estátua reluzente de Lênin acenando para mim. Acenei de volta.

Deixei o povoado para trás, com seus galpões da fazenda coletiva e Lênin, para entrar no mundo da infância de Sergiy e Asya. Pomares de damascos e poços antigos pontuavam a paisagem, e campos verdes de trigo margeavam a estrada. Em pouco tempo, avistei uma casinha caiada. "Procure uma macieira torta e um galinheiro de palha", foram as instruções de Taisia.

Bati à porta, mas ninguém atendeu. Sentei em um banco sob a macieira, estendi as pernas cansadas e peguei no sono.

Abri os olhos com um sobressalto e encontrei uma mulher baixinha e com o rosto redondo, olhos azuis e cabelos brancos ralos me sacudindo pelo ombro. Sua boca se abriu de surpresa e revelou um dente de ouro. Ficamos olhando uma para a outra.

— Por que está dormindo embaixo da minha macieira? — perguntou ela.

Respondi que éramos parentes, e ela pareceu entrar em pânico. Quando expliquei nosso suposto parentesco, a mulher balançou a cabeça.

— Então, não somos parentes de sangue. Eu fui casada com Arkady Saenko, enteado de Ivan.

Ela pareceu aliviada.

Parentes ou não, ela se apresentou como Lyuba Porfirivna e me convidou para tomar uma xícara de chá. Sua casa era uma cabana tradicional ucraniana, grande e espaçosa. Vi um fogão a lenha e um *svolok*, a viga massiva que sustentava a construção. Asya uma vez me contou que, antigamente, o *svolok* era venerado, e incenso e pequenas oferendas eram deixados em um lugar especial em cima dele, para os espíritos. Nossa casa em Bereh era uma construção simples de tijolos, e a ideia de um pilar sagrado me fascinava. Na casa de Lyuba, havia buquês de sempre-vivas e rosas secas amarrados na viga. As paredes eram cobertas por tapetes coloridos e um grande bordado com um

MINHA UCRÂNIA

lago cheio de cisnes. Na parede acima de uma cama cheia de almofadas de renda pendiam retratos em tons de sépia.

— Meu falecido marido, Arkady — disse Lyuba, apontando para um jovem sério de uniforme militar. — A mãe dele não gostava de mim.

Ela pegou um álbum de família e me mostrou as fotos do casamento. Uma garota loira de camisa branca, saia preta e meias enroladas sobre os escarpins olhava para a câmera com timidez, agarrando a mão do noivo. As manchas de mofo no rosto de Arkady dificultavam a leitura de sua expressão, mas seu corpo se inclinava para a garota em sinal de proteção. Lyuba esfregou a imagem, mas a mancha era permanente.

— A mãe de Arkady queria que ele se casasse com uma garota da cidade, e eu era leiteira em uma fazenda coletiva próxima a Maiachka. Ele disse: "E eu sou o quê? Um camponês como todos vocês." Então nos casamos. Eu ordenhava as vacas e ele dirigia o caminhão de leite. Ivan Berezko era tão bom para mim que eu o chamava de pai. A primeira esposa dele morreu durante a guerra e ele se casou com a mãe de Arkady alguns anos depois. — Lyuba me mostrou uma foto de sua sogra, uma mulher magra com um nariz pontudo e lábios contraídos. — Ivan sempre dizia à esposa: "Os filhos são tudo o que temos. Deixe que vivam suas vidas, mas agarre-se ao amor deles." Mas ele tinha um problema. — Lyuba fez um gesto típico que indicava que o inimigo de Ivan era a vodca. — Ele não resistia à bebida. Antigamente, acontecia uma feira de domingo aqui, e ele ia até lá encontrar os amigos. Voltava para casa tarde, mancando e tropeçando. Uma de suas pernas era mais curta que a outra e, quando estava bêbado, mal conseguia andar. "Dá para ouvir o velho cantando", dizia Arkady. E ele ia buscar o padrasto antes que ele caísse na sarjeta.

Lembrei-me de que Sergiy raramente bebia.

— Havia épocas ruins e épocas boas — disse Lyuba, olhando para o retrato de Arkady na parede.

O sol estava se pondo e um brilho alaranjado-queimado se espalhou pelo campo de trigo em frente à casa. O farfalhar das folhas na brisa do fim de tarde soava como um sussurro urgente.

— Aonde você vai a essa hora? — perguntou Lyuba.

A ideia de voltar a Poltava não passou pela minha cabeça antes, mas então me dei conta de que não fazia ideia de onde encontrar um ônibus àquela hora. Peguei a mochila e apressei uma despedida, mas Lyuba me impediu de ir.

— Fique aqui. Não pode perambular pelas estradas tão tarde. Deus me livre algo acontecer com você, não vou conseguir me perdoar. — Ela apontou para uma cama estreita perto do fogão embutido. — Você não se importa de dormir ali, não é?

Aceitei o convite e liguei para Valentina para avisar que passaria a noite no povoado.

— Tudo bem — disse ela. — Mas você devia ter ligado antes, eu estava preocupada.

Desliguei e tentei abafar o sentimento de culpa enquanto ajudava Lyuba a preparar o jantar. Descasquei batatas e desci ao porão para procurar um pote de tomates em conserva. Ela colocou as batatas em uma panela de alumínio amassada, levou ao fogo para ferver e depois fatiou pão de centeio e carne de porco curada. Comemos em uma mesa pequena sob um parreiral, espetando as batatas com o garfo e amassando-as na gordura da carne. Depois de um dia vagando pelo cemitério, abordando estranhos e analisando arquivos, eu estava faminta. Lyuba olhava para mim de vez em quando com uma preocupação maternal.

— Como você chegou aqui? — perguntou.

Falei que estava procurando pelo irmão de Sergiy e Ivan, Nikodim. Lyuba ficou em silêncio por um momento e mastigou devagar.

— Ele colocou a família inteira em risco — disse.

Um arrepio percorreu meu corpo e a mão que segurava o garfo tremeu.

— O que ele fez? — perguntei.

MINHA UCRÂNIA

— Ele foi preso. Alguma coisa política.

— Mas o que ele fez?

Tentei não erguer a voz, mas não consegui não falar mais alto.

Lyuba olhou para mim, impotente.

— Foi há tanto tempo, e minha memória está desaparecendo. Ivan dizia que ele ia destruir a família inteira. Mas não sei por quê. Eu mal me lembro da minha própria vida.

Ela levantou e foi até a casa buscar chá. Fiquei ali sentada, incapaz de engolir o menor pedaço de comida que fosse.

Quando estávamos lavando a louça, mais tarde, Lyuba resmungou algo baixinho.

— Eles vieram e o levaram embora.

— Quem?

— Eles, eles — repetiu ela.

Ela levou as mãos ao rosto e começou a chorar.

Foi um choro silencioso, mas o corpo dela tremia em espasmos violentos e às vezes um soluço abafado escapava de seus lábios abertos. Assustada, me repreendi por trazer de volta memórias dolorosas para uma mulher tão solitária. Eu a abracei, sentindo os ossos afiados de seu corpo sob o vestido simples, e sequei suas lágrimas. Lyuba e eu éramos estranhas cruzando brevemente a vida uma da outra, mas naquele momento sua tristeza se tornou a minha. "O sofrimento não leva a nada", era um dos ditos favoritos de Asya. Mas, às vezes, precisamos chorar, e abracei Lyuba com força até que ela se acalmasse.

Trancamos a porta e apagamos a luz. Lyuba resmungava e suspirava enquanto dormia. Deitei na cama e encarei o teto. O luar prateado caía sobre os ladrilhos do fogão. Em alguns deles havia desenhos de pastoras, em outros, galos com caudas elaboradas. Ouvi um grilo cantando atrás do fogão e uma coruja piando no jardim. Quem foi levado? Nikodim? Arkady? Outra pessoa? Então caí no sono.

Acordei na manhã seguinte ao amanhecer. Um ar fresco que combinava o cheiro de grama esmagada, nata e esterco de vaca entrava por uma janelinha. A cama de Lyuba já estava arrumada, e sobre a mesa havia uma jarra de leite e uma cesta de ovos. Encontrei minha anfitriã do lado de fora alimentando as galinhas. Ela lançava punhados de grãos para um bando de poedeiras serelepes. O galo ciscava a terra com suas garras e me olhou, desconfiado, com seu único olho vermelho.

— Ontem à noite, contei que Ivan dizia que *ele* ia destruir a família inteira. Eu me confundi. Ivan não estava falando de Nikodim. Estava falando do irmão mais novo, Sergiy.

Olhei para ela, embasbacada. O que Sergiy, o irmão sério e responsável, planejava fazer que pudesse prejudicar a família inteira? Mas Lyuba cantarolou uma canção e varreu o quintal. Ela não sabia de mais nada, ou talvez não quisesse falar.

No ônibus de volta a Bereh, pensei que, a cada peça encaixada no quebra-cabeça, um mistério maior se revelava. A paisagem do interior passava na janela como uma colcha de retalhos de campos de trigo e centeio em verde e amarelo. De quando em quando, a colcha era interrompida por propriedades cercadas de cerejeiras, e eu me perguntava quem vivia nas casinhas caiadas e quem cuidava dos pomares.

Nosso portão estava escancarado, sinal de problema em Bereh. Larguei a mochila no quintal e corri para dentro da casa. Na mesa de jantar, Sasha segurava a mão de Valentina e aferia sua pressão. As duas me olharam quando entrei.

— Como pôde deixar sua avó sozinha na condição em que ela está! — exclamou Sasha, olhando para o aparelho.

— Sasha, está tudo bem — disse Valentina, fraca. — É só cansaço. Por que está me tratando como uma velha decrépita?

— O que aconteceu? — perguntei, sem fôlego, abrindo o casaco.

— A pressão dela está 15 por 9! — disse Sasha, como se anunciasse o placar de um jogo.

MINHA UCRÂNIA

— Onde está seu remédio da pressão? — Larguei o casaco na cadeira e procurei a caixa de remédios embaixo do armário. — Como está se sentindo?

— Estou bem. Parem de se agitar por minha causa — respondeu Valentina. — Liguei para Dmytro, ele já está a caminho.

— Você não devia deixar sua avó plantar batatas sozinha, é um trabalho muito pesado — disse Sasha.

— Nós íamos plantar juntas. Você não podia esperar um dia? — perguntei.

— Não, não podia. Já é junho.

Sasha assentiu, concordando com Valentina.

— Na cidade, tem batatas o ano todo, mas para plantar é preciso seguir o calendário.

— Obrigada pela explicação, eu não fazia ideia que era assim — respondi, ficando irritada comigo mesma por adotar o tom passivo-agressivo de Sasha.

Ela suspirou, dobrou o monitor da pressão e guardou-o na caixa.

— Se precisar de alguma coisa, me chame. Sabe que faço qualquer coisa por você — comentou para Valentina, que acariciou sua mão e agradeceu.

— Por que foi tão grosseira com Sasha? Ela veio assim que chamei — repreendeu-me Valentina.

Encontrei o medicamento da pressão dela e lhe dei uma caneca com água para engolir o comprimido. Observei-a dar goles devagar.

— Você permite que ela me diga as coisas mais ridículas e nunca me defende — retruquei.

Não consegui separar a frustração da culpa e da preocupação. Valentina não disse nada. Bebia golinhos de água e girava a caneca nas mãos.

— Por que foi àquele lugar desolado?

Sentei-me à mesa.

— Eu queria ver onde Sergiy cresceu.

— E o que você viu? O que poderia encontrar lá?

— Encontrei o túmulo de Ivan. Conheci uma parente distante e passei a noite na casa dela. Eu disse isso ontem à noite.

— Ela não é nossa parente.

— Bom, não de sangue, mas foi muito gentil.

Ficamos sentadas em silêncio.

— E descobri algo sobre Nikodim.

— Que Nikodim?

— O irmão mais velho de Sergiy. O que desapareceu. Lembra que perguntei sobre ele?

— Ah, isso de novo.

Valentina deixou a caneca na mesa, pegou a caixa de remédios e a fechou. Seus lábios estavam comprimidos em uma linha enérgica.

— Quero descobrir o que aconteceu com ele. Foi trágico o modo como desapareceu — expliquei, a voz tremendo.

— E a família? E aqueles que tiveram que viver com as consequências? Isso não é trágico?

Valentina me encarava, o rosto inteiro duro como uma pedra.

— É trágico, claro... — Minhas palavras saíram truncadas e fracas.

— Eu não quero... Não, eu proíbo você de remexer o passado.

Levantei da cadeira e me aproximei dela.

— Mas é importante conhecer o passado — comecei a dizer.

Senti que o chão sob meus pés se tornava mole e instável.

— Agora está me passando sermão? — O rosto de Valentina se contorceu e ficou vermelho. — Você nunca está em casa. Ou está visitando povoados ou fotografando pedaços de pano apodrecidos.

As queimaduras de cal em meus dedos começaram a arder. Fiquei paralisada, incapaz de falar. Incapaz de apontar o pomar caiado ou os canteiros de morango bem cuidados. Incapaz de encontrar palavras para me defender ou me desculpar. Abri e fechei a boca como um peixe jogado na areia.

— E aí você vai voltar para Bruxelas e tudo voltará a ser como antes. — Valentina engasgou e abafou um soluço. — Parece até que você

MINHA UCRÂNIA 131

se importa mais com esse Nikodim, que desapareceu há décadas e não importa mais, do que com... — Ela interrompeu a própria fala e abriu uma gaveta para manter as mãos ocupadas.

Minha garganta se apertou tanto que não consegui encontrar minha voz.

— Tudo bem — disse, finalmente. — Não vou fazer nada.

Virei, arranquei o casaco de Asya do cabideiro, joguei-o sobre os ombros e abri a porta. Era um dia quente, mas eu tremia. Atravessei o quintal como um furação, abri o portão do pomar e entrei nele correndo, atravessando arbustos até encontrar o lugar mais profundo e isolado, onde na infância eu tinha enterrado "segredos". Eram embrulhos de tecido cheios de flores e papéis de bala coloridos. Um lugar ainda melhor para um "segredo" era um tronco de árvore oco. Apoiei-me em uma cerejeira e passei os dedos por seu tronco sulcado. Encontrei uma cavidade e tirei o caderno do bolso, arranquei a folha coberta de anotações sobre Nikodim e embrulhei-a em um lenço. Enfiei o embrulho na cavidade e encostei o rosto no tronco. *Eu vou embora, vou embora amanhã*, pensei. *Tudo que faço é errado.* Qual gelatina, minhas pernas cederam, e caí aos pés da cerejeira, olhando fixamente à frente.

Não contei se por acaso se passaram duas horas ou dois dias. Estava tão atordoada que talvez tenha dormido. Fiquei tanto tempo agachada que meu corpo congelou naquela forma. Algo fez cócegas em meus pés e vi a gavinha de uma pervinca. Desdobrei o corpo como uma folha de papel amassada e me levantei, olhando em volta. Percebi que todo o pomar estava coberto de pervincas, mas como era verão elas exibiam apenas folhas verdes — as flores azuis já tinham desaparecido havia tempos.

— Pegue essas sementes e espalhe por toda parte — disse Asya a mim um dia, enchendo minha mãozinha com sementinhas pretas.

O solo estava macio e úmido e as sementes desapareceram nele. Não acreditei que voltariam a aparecer.

— Você verá flores da próxima vez que vier. Tudo precisa de tempo.

Ali no pomar sentia a presença de Asya mais que em qualquer outro lugar em Bereh. Imaginava que ela continuava por perto, podando gladíolos ou testando um novo método de enxertar videiras. A pervinca que me despertara estava enrolada no tronco da cerejeira e suas folhas alongadas pareciam lustrosas e reluzentes contra a casca áspera. Nada desaparecia sem deixar vestígios e tudo precisava de tempo.

Acariciei a pervinca e soube que não poderia ir embora. Se partisse naquele momento, seria pela última vez, sem a possibilidade de retorno, e eu não estava preparada para isso.

Limpei a grama e a terra das mãos. Não estava mais irritada com Valentina. Entendi que não podia simplesmente entrar na vida de outra pessoa e encontrar um lugar esperando por mim. Nós duas tínhamos preenchido nossas ausências com outras presenças. Eu estar ali a fazia se lembrar de quando eu não estava, porque mais cedo ou mais tarde eu iria embora e ela não saberia quando eu voltaria, se em um ano ou talvez em uma década. Apertei o casaco de Asya contra o corpo e entrei em casa.

— Aonde você foi? Eu chamei, mas você não respondeu. Liguei para seu celular, mas você o deixou em casa. — Valentina estava na soleira da porta, com o celular em uma das mãos e uma agenda na outra. Ela não sabia salvar números novos no Nokia. Seu rosto estava pálido, apesar do bronzeado. — Quer chá com geleia de framboesa?

Coloquei uma chaleira no fogo e peguei nossas xícaras no armário.

— Eu estava pensando em limpar o samovar de Asya e usá-lo para fazer chá — disse Valentina, seguindo meus movimentos com o olhar. — O chá não é o mesmo sem um samovar, não acha?

Seus olhos estavam vermelhos e úmidos. Assenti e funguei, tentando conter as lágrimas. Valentina se aproximou e me abraçou, pressionando meu corpo com força contra o dela.

— Desculpe. Deixe o passado no passado, mas não vou deixar você ir embora. Nem pense nisso — disse ela.

Assenti, os soluços engolindo minhas palavras.

TERCEIRA PARTE

Fios de bordado

8

Emprestei minha câmera a Pani Olga para que ela pudesse terminar sozinha a catalogação dos bordados. Valentina e eu podamos o pomar e plantamos tomates. Cozinhamos pratos tradicionais que nenhuma de nós preparava havia anos. Assistimos juntas a novelas turcas. Sasha não nos visitava, mas conseguíamos vê-la cuidado de seu quintal quando estávamos no nosso.

Minha mãe iria passar o restante do verão conosco. Valentina e eu decoramos a cozinha de verão para servir de quarto, passamos lençóis e planejamos cardápios. As lembranças em Bereh nos animaram, e passamos os dias anteriores à visita de minha mãe cheias de uma expectativa agradável.

Quando chegou, minha mãe transformou nosso lar. Em vez de sairmos apressadas para cuidar do pomar, passávamos horas tomando café da manhã.

— Sei que o pomar é muito importante em Bereh, mas vamos ver se ele consegue crescer sozinho por alguns dias — sugeriu ela, e minha avó não teve outra escolha a não ser concordar.

Gostaria de ter falado assim com Valentina desde o início, mas acabei me apegando à nossa rotina no pomar, porque me permitia aprender sobre minha formidável avó, à sua maneira.

Não morava com minha mãe desde que entrei na faculdade, aos 17 anos, mas ela seguia sendo minha confidente. Quando contei minha luta para encontrar Nikodim e minha frustração com o tempo que passei em Bereh, ela me disse para ser paciente.

— Não apresse as coisas. A vida anda tão difícil. Vamos viver um dia de cada vez.

Se eu escandalizei a aldeia usando botas de borracha e não parecendo "uma americana de verdade", minha mãe não cometia tal ofensa. Sua mala estava cheia de coisas elegantes, como vestidos de linho, sandálias de tiras, cintos e uma coleção de jeans estilosos. Pela manhã, ela fazia desfiles de moda para uma Valentina encantada, então saía para visitar amigos em Poltava, pulando pela estrada de chão batido com sapatos cor-de-rosa de saltinho.

— Sua filha parece uma estrela de cinema italiana — disse Antonina a Valentina.

Ela era uma das habitantes mais antigas de Bereh, e seu contato com uma celebridade aconteceu em 1968, ao ver Sophia Loren durante as filmagens de *Os girassóis da Rússia*, que aconteceram ali perto. Minha mãe gostou do elogio e cumpriu feliz o papel de filha glamourosa. Apenas sua magreza causava consternação entre os habitantes mais velhos para quem "Você engordou!" era um elogio.

— Será que sua filha tem tuberculose? — perguntavam, com genuína preocupação.

Embora Valentina tivesse se desculpado por perder a paciência, nunca mais falamos de Nikodim. Eu não queria desistir, mas, tendo prometido, não poderia continuar. Minha mãe também achava que eu não deveria seguir com a busca se Valentina se opunha, e aceitamos o fato de aquele homem talvez permanecer um mistério.

Ao mesmo tempo, Valentina e eu passamos a conversar mais, mesmo quando minha mãe não estava por perto. Ela se abriu de uma forma que eu não esperava, e isso me alegrou tanto que não me perguntei mais por que minha avó queria tanto que eu esquecesse Nikodim. Mas suas histórias sobre o passado me cativavam, e houve dias em que o chá depois do jantar se estendeu até depois da meia-noite enquanto conversávamos.

— *Babushka*, como Asya e Sergiy realmente se conheceram? — perguntei certa noite.

MINHA UCRÂNIA 137

Minha mãe já estava dormindo, e Valentina e eu estávamos sentadas na sala de jantar, o chá frio criando uma película marrom em nossas xícaras.

— Foi em 1933 — disse Valentina. — Sua bisavó trabalhava como professora de educação básica em Mala Nekhvoroscha. É um povoado de Poltava, não muito maior que Mykhailivka, onde ela nasceu.

— Ela queria ser professora em uma aldeia?

— Que escolha ela tinha? Você recebia um posto e ia. Mas vou contar uma coisa: ela estava interessada em alguém em Poltava, então provavelmente não queria chegar nem perto de Mala Nekhvoroscha. Foi quando a fome começou...

Valentina mexeu o que restava do chá em sua xícara.

A década de 1930 foi uma época de fome em muitas partes do mundo em razão da Grande Depressão. A União Soviética não fazia muito comércio internacional, então não sofreu tanto com as consequências. O sofrimento do mundo capitalista provocou comentários de regozijo sobre a morte do sistema decadente, e a imprensa soviética fez um grande alarido sobre receber imigrantes do "Ocidente apodrecido". Asya não ligava para política e acompanhava as notícias apenas o bastante para parecer informada. Ela aceitou que Stalin era o sábio pai da nação e que, quando ele anunciou a nova política econômica de industrialização, seria para o bem comum. Minha bisavó não entendeu como aquilo afetaria pessoas como os pais dela, que viviam no campo. O brilhante futuro comunista precisava da coletivização da terra, independentemente de quanto isso custasse. "Se um homem morre de fome, é uma tragédia. Se milhões morrem, é estatística", disse Stalin.

No começo, os bolcheviques enfatizaram a redistribuição de terras em suas campanhas eleitorais e, ainda que os camponeses desconfiassem dos motivos, as promessas acabaram surtindo efeito. No entanto, em 1929, o grande impulso de coletivização reverteu as reformas de distribuição de terras. Se na Rússia, com sua tradição antiga de agricultura coletiva, o processo se mostrou doloroso, na Ucrânia, onde a história nacional foi moldada pelas lutas por terra, foi uma tragédia angustiante. A perda da terra era equivalente à morte. Mas o que os camponeses poderiam fazer em protesto? Queimar a colheita? Matar os animais? Muitos vilarejos tentaram resistir e lutar contra as brigadas enviadas para supervisionar a coletivização, mas essas ações isoladas não impediram um esforço sustentado pelo governo e apoiado pelo exército soviético e pelas milícias.

Logo uma fazenda coletiva apareceu no povoado de Asya. Seus pais tinham uma pequena horta e uma vaca. A mãe de Asya, Pasha, recusou-se a ceder suas terras, mas, como não conseguiram se defender da pressão das autoridades, a família chegou a um acordo. O pai dela, Oleksiy, trabalhava na fazenda coletiva, enquanto Pasha cuidava do terreno da família.

A família de Asya teve a sorte de não ser executada ou exilada, com os outros 300 mil fazendeiros recalcitrantes, para o sistema recém--construído de colônias penais na Sibéria e na Ásia Central. Ao ler sobre aqueles anos, sempre tive dificuldade de compreender a violência. A maior parte das prisões e deportações era executada por integrantes da comunidade — um membro da polícia, um procurador do Estado, um líder do partido do povoado. A realidade assustadora da Grande Fome na Ucrânia, e o motivo pelo qual ela seguiu uma realidade não processada por décadas, é que as decisões de vida e morte eram tomadas por vizinhos, amigos e parentes. As pessoas que batizavam os filhos umas das outras, trabalhavam juntas na terra ou faziam brindes se homenageando, também assinavam as sentenças de morte umas das outras. Às vezes, os líderes do partido demonstravam solidariedade. Às vezes, a comunidade era forte o bastante para se manter unida. Às vezes, o destino era como um lançar de dados, uma questão do acaso. A Pasha foi permitido manter a vaca e exibir seus ícones religiosos ornamentados. Além disso, sua terra ficava em uma colina íngreme, impossível para o trabalho com tratores. Às vezes, a geografia era o que determinava o destino.

MINHA UCRÂNIA 139

— Quando Asya chegou a Mala Nekhvoroscha para trabalhar como professora, era 1931, e as colheitas já estavam escassas — continuou Valentina. — As pessoas forçadas a se juntar às fazendas coletivas tinham poucos incentivos para se dedicar ao trabalho, e aquele verão foi frio e úmido. Só que Asya estava mais preocupada com o novo trabalho que com a colheita. Também estava ansiosa para conhecer o diretor da escola, que era descrito como um "bolchevique de princípios".

— Sergiy! — interrompi, e Valentina assentiu.

— Asya me disse que ficou um pouco decepcionada, pois tinha imaginado um cara durão de jaqueta de couro, e Sergiy parecia um estudante: um rosto oval suave e sem pelos, com uma tendência a corar quando a cumprimentava. Na primeira vez que ela o viu, ele estava com uma camisa bordada, então Asya o chamava de "bolchevique de *vyshyvanka*". Nunca na frente dele, claro.

Enquanto isso, a situação no povoado se deteriorava. Apesar da colheita ruim, as requisições de grãos chegavam como se nada estivesse acontecendo. Em Mala Nekhvoroscha, brigadas de requisição eram formadas por jovens das famílias mais pobres, agora líderes locais do Komsomol. Às vezes, suas mães os acompanhavam. A brigada — uma gangue, como os locais os chamavam — abria o portão, vasculhava o quintal e a casa e chegava até mesmo a escavar o piso de barro e desfazer o telhado de palha. Embora Asya fosse professora e estivesse dispensada das requisições, quando a brigada visitou a casa onde ela morava, levou seu lenço de seda e sua bolsa.

Asya também notou torres de vigia guardadas por sentinelas armados nos campos. Qualquer colheita não autorizada de alimentos era considerada roubo, punida por execução imediata. Aldeões sussurravam sobre a lei das "cinco espigas de trigo" que estipulava que até uma criança que tirasse algo dos campos da fazenda coletiva seria presa ou mesmo fuzilada. Asya não acreditou nisso de início, mas todo o povoado foi obrigado a assistir quando a brigada espancou sua vizinha Orisha por pegar grãos caídos depois da colheita. A brigada a levou e ninguém nunca mais a viu.

Com o início do ano escolar, as evidências da fome ficaram visíveis. A morte por inanição era um fim terrível. Lento. Cruel demais. As defesas psicológicas e metabólicas do corpo não desistiam quando desejado, e a tortura durava semanas, se não meses. Enterros se tornaram diários no povoado. E logo cessaram, porque os coveiros também tinham morrido. Todos os dias, Asya corria da escola para casa, tentando não perceber os corpos com a barriga inchada à beira da estrada.

— Sergiy a salvou da fome — contou Valentina. — Ele colocava provisões extras na bolsa dela e, um dia, quando lhe levou pão e propôs casamento, ela aceitou.

— E o jovem de Poltava?

— Não deu em nada, imagino.

Asya vivenciou a fome em um pequeno povoado e não sabia que a inanição em massa estava se espalhando por toda a Ucrânia soviética. Milhões de pessoas morreram na Rússia soviética e no Cazaquistão, mas a região do solo negro na Ucrânia, conhecida como Arcádia pelos viajantes do século XVII, suportou o peso das políticas de Stalin. Uma em cada oito pessoas nos territórios ucranianos foi vítima do Holodomor. Um milhão de crianças com menos de 10 anos pereceram. A fome levou mais de três milhões de pessoas. Minha bisavó sobreviveu. Valentina nasceu no outono de 1934.

— Era por isso que você queria plantar batatas aquele dia e ficou irritada com minha viagem a Maiachka — comentei.

Valentina assentiu.

— Quando devemos nossa existência à fome, ficamos marcados pelo medo. Sei que é absurdo, mas não consigo evitar.

— Lá em Bruxelas eu sempre tenho um pacote de 10kg de arroz no armário da cozinha, assombrada pelo medo de acontecimentos que nem vivi.

E então me lembrei da expressão no rosto do meu futuro marido quando viu minha despensa pela primeira vez. "Por acaso você é uma sobrevivencialista?", perguntou ele. Eu não sabia como explicar que tinha crescido na União Soviética.

— E um saco de 10kg de farinha e vários sacos de açúcar — acrescentei.

Valentina jogou a cabeça para trás e riu.

— Por que meu acúmulo de comida é tão engraçado? — perguntei, rindo também.

— Imagino que devêssemos chorar — disse Valentina, enxugando as lágrimas. — Mas podemos muito bem rir.

No dia seguinte, Valentina me surpreendeu ao anunciar durante o café da manhã que queria fazer uma visita a Mykhailivka.

— Quero ver onde minha mãe cresceu — disse, seu olhar pairando em mim.

Pulei da cadeira e a abracei. Fazer aquela viagem era um dos meus sonhos, mas eu não imaginava que seria possível dada a relutância de Valentina em deixar o pomar sem os cuidados de alguém.

— Não fique muito animada — brincou Valentina. — Vai me ajudar a plantar tomates antes de irmos.

No dia marcado, depois de uma discussão acalorada sobre a quantidade de comida que deveríamos levar para a curta viagem, minha mãe e eu nos amontoamos em um táxi, com Valentina no banco da frente como navegadora. O motorista, Yaroslav, era um homem esguio de quase 40 anos com um bronzeado castanho-escuro e a barba por fazer. Com a habilidade de uma interrogadora profissional, Valentina descobriu sua história de vida antes mesmo de deixarmos os arredores de Bereh. Ele tinha se divorciado duas vezes, sendo que o segundo casamento lhe rendeu uma filha, e, quando não estava dirigindo o táxi, transportava equipamentos de perfuração.

— Se Poltava tem tanto gás e petróleo, por que temos que pagar o dobro do que recebemos de aposentadoria para usufruir? O que você acha, Yarik? — perguntou minha avó, usando a forma íntima do nome

Yaroslav, porque ser muito mais velha significava que ela podia ignorar as formalidades.

— O sistema não beneficia o pequeno. Mas não sou nenhum especialista em economia. Só transporto o equipamento — respondeu ele.

A estrada nos levou por pequenos povoados nos arredores de Poltava, contornando prados margeados por florestas de pinheiros e percorrendo as planícies da Ucrânia Central. Minha avó esqueceu a conta do gás e observou a paisagem, chamando nossa atenção para os lugares que conhecia. Seu trabalho de jardinagem a ocupava tanto que Valentina nunca saía de Bereh, exceto por idas ocasionais ao mercado de Poltava. Sua animação crescia conforme apontava estradas e propriedades familiares.

Mykhailivka lembrava Bereh, com a mesma disposição: a Dom Kultury em estilo grego, escola, mercearia, rua principal batizada em homenagem a Lênin e o pedestal vazio que a estátua dele ocupou um dia. As construções do centro do povoado eram pintadas de cores vivas e cobertas de rosas trepadeiras. A casa que Valentina chamava de "nossa", apesar de ter sido vendida havia anos, foi reformada, mas ela a reconheceu assim que viramos a esquina.

— Você acha que os novos donos vão deixá-la entrar? — perguntou minha mãe quando Valentina desceu do carro.

Minha avó assentiu com confiança.

— Vão. Afinal, eles moram na *nossa* antiga casa. — Ela passou as mãos pelo terno bege elegante que usava em ocasiões especiais e acrescentou: — Pode-se dizer que somos quase parentes.

Valentina abriu o portão, e eu e minha mãe a seguimos.

A casa, de um só andar, tinha um pesado telhado de zinco. Uma ala era de barro caiado, mas a outra, mais nova, foi erguida com tijolos. O grande quintal estava cheio de toras. Um velho com um macacão empoeirado cortando lenha parou ao nos ver e soltou o machado.

— Vlad, Liza, temos visita! — Ele enxugou a testa e gritou em direção à casa, ao saber que tínhamos ido visitar nosso antigo lar. — Meu filho e minha nora moram aqui — explicou, fazendo sinal para que entrássemos.

Vlad era um jovem alto de olhos azul-claros e uma juba de cabelo castanho despenteado. Vestia uma blusa rasgada e calça jeans manchada.

— Desculpem, eu estava consertando a chaminé — comentou, tímido, oferecendo o cotovelo como cumprimento em vez da mão coberta de fuligem.

A casa exalava uma pungente mistura de aromas: leite azedo, roupas úmidas e barro molhado. Minha mãe pediu licença e saiu. Mas Valentina e eu nos demoramos, examinando o ambiente ao nosso redor.

— Era aqui que a gente dormia — contou minha avó, referindo-se a um cômodo pequeno próximo à entrada. — E aqui era o canto vermelho onde a mãe de Asya, Pasha, mantinha seus ícones religiosos. — Valentina apontou para um lugar acima do fogão a lenha. — Ela rezava para que o filho mais novo, Vasyl, voltasse da guerra em segurança.

— E ele voltou? — perguntou Liza, esposa de Vlad.

Duas criancinhas puxavam sua saia e ela pediu que ficassem quietas.

— Voltou, sim — respondeu Valentina.

O canto vermelho da casa estava vazio, mas na geladeira vi um bilhete. "Rezar: para pagar as contas, para consertar o telhado, pela paz".

Saímos. O contraste entre o cheiro da casa e a brisa fresca me deixou um pouco tonta. Os lábios de Valentina tremeram.

— Ainda me lembro como se fosse ontem quando meu pai anunciou que tinha se alistado no Exército. Ele achava que ficaríamos mais seguros em Mykhailivka e nos trouxe para cá. Demos adeus quando ele subiu em um caminhão com outros soldados e acenamos até que a poeira levantada pelo veículo se assentasse. Então não sei o que me deu, mas comecei a correr pela estrada, chamando meu pai aos gritos. Era outono de 1941, e as folhas já estavam mudando para diferentes tons de vermelho — contou.

Segurei a mão da minha avó, e ela olhou para mim.

— Ele não precisava ir, tinha proteção contra o recrutamento, mas decidiu se alistar muito antes de a Alemanha invadir o país. Deve ter sido a única vez na vida que fez algo contra a vontade de Asya.

Valentina contou que Asya temia a guerra. Alertas sombrios estavam no ar fazia anos, com uma breve pausa em 1939 quando Hitler e Stalin ficaram amigos e assinaram um pacto que dividiu a Europa Oriental em esferas de influência. Sergiy criticava o governo pelo chamado Pacto Molotov-Ribbentrop — batizado em homenagem ao ministro das Relações Exteriores soviético Vyacheslav Molotov e ao ministro das Relações Exteriores alemão Joachim von Ribbentrop — e acreditava que tal acordo deu a Hitler tempo para preparar o ataque mais amplo. "Os nazistas não podem ser nossos amigos", repetia Sergiy, e Asya implorava a ele que ficasse quieto, porque para o governo soviético os nazistas *eram* nossos amigos e ponto final.

Contudo, a reviravolta soviética em junho de 1941 não o abalou tanto quanto a evaporação do poder do Exército Vermelho no início da guerra. Ele chorou em desespero quando descobriu que cidades ucranianas estavam sendo abandonadas nas mãos do exército de Hitler. Lviv no dia 30 de junho; Berdichev, em 15 de julho; Bila Tserkva caiu no dia 18 e Kirovohrad, no dia 30 do mesmo mês. No dia 19 de setembro, os alemães ocuparam Kyiv, onde o Exército Vermelho se renderia aos alemães — no que ficou conhecida como Batalha de Kyiv — uma semana depois e um dia antes do sétimo aniversário de Valentina. Embora as notícias oficiais transmitissem uma visão otimista dos acontecimentos — "O inimigo sofreu pesadas perdas humanas e morais" —, Sergiy sabia que era uma questão de dias para que as forças alemãs entrassem em Poltava. E o que a ocupação significava. Já fazia alguns anos que ele e Asya eram professores em Bereh quando a guerra começou e, como o povoado era próximo de Poltava, tinham certeza de que não estariam seguros. Ignorando as objeções de Asya, ele levou as crianças para Mykhailivka.

Sergiy ingressou na Lenin Military-Political Academy, a força militar política da região, e foi para Chelyabinsk, a cidade conhecida como "portão para a Sibéria". Quase um ano depois, foi enviado à frente em Voronej. Ele e Asya já tinham visitado aquela bela cidade à beira do rio Dom, durante uma das raras viagens que fizeram juntos, e o nome da cidade evocava uma "lua de mel tardia", segundo Asya. No entanto, em 1942, a cidade estava em ruínas, abandonada aos alemães, que a usaram para lançar um ataque a Stalingrado. A pouca altura de Sergiy, fonte da zombaria de sua sogra, foi o principal motivo pelo qual ele foi designado para a divisão de tanques — o espaço apertado do interior do famoso veículo soviético T-34 favorecia soldados mais baixos.

De volta à casa da mãe, Asya estava perdida. Não sabia quanto tempo a ocupação duraria e se voltaria a ver Sergiy. Alguns vizinhos foram rápidos em apontar como os alemães eram poderosos e fortes — era só pensar na facilidade com que haviam derrotado o Exército Vermelho — e que o melhor era se adaptar às novas circunstâncias. Asya não queria se adaptar. Sabia que Sergiy jamais a perdoaria. Por outro lado, seus pais e os dois filhos pequenos dependiam dela, e então continuou trabalhando como professora em Mykhailivka, mesmo quando o comando passou para os alemães. Ela não sentia necessidade nenhuma de defender a Grande Ideia, como Sergiy. Em vez disso, tentava proteger sua família. "O coração humano é estranho", dizia Asya sobre ter sobrevivido àqueles dias. "Ele se acostuma à dor e mantém a esperança, apesar das circunstâncias."

— Outra heroína daqueles dias foi Pasha — disse Valentina. — Lembra que eu disse que ela soltava as vacas que os alemães tinham confiscado? — Ela apontou para a cabana em ruínas no fundo do quintal. — Os ocupantes usavam nossa cozinha de verão como refeitório, mas Pasha continuou suas ações bem debaixo do nariz deles. Um dia, ela foi pega. Um soldado alemão bateu nela com a coronha do rifle e a deixou para morrer. Mas não! No dia seguinte, Pasha estava de pé e as vacas, livres. Graças a Deus os alemães não mataram todos nós.

Valentina e eu perambulamos pelo pequeno quintal, com cuidado para não tropeçar nas pilhas de madeira.

— Minha mãe saía para trabalhar de manhã e eu cuidava do meu irmão mais novo, Yura — contou ela. — Ele ainda era um bebê, fofo e gordo, andando como um patinho atrás de mim com sua roupinha. Na casa ao lado, morava Evgen Tychyna, irmão de Pavlo Tychyna, e ele ensinou Yura a rezar. Meu irmão subiu na mesa e recitou, em uma voz grave demais para uma pessoa tão pequena: "Que Deus tenha piedade de nós."

Pavlo Tychyna foi um proeminente poeta ucraniano soviético, e eu tive que aprender tantas de suas odes ao comunismo na escola que estremeci ao ouvir seu nome. Valentina percebeu minha careta.

— O irmão do poeta que glorificou Stalin ensinou meu irmão a rezar. Continuo me lembrando das coisas mais estranhas.

A casa e o pequeno pomar ficavam em uma colina íngreme que terminava em uma planície cheia de cerejeiras e arbustos de zimbro.

— É ali que seu trisavô Oleksiy está enterrado — indicou Valentina, segurando-se em mim e olhando para baixo.

— Essas histórias são de partir o coração — comentou Liza, que nos acompanhou em nossa caminhada.

Ela pegou a filha mais nova no colo e a abraçou com força.

— A vida é imprevisível — disse Valentina.

— Imprevisível e estranha — emendou Liza. — Se alguém me dissesse ano passado que eu ia morar na zona rural de Poltava, eu não acreditaria. Somos da Crimeia. Tínhamos uma casa perto do mar e, no verão, alugávamos quartos para os turistas. Quando a ocupação começou, Vlad decidiu que não era mais seguro para as crianças e viemos para cá, morar com o pai dele. Mykhailivka é um paraíso para nós, mas sinto falta do mar. Me sinto claustrofóbica aqui.

Ela emudeceu e se agachou, fingindo arrancar ervas daninhas da trilha do jardim.

Valentina agradeceu a Vlad e Liza pela hospitalidade e deixou nosso telefone, caso eles precisassem de ajuda para se instalar, e saímos de Mykhailivka.

MINHA UCRÂNIA 147

— O povoado parece encantador — observei, tentando dissipar o clima de melancolia que nos dominava.

As casinhas arrumadas e cobertas de glórias-da-manhã e uvas silvestres pareciam pitorescas e aconchegantes. Yaroslav assentiu, tirando uma mão do volante para gesticular para fora da janela aberta.

— Se for mais adiante, você vai ver muitas casas abandonadas. O governo corta o fornecimento de energia para os povoados dessas áreas pois usa a terra para perfurar gás. Irônico, não é?

Achei trágico, não irônico, mas não discuti. Minha mãe esperava que o novo presidente eleito, Petro Poroshenko, desse um fim àquilo, mas nem Yaroslav nem Valentina tinham esperanças.

— Os políticos são todos iguais. Na Europa talvez sejam melhores, mas aqui são todos mentirosos — disse Yaroslav. — Ou se tornam mentirosos quando alcançam uma posição de poder, e o poder...

— O poder os corrompe — completou Valentina.

Enquanto lia as placas, minha avó esqueceu o que acontecia no país.

— Rakivka, sim, eu me lembro dessa cidade. Minha amiga morava perto de um riacho lá e pegávamos lagostins com armadilhas caseiras. E me lembro de Zhyrkovka também.

— Como uma criança de 7 anos guarda tanta coisa? — perguntei, embora eu também tivesse muitas lembranças vívidas dos meus 7 anos. Todas envolviam ou Asya e Bereh, ou minha avó paterna Daria e Hlibivka, um povoado onde Daria e Vladimir tinham um chalé de verão.

— A memória é assim. Como eu disse antes, continuo me lembrando das coisas mais estranhas — disse Valentina.

Passamos por uma placa que anunciava o vilarejo de Shmaliukivka.

— Meu tio Platon Bylym morava aqui — contou Valentina. — Ficamos com a família dele no fim da guerra.

Valentina apontou para um bosque de árvores que se adensava conforme nos aproximávamos.

— Era ali que Asya dava aulas durante a guerra. A escola ficava dentro de um antigo solar que tinha cômodos decorados com anjos de

148 VICTORIA BELIM

estuque segurando cornucópias. Foi bombardeado no fim da guerra, mas, se lembro bem, ficava ali, onde está aquele canteiro de lilases.

Pensei na frase favorita de Pani Olga: "Nada desaparece sem deixar vestígios." A frase tinha um significado especial na Ucrânia, um lugar onde as manifestações materiais do passado eram destruídas e a história, reescrita com muita frequência. Finalmente entendi o que minha amiga queria dizer ao ouvir Valentina evocando os lugares que conhecia a partir de pontos que só faziam sentido para ela — moitas de lilases, pilhas de tijolos desbotados pelo sol, depressões na terra. A concepção soviética de história era que ela pode ser refeita, sujeita à vontade dos que estão no poder, mas, como Valentina, Pani Olga e outras pessoas que eu tinha encontrado na Ucrânia sabiam, a história era fluida. O passado estava pronto para revelar seu legado nos momentos mais inesperados, fosse por meio de desenhos bordados ou árvores antigas. Para encontrar o que se desejava, era preciso saber como olhar para as coisas. Aos poucos, eu ia aprendendo a ver. Embora às vezes me sentisse uma estranha naquela terra, também estava percebendo a atração inexorável que ela exercia sobre mim. Ver a Ucrânia como se fosse a primeira vez era tão cativante quanto aprender sobre a história da minha família.

— Vamos parar em Shmaliukivka? — perguntei, e Valentina pediu a Yaroslav que pegasse a saída.

Shmaliukivka era um povoado grande, e Valentina lembrou que Platon morava próximo da fazenda coletiva, a *colcoz*. Mas não a encontramos. Percorremos as ruas ao longo do povoado e paramos perto de um entroncamento onde um grande campo de girassóis se fundia com várias hortas.

— Esta é a fazenda coletiva? — perguntou Valentina a um homem de boné vermelho com uma foice e um martelo estampados.

Ele estava vendendo leite e ovos na beira da estrada. Aproximou-se do carro e se abaixou para ouvi-la melhor. As tatuagens em seus braços peludos incluíam uma sereia de seios fartos com a cauda enrolada em torno de uma adaga.

MINHA UCRÂNIA

O homem fez uma careta, revelando dentes apodrecidos.

— Bem-vindos à nossa próspera *colcoz* — disse, apontando para as carcaças de construções ao longe. Então, estendeu o polegar para o campo de girassóis. — Isso aqui é propriedade de um oligarca.

Depois da queda da União Soviética, a fazenda coletiva fora dividida entre os trabalhadores, mas os lotes eram pequenos demais para serem lucrativos — e a proibição da venda da terra tornou o desenvolvimento de uma agricultura de média escala impossível. Nesse vazio, entraram as grandes explorações agrícolas, com as condições financeiras e políticas para tirar vantagem. Ainda mais predatório era o sistema regulador com sua burocracia da era soviética, suas regras bizantinas e seu apetite voraz por subornos. As elites empresariais, os chamados oligarcas, se beneficiaram disso.

— As flores do capitalismo — comentou o homem, cuspindo na direção dos girassóis, e voltou para sua barraca.

— Aquele homem é um bandido — disse Valentina quando ele se afastou, e eu assenti, pensando nas tatuagens de presídio e na provocação do boné do Partido Comunista. — Viram o preço que ele cobra pelo leite?

Demos mais uma volta pelo povoado, e então Yaroslav parou perto de um casal que trabalhava em sua horta. A mulher nos olhou com desconfiança, mas o homem, vestindo apenas uma cueca samba-canção e um chapéu feito de jornal, aproveitou para fazer uma pausa e foi até o carro, acendendo um cigarro.

— A casa de Platon Bylym? Não sei se já ouvi esse nome por aqui. Espere um pouco! Vou perguntar a Petrivna.

Ele acenou para uma mulher de cabelo grisalho e vestido vermelho que estava levando um bode para passear, pedindo que ela se aproximasse. Ela veio, puxando a corda do animal relutante atrás de si.

— A casa de Platon Bylym? — repetiu Petrivna. — Há muitos Bylym por aqui, mas nenhum deles é Platon. Você disse que ele viveu aqui durante a guerra? Então, precisamos perguntar à tia Maria. Ela tem 90 anos e ainda se lembra dos velhos tempos. — A mulher chutou o bode para impedi-lo de chifrar nosso carro. — *Malchik*, se acalme, criatura teimosa.

Malchik significa "garotinha". Era assim que Petrivna chamava o bode.

Valentina e eu descemos do carro perto de uma casinha azul que pertencia à tia Maria. Malvas-rosa altas balançavam perto do portão fechado.

— E lá está ela — disse Petrivna, acenando para uma criança que corria pela rua.

Quando a criança se aproximou, percebi que era uma mulher idosa murcha pelos anos até assumir a proporção de uma menina. Ela usava um lenço verde amarrado sob o queixo, um vestido preto que caía largo em seu corpo magro e um avental branco. A pastora de cabras riu de nosso espanto.

— Deus queira que a gente corra assim quando tiver a idade dela.

Tia Maria tinha o sorriso desdentado de um bebê, olhos verdes lacrimejantes e uma mente afiada.

— Sim, claro que me lembro do tio Platon. Como poderia me esquecer? Ele morava em uma casa branca grande, perto daqui, com a esposa Galia e a irmã Odarka. Eu era órfã, sozinha no mundo, e eles me acolheram, cuidaram de mim e fizeram com que eu me sentisse parte da família.

Ela falava rápido, segurando minha mão com força. A dela era pequena e calejada.

O olhar da mulher foi de mim para Valentina.

— Platon era seu parente? — perguntou, e Valentina explicou que era tio dela e que estávamos visitando nosso povoado natal depois de muito tempo.

— Seu tio se foi faz tempo, que descanse em paz. Mas, se avançar por essa estrada, passar pelo campo de girassóis e virar à direita, a casa dele é a terceira à esquerda. Eles também são Bylym.

Tia Maria nos acompanhou até o carro, ainda apertando minha mão e sem perder seu sorriso gentil.

MINHA UCRÂNIA

— É importante lembrar — comentou ela. — Quando tiver minha idade vai saber que a vida não deixa nada além de lembranças. Sou grata por ter as minhas ainda vívidas.

Ela se despediu de mim com um beijo e ficou à beira da estrada, assistindo à nossa partida.

De volta ao carro, refleti sobre como, em lugares onde os homens são levados para lutar em guerras, as mulheres assumem o papel de guardiãs da memória. Asya era minha fonte de histórias, enquanto as de Sergiy se mantinham esquivas. Valentina também tinha a chave do arquivo de nossa família. Os ucranianos elogiavam suas mulheres por sua resiliência e força, mas percebi que elas cumpriam outro papel importante na preservação da história do país.

Minha mãe se recusou a sair do carro quando chegamos à casa de Platon. Ela não estava entusiasmada com a viagem quando a começamos e já estava cansada do longo caminho percorrido e da conversa sobre a guerra.

— Não se apressem. Vou ficar descansando no carro.

Valentina e eu tocamos a campainha e uma mulher alta e corpulenta saiu dos estábulos e abriu o portão. Ela pediu que esperássemos até que terminasse de ordenhar a vaca. Vestia um agasalho de corrida azul-escuro, uma bandana azul de lantejoulas e um avental combinando.

— Meu nome é Raisa — gritou, mais alto que o som do líquido esguichando no balde. — Kolya, cadê você? Entretenha as visitas, por favor! — gritou mais uma vez.

Um homem saiu da casa bocejando e esfregando os olhos.

— O que é todo esse barulho? — resmungou, mas, quando nos viu, deu um sorriso largo e nos convidou a sentar sob a pérgula de uma videira.

Ele se apresentou com o sobrenome, Bylym, que também era o nome de solteira de Asya. Era baixo e atarracado, e sua camiseta de tela preta revelava músculos e tatuagens.

— Foi bom sua mãe ter ficado no carro, ela ficaria chocada com um parente desses — sussurrou minha avó, rindo.

Para ela, tatuagens sempre equivaliam a um passado criminoso. Em contrapartida, Kolya foi extremamente afável e generoso.

— Garotas, que tal uma bebidinha para celebrar nosso encontro? — Ele ergueu uma garrafa cheia de um líquido âmbar. — De nossas próprias maçãs e cem por cento orgânico.

— Não fique enchendo as senhoras com seu combustível de foguete! — disse Raisa, levando um balde cheio de leite espumoso até a casa. Ela voltou com um prato de bolo, uma jarra de cristal e copos delicados. — Elas podem experimentar minha ratafia de cereja — disse, dispondo os copos sobre a mesa.

Kolya pegou uma garrafa da bebida de maçã e balançou-a na frente da esposa.

— Combustível de foguete! Essa poção pode curar tudo, de pressão alta a um resfriado comum.

— E causar uma dor de cabeça incomum — retrucou Raisa. — Enfim, parece que você já experimentou sua panaceia.

O rosto corado de Kolya ficou mais vermelho.

— Uma bebidinha não faz mal — disse, nos servindo o licor de cereja enquanto completava o copo com a própria bebida. — Platon Bylym era um homem generoso que mantinha a casa aberta para todos, fossem ricos ou pobres — contou Kolya após brindarmos. — Comprei essa casa depois que ele morreu. Reformei tudo, mas mantive o pomar que ele plantou e os galpões.

Valentina perguntou se eles eram parentes, já que os dois eram Bylym.

— Há muitos Bylym por aqui — respondeu Raisa. — Só temos o mesmo sobrenome.

— Onde fica seu porão? — perguntou Valentina. — Quando meu irmão e eu éramos crianças, nos escondemos lá durante a retirada alemã.

Kolya abriu um galpão próximo aos estábulos e mostrou a escada que levava até lá. Desci devagar, tateando as paredes úmidas para não escorregar. Quanto mais eu descia, mais gelado e bolorento o ar ficava,

MINHA UCRÂNIA

e quando cheguei ao fim da escada estava tremendo em meu vestido de tecido leve. Usando a lanterna de Kolya, observei o espaço retangular cheio de prateleiras com vidros contendo pepinos e tomates em conserva. Os sons do lado de fora eram abafados, dando a impressão de estarmos embaixo da água. Sentia-me entorpecida pelo frio e sufocada pelo cheiro forte de mofo. Minha avó e o irmão passaram semanas naquele porão.

— Vocês não passaram frio aqui? — perguntei a Valentina quando subi e fiquei no sol para me livrar da sensação enregelante nos ossos.

— Não sei. Só lembro que estava assustada e curiosa ao mesmo tempo. De vez em quando eu subia e abria uma fresta do alçapão. Via homens correndo com rifles, as botas pesadas passando diante dos meus olhos. Peço perdão por falar de coisas tão tristes em nosso primeiro encontro — disse Valentina, mas Kolya balançou a cabeça.

— Não precisa se desculpar. De quem é a culpa por todos nós termos sofrido tanto? O sofrimento dessa terra vai ter fim um dia?

Raisa insistiu que tomássemos chá antes de voltarmos a Poltava.

— Por algum motivo, não me lembro do tio Platon naquela época — disse Valentina voltando à pérgula.

Kolya olhou para minha avó e mordeu a ponta do bigode.

— Você não sabe que ele foi levado como prisioneiro pelos alemães durante a guerra? Ele até constituiu família na Alemanha, mas voltou na década de 1950 e continuou morando nessa casa. Teve um problema com o NKVD. Ou aqueles bastardos já chamavam a si mesmos de KGB? Ser prisioneiro era o equivalente a ser um traidor. Eles o convocaram algumas vezes a ir até Poltava, mas no fim sempre o liberavam.

Uma pausa constrangedora se abateu sobre a mesa.

— Não mantivemos contato com esse lado da família — murmurou minha avó, olhando para baixo.

— Famílias são complicadas — retrucou Kolya, voltando a encher o copo de Valentina com ratafia. — Vamos beber em memória de Platon Bylym — sugeriu, virando o copo em um único gole.

— E em memória dos que não voltaram da guerra — disse Valentina.

Sergiy tinha voltado. Ele sobreviveu à carnificina da frente de Voronej. Sobreviveu ao cemitério a céu aberto de Prokhorovka, à batalha de tanques que foi um divisor de águas da Segunda Guerra Mundial, embora tenha sido uma derrota para ambos os lados. Sobreviveu à Batalha de Kursk, que mudou os rumos da guerra e deixou incontáveis mortos, mas durante seus últimos dias uma bomba explodiu perto do tanque dele. Sergiy se lembrava de ter desmaiado e acordado em um hospital na cidade de Penza. Disseram-lhe que tinha ganhado duas medalhas pela conduta corajosa — e perdido a perna esquerda.

Sergiy podia ter continuado no Exército. Ofereceram-lhe um cargo burocrático no tribunal militar, mas ele não era capaz de assinar sentenças de morte para jovens que se mutilavam para escapar da frente de batalha ou desertavam. Já tinha experimentado o bastante da vida nos quartéis e desejava ficar com a família. Também queria voltar a dar aulas, sua verdadeira vocação. A guerra o transformou em um pacifista. Ele nunca falava sobre sua decisão, e eu gostaria de ter pedido a ele que explicasse.

Valentina terminou a bebida e concluiu que era hora de irmos embora.

— Espero que possam ficar mais tempo da próxima vez. Vamos preparar uma refeição apropriada e, caso queiram pescar ou nadar, Kolya pode levá-las a lugares excelentes — disse Raisa enquanto nos despedíamos e trocávamos telefones.

Ela colocou um pote com bolo nas mãos de Valentina.

— Parentes de sangue ou não, vocês não são mais estranhas para nós — disse.

Conforme ditava o costume, Valentina recusou o pote três vezes antes de aceitar.

Yaroslav pisou fundo no acelerador. Passamos por poços cobertos, chalés caiados, campos de batatas e pelo tapete amarelo de girassóis.

MINHA UCRÂNIA

— Vejam, está nevando — disse Valentina, abrindo o vidro do carro e pegando um punhado de penugem de choupo. — As neves de junho...

Durante o restante da viagem, cada uma de nós se perdeu nos próprios pensamentos. Encostei a testa no vidro da janela e não consegui distinguir nem pomares verdejantes nem campos amarelados na paisagem borrada. Só via duas crianças se escondendo no porão, Asya caminhando pela estrada rural sinuosa até a escola e Sergiy subindo no tanque. "Não tenho medo do inferno", dizia Sergiy com frequência. "Depois do que vi, nada pode ser pior." Em seu leito de morte, um homem cuja vida durou quase um século, suas últimas palavras foram: "Batalhão, ao ataque!"

Nuvens cor de ameixa se reuniram rápida e ameaçadoramente, correndo à nossa frente. O horizonte escureceu e rajadas de vento agitaram a penugem de choupo no ar.

— Está vindo uma tempestade — anunciou Yaroslav.

— Vai passar — retrucou Valentina.

Algumas gotas pesadas caíram no para-brisa, o ar cheirando a ferro incandescente e, de repente, assim como começou, a tempestade desapareceu.

— Veja, passou — observou Valentina com satisfação.

Ela começou a entoar uma velha canção sobre os choupos prateados e as neves de junho e cantarolou durante toda a volta para casa.

As semanas que se seguiram deixaram uma boa impressão em minha memória. Externamente, nada tinha mudado no padrão de nossos dias, com as tarefas do pomar, refeições e viagens até Poltava, e nós três — minha avó, minha mãe e eu — caímos no ritmo ditado pelos dias lânguidos de verão. Como o Exército Ucraniano estava finalmente conquistando vitórias e retomando cidades nas regiões separatistas do leste, pareceu que a guerra poderia estar chegando ao fim. Bebemos e brindamos ao futuro da Ucrânia. As neves de junho estavam derretendo, mas, em nossa euforia, não percebemos.

"Algo terrível aconteceu na Ucrânia", dizia a mensagem da minha mãe.

Com dedos dormentes, digitei "Ucrânia" no Google. De início, não entendi nada. Um avião. Fumaça. Colisão. Vídeos amadores de corpos carbonizados em campos de girassóis. Fazia apenas algumas semanas que eu tinha deixado o país, me despedindo de Valentina e prometendo voltar em setembro assim que conseguisse o visto ucraniano. As árvores em nosso pomar se dobravam em direção ao solo com o peso das frutas, e rosas enchiam o ar com o aroma opulento de mel derretido. Não conseguia ligar a Ucrânia que eu tinha deixado para trás às imagens terríveis do noticiário.

"O voo MH17, que ia de Amsterdã para Kuala Lumpur, sobrevoava a Ucrânia em conflito no dia 17 de julho de 2014 quando desapareceu do radar. Um total de 298 passageiros, incluindo três crianças e 15 tripulantes, estavam a bordo", dizia a reportagem.

Liguei para Valentina. Ela estava assistindo ao noticiário. Tínhamos trocado apenas algumas palavras quando sua voz se tornou fraca e distante, como se ela estivesse em outro planeta, um onde aviões caem do céu e corpos carbonizados são encontrados em campos de girassóis. A ligação caiu e tentei ligar várias vezes, mas as linhas estavam congestionadas. Eu estava sozinha em meu apartamento em Bruxelas. O silêncio era pesado, pontuado pelo zumbido suave do ar-condicionado. Sentei no chão no meio do quarto. Minha atenção foi atraída para uma fotografia em preto e branco de Asya que ficava sobre a lareira. Ela segurava a pequena Valentina nos braços, e ambas usavam chapéus elegantes e com uma expressão igualmente séria. A fotografia foi tirada pouco antes do início da Segunda Guerra Mundial. A torre de comunicação de Bruxelas, visível da janela do meu quarto, brilhava em vermelho e azul, como era de costume, mas naquele dia parecia ameaçadora e sombria. O escritório da União Europeia descendo a rua devia estar emitindo mais uma declaração de "estamos preocupados e apreensivos" em resposta à tragédia.

O telefone tocou e me arrancou do torpor. Era minha mãe, falando tão rápido que tive dificuldade de entendê-la.

— Sabe o que o representante do comitê parlamentar russo disse na TV? Que foi arquitetado pelos americanos!

— Mãe, pare de assistir ao noticiário russo — retruquei, conseguindo inserir uma frase no meio da sua torrente de palavras.

— Mas eu preciso saber o que *ele* está pensando — disse ela, parecendo uma estrategista política.

Ninguém entendia o que Putin tinha na cabeça, e pensar na minha mãe tentando fazer aquilo ao assistir ao noticiário russo me fez rir.

— Assim é melhor — comentou ela. — Quando atendeu o telefone, você estava com uma voz tão assustadora e vazia. Precisamos manter a coragem.

Quando julho virou agosto e os combates na Ucrânia se intensificaram, não consegui mais ser corajosa. Quando cidades foram tomadas e perdidas, centenas de pessoas inocentes morreram e milhares ficaram sem casa. Então nomes de pessoas que minha família conhecia começaram a aparecer nas listas de mortos e desaparecidos. Alguns eram civis pegos no fogo cruzado, outros estavam no Exército.

— Odeio a frase que nossos líderes usam ultimamente: "Heróis não perecem" — disse Valentina. — É claro que perecem. Eles morrem! Eles só se tornam heróis porque não tiveram medo da morte.

Voltar à Ucrânia em setembro acabou sendo impossível. Com meu passaporte americano, só podia ficar três meses no país de cada vez. Por isso precisei esperar seis meses para voltar. Conseguir um visto se revelou mais complicado do que eu imaginava, e não tive alternativa a não ser aguardar. De longe, sentia a Ucrânia mais intensamente do que nunca. Vivenciei uma montanha-russa emocional similar à que senti quando a guerra tinha começado, exceto que, agora, eu não sentia nada além de melancolia. Não podia fazer nada. Não podia nem estar com Valentina. Um vazio cresceu dentro de mim como um buraco negro sugando todas as alegrias e os prazeres. Ou eu me sentia vazia e distraída, ou amarga e com raiva. Estava irritada porque o governo russo instigava a guerra, porque os Estados Unidos faziam pouco mais que aplicar sanções a alguns empresários russos e a União Europeia se mostrava ineficiente e irresponsável, porque as elites ucranianas se importavam mais em encher os bolsos do que com o país. Estava irritada porque as pessoas estavam morrendo naquela guerra sem sentido e assustadora, e porque ela não ia parar. Eu via guerra e morte em todas as manchetes — Síria, Gaza, Mianmar. Era um agosto quente e sufocante, e parecia que o mundo inteiro ardia em chamas.

Tinha medo de perder minha Ucrânia, a Ucrânia que estava começando a conhecer e amar. Cada lembrança de Bereh tornou-se mais calorosa e brilhante. Conversei com Valentina e revivi as lembranças de minha primavera ucraniana em todo o seu esplendor. Lembrei-me do nosso pomar de cerejeiras em plena floração, da colcha de retalhos de campos de trigo no interior e das esplêndidas curvas do Vorskla, e me perdi em devaneios para fugir de uma realidade cada vez mais sombria.

Durante aquelas últimas semanas de agosto, me tornei uma *flâneuse* em Bruxelas, observando a vida ao meu redor como uma visitante em um museu. Isso me fez lembrar os meus primeiros meses na cidade. Minha primeira impressão de Bruxelas deu o tom da minha experiência. Meu marido e eu saímos da área caótica próxima à Gare Centrale e nos vimos cercados por uma mistura cinzenta de mansões curvilíneas do século XIX e caixas de cimento brutalistas. Acabamos indo até a Quai aux Briques, uma esplanada ocupada por construções barrocas e medievais. Bebemos chocolate quente enquanto a chuva escurecia a fachada da igreja Sainte-Catherine e transformava a praça em uma pintura impressionista.

— Eu moraria aqui — disse ao meu marido.

MINHA UCRÂNIA 159

Bruxelas, com seu mosaico de bairros, tinha muitos tesouros escondidos e recompensava os curiosos. Vaguei durante horas por Schaerbeek admirando a arquitetura *art nouveau*, passeando pelas arcadas italianas das Galeries Royales Saint Hubert e explorando as feiras congolesas de Matongé. Ou então relaxava nos cafés marroquinos com vista para a igreja barroca de três andares no bairro de Saint-Josse-ten--Noode. Vendedores de hortifrutis expunham berinjelas e tomates em arranjos intricados. Famílias passavam de braços dados, trocando cumprimentos em turco. Homens vestindo ternos pretos bebiam chá em xícaras com formato de pera e jogavam gamão, enquanto repreendiam os garotos empenhados no jogo de futebol. Eu gostava do fato de Bruxelas ter inúmeras facetas, ser imprevisível e, mesmo assim, ainda me exasperava. Mesmo depois de passado o entusiasmo inicial pela novidade, achava a cidade sedutora.

No entanto, em agosto de 2014, Bruxelas suscitava em mim ressentimentos. Invejei a indolência elegante das senhoras bem-vestidas passeando com seus poodles no Parc Royal. Encarei carrancuda os funcionários da União Europeia em seus ternos pretos no horário de almoço, como se eles fossem responsáveis pela tragédia na Ucrânia. Achava tudo irritante, principalmente minha raiva e meus pensamentos sombrios.

A cidade trocava a languidez do verão pela melancolia do outono. Um dia, um aguaceiro me pegou no meio da minha caminhada, e me abriguei em um museu de verdade, o Musée Royal des Beaux-Arts. Se, em *Bonequinha de luxo*, Holly Golightly achava que nada de ruim podia acontecer na Tiffany's, Valentina tinha um sentimento parecido em relação a museus, e eu herdara isso dela. Amava o cheiro de madeira envelhecida e o modo como a luz suave e o silêncio preenchiam as salas de exposição. Demorei-me em frente ao quadro *Paisagem com a queda de Ícaro*, de Pieter Bruegel. O artista flamengo escolheu o momento em que Ícaro, com suas asas de cera derretidas por voar perto demais do sol, caiu no mar. No entanto, a tragédia ocupa pequena parte da cena — um lampejo de pernas brancas acima da água. No centro do quadro, um camponês trabalha no campo, sua atenção voltada para os sulcos feitos por seu arado. À beira-mar, um pastor olha para o céu. Ele não percebe a agonia do homem que se afogaria. Navios passam a toda vela. Mais um segundo, e Ícaro desapareceria sob as ondas verdes opacas, e o mundo seguiria como antes.

Lembrei-me vagamente de um poema de W. H. Auden sobre esse quadro e o procurei em casa. "No que diz respeito ao sofrimento, nunca se enganaram os velhos mestres da pintura..."*

Passei dias refletindo sobre o poema, recitando-o para mim mesma antes de pegar no sono. Pareceu-me comovente, considerando que Auden o escrevera em 1938, alguns meses depois de o primeiro-ministro britânico Neville Chamberlain se referir à anexação da Tchecoslováquia pela Alemanha como "uma briga em uma terra distante entre pessoas das quais nada sabemos". Menos de um ano depois, a Alemanha e a União Soviética dividiram os territórios dos vizinhos europeus sob o Pacto Molotov-Ribbentrop. Era o início da Segunda Guerra Mundial.

O poema também era um lembrete de que, independentemente de quanto eu deixasse o sofrimento me prender, o mundo passaria por mim sem pausa, sem alterar seu rumo. De um jeito estranho, eu achava isso reconfortante, porque, em vez de esperar a ajuda ou a compaixão alheias, me concentrei na minha própria resiliência. Folheei fotos antigas dos meus ancestrais, que sobreviveram a mais tragédias do que o destino deveria permitir. Em uma das minhas fotos favoritas de Pasha, a trisavó que não conheci, ela está em pé no quintal da casa de Bereh. Ela olha de modo desafiador para a câmera, os pés firmes e plantados no chão. Ela não era de sucumbir à angústia.

Valentina demonstrou que era feita dessa mesma matéria. Sentia ansiedade a respeito do futuro como qualquer um, mas continuou a trabalhar em seu jardim, encontrar os vizinhos e cozinhar refeições

---

* W. H. Auden. *Poemas*. Companhia das Letras, 2013. Tradução de José Paulo Paes e Moura Jr. [*N. da T.*]

MINHA UCRÂNIA

elaboradas. A todos os meus apelos para dar início ao pedido de um passaporte estrangeiro, caso a situação piorasse, ela respondeu que nunca deixaria seu lar. Valentina e eu tornamos os meses separadas mais suportáveis fazendo planos. Eu dizia que passaria cal no pomar de novo e ela, que faríamos mais viagens juntas. Eu jurava que arrancaria as ervas daninhas dos canteiros de morango e ela, que faria uma faxina nos galpões, revirando as velharias guardadas e jogando fora os retratos de Lênin. Enquanto a primavera continuasse voltando, enquanto estivéssemos fisicamente aptas, faríamos tudo isso, dissemos.

Ainda assim, a ideia de um conflito não resolvido com o meu tio Vladimir pesava sobre mim, e escrevi a ele um e-mail breve. Minha mensagem voltou. A conta do Skype ainda parecia inativa. Ele morava com a filha e ficava sob os cuidados de uma assistente social. Imaginei que, se algo ruim tivesse acontecido, saberíamos. Talvez Vladimir não quisesse retomar nossas conversas. Talvez ainda estivesse com raiva. Tudo que eu podia fazer era esperar que ele reaparecesse.

Descobri no decorrer daqueles meses que Asya tinha razão. O coração humano era estranho. Aceitei a dor e nunca deixei de ter esperança.

9

Em abril de 2015, ao sair do trem em Poltava, os perfumes da vegetação pungente, de borracha queimada e pão doce com sementes de papoula me eram tão familiares que fiquei tonta. Entendi o sentimento exaltado das pessoas que caíam de joelhos para beijar o chão de sua terra natal. Lembrei-me da primeira vez que retornei à Ucrânia e da sensação inexplicável de ser uma estrangeira — mas, dessa vez, eu estava em casa e a sensação de voltar à minha terra despertou uma emoção complexa em mim. Segui minha própria versão de um ritual de volta ao lar. Assim que cheguei a Bereh e abracei Valentina, fui para o jardim e toquei a casca áspera das cerejeiras.

— Eu costumava fazer a mesma coisa sempre que retornava — disse Valentina, encostada no portão do jardim e me observando. — Só assim eu sentia que estava mesmo de volta.

As cerejeiras jovens que Valentina e eu havíamos plantado sobreviveram ao inverno e seus botões estriados de marrom estavam se transformando em flores.

Valentina fez mais planos ambiciosos para o jardim, mas dessa vez delegou as principais tarefas ao tio Tolya, um homem baixo e enrugado, na casa dos 80 anos. Ele não era meu tio de fato. Em um povoado ucraniano, era assim que chamavam qualquer pessoa muito mais velha que você, sendo ou não parente de sangue. Tio Tolya tinha o rosto moreno e os cabelos espetados generosamente cobertos de brilhantina. Suas sobrancelhas espessas, penduradas sobre seus olhos

MINHA UCRÂNIA 163

redondos, faziam-no parecer um porco-espinho. Eu o vi em Bereh na minha visita anterior, mas naquela primavera ele se tornou uma figura permanente em nossa vida.

Tio Tolya sempre usava um terno cinza, com um paletó trespassado e uma camisa cor de pêssego. O terno, como o próprio tio Tolya, pertencia a outra era, e sua elegância puída contribuía para a aura de mistério que rondava o homem que o vestia. De um bolso interno, ele sacava uma chave de fenda, um pacote de sementes de girassol torradas e um lenço bordado ou uma maçã sarapintada, como um mágico fazendo um truque.

— Quando eu estava na escola, diziam que a Terra era sustentada por quatro elefantes e até mostravam imagens. Depois, passaram a dizer que ela gira ao redor do Sol. Agora dizem que saiu do eixo. O fim está próximo — anunciava ele no lugar de um cumprimento, como se estivesse dando continuidade a uma conversa interrompida. — É melhor plantarmos essas cerejeiras hoje.

A principal ocupação do tio Tolya era abrir covas no cemitério, e seu trabalho com a morte lhe conferia uma atitude filosófica diante da vida. Ele também era um oráculo do povoado, oferecendo conselhos sobre todas as questões da vida e do amor — como chocar pintinhos, propor casamento ou planejar um empreendimento comercial. Em Bereh, as pessoas podiam ser contratadas para lançar feitiços em pepinos para que crescessem mais rapidamente, então não me surpreendia que um coveiro trabalhasse como vidente.

Jamais conseguíamos prever quando ele apareceria, tocando a campainha de sua velha bicicleta e parando em frente à nossa casa com um floreio. Em alguns dias, ele estava em nosso jardim do amanhecer ao anoitecer; em outros, não havia nem sinal dele ou de sua bicicleta. Embora aceitasse dinheiro de Valentina pela ajuda, ele vinha quando precisava de companhia humana. Abrir covas era um trabalho solitário.

Quando enfim chegou, foi direto ao trabalho.

— Diga o que preciso fazer — anunciou na voz estrondosa que contrastava com seu corpo pequeno e esguio.

Ele trabalhou na velocidade da luz. Quando acabou, o jardim parecia mais organizado, o quintal, mais limpo e Valentina, mais feliz.

Depois do trabalho, o homem pequenino lavou o rosto e as mãos na bomba d'água, sacudiu o paletó e, com um prazer evidente, partilhou da refeição preparada por Valentina. Ela cobriu a mesa de comida, desculpando-se pela pouca quantidade e pelo sabor ruim das iguarias que tinha preparado, enquanto ele recusava três vezes, antes de concordar com uma relutância fingida a experimentar "apenas um pouquinho". Ele e Valentina passaram então a outro ritual complexo em que ela ofereceu dinheiro pelo trabalho e ele o recusou. No fim, ele comeu por três pessoas, despediu-se formalmente e conversou com Valentina pelo resto da tarde. Foi a parte mais agradável do dia para ambos.

— Todos os capitães do mar são alcoólatras — proferiu tio Tolya. Garantiu a Valentina que a torre Eiffel era a construção mais alta do mundo. Ele nunca esteve no mar, e sua informação sobre o marco parisiense estava um século atrasada, mas suas declarações eram ditas com uma seriedade impassível, sem possibilidade de discordâncias. — Sergiyvna! — respondeu quando Valentina o corrigiu, usando apenas o patronímico da minha avó, à moda antiga. — Não dê ouvidos a essa caixa de bruxarias. — Ele apontou para a TV no canto da nossa sala. — Isso diz muitas bobagens. Acredite no que eu digo, mesmo que o capitão não seja alcoólatra no início, virá a ser mais tarde.

Valentina escondeu um sorriso e perguntou ao tio Tolya se ele gostaria de uma xícara de café. Ele recusou, dizendo que era pior que vodca. A comparação era significativa porque, na juventude — ou seja, na casa dos 60 anos —, ele foi um alcoólatra. Agora dizia não beber nada que fosse mais forte que chá.

Deixei os dois conversando e fui para o antigo quarto de Asya e Sergiy ler um livro.

— Não há dúvida... A Terra saiu de seu eixo...

Eu o ouvi expor sua teoria favorita. E me perguntava se ele não teria razão sobre o tempo presente estar fora do lugar. Todos sentíamos isso,

MINHA UCRÂNIA

apesar da beleza límpida da primavera. A guerra no leste seguia rugindo, mas o medo agudo deu lugar à ansiedade por causa da alta dos preços e do colapso da economia. Valentina havia parado de assistir às novelas turcas e passava horas colada à televisão acompanhando debates sobre os subsídios para o gás. Sua aposentadoria tinha perdido três quartos de valor desde o ano anterior, e o que restava não era suficiente nem para pagar aquela conta. Quando sugeri pagar, ela protestou, o orgulho ferido. Aceitou ajuda da minha mãe e da minha tia, mas achava não ser digno aceitar dinheiro dos netos. Aprendi a ficar sob o chuveiro do banheiro gelado o menor tempo possível e fazia as compras no mercado de Poltava duas vezes por semana. Citava valores menores para proteger a paz de espírito da minha avó, mas nem mesmo essas mentiras inocentes a tranquilizavam. Ela juntou as mãos angustiada quando lhe contei o preço do leite, dos ovos e da carne.

— Por que está preocupada com essas coisas? — dizia tio Tolya. — Hoje você está viva, e amanhã a colocarão lá — argumentou, apontando com o polegar manchado de terra na direção do cemitério.

Ele não assistia à televisão, e sua atitude diante das coisas me fazia pensar no príncipe do romance *O leopardo*, de Lampedusa.

— Isso não deveria durar, mas vai, para sempre... O "para sempre" humano, claro... Um século, dois... E depois disso vai ser diferente, mas pior.

Não era de muito consolo para Valentina, que via sua aposentadoria derreter dia após dia, mas para mim funcionava como um lembrete do fatalismo eslavo.

Outra pessoa que adotava uma abordagem filosófica da vida era Pani Olga.

— "Observem as aves do céu: não semeiam nem colhem nem armazenam em celeiros; contudo, o Pai celestial as alimenta. Não têm vocês muito mais valor do que elas?" — repetia, citando uma das versões da Bíblia.

No inverno, Pani Olga perdeu o apartamento que alugava e foi morar no ático da igreja. Quando a vi pela primeira vez, levei um susto, pois sua trança exuberante havia sumido, e agora ela ostentava um corte chanel bem curto.

— Alguém menos afortunado que eu em questões capilares vai ter uma bela peruca — disse. — Além disso, o cabelo curto é mais jovial.

Ela fora dispensada do trabalho de professora particular sem aviso prévio e tinha que administrar a casa e pagar as mensalidades da filha com a renda de esporádicos trabalhos como redatora.

— Eu precisava mais de dinheiro que do cabelo no inverno — admitiu Pani Olga por fim, mas também recusou minha oferta de ajuda.

Sugeri que ela ficasse conosco em Bereh, onde tínhamos espaço para mais uma pessoa, mas a ideia a fez rir.

— Obrigada, mas moro no lugar mais próximo do paraíso — disse, me levando até o ático da igreja cheio de livros, maços de vela e pias batismais.

Pani Olga colocou a chaleira no fogo e pegou xícaras que não combinavam. Bebemos chá escuro como café e falamos sobre os bordados que ela havia desenterrado em minha ausência e de outras novidades de seu arquivo de *rushnyky*. A luz esverdeada da luminária de mesa lançava um brilho misterioso sobre os ícones, e o aroma de incenso e rosas secas pairava nos cantos cheios de sombras como uma presença fantasmagórica. Cercadas por crucifixos e incensários, esquecemos que havia um mundo lá fora até que o sino da igreja tocou, fazendo as paredes do ático vibrarem. Então lembrei que a carne que tinha comprado para Valentina no mercado estava descongelando dentro das sacolas e que eu precisava voltar para casa.

Valentina sabia que eu visitava Pani Olga quando ia a Poltava, e às vezes minha avó pedia que eu mostrasse as fotos mais recentes de seu arquivo.

— Esse bordado me parece familiar — disse Valentina certo dia, observando-me processar as imagens. Ela apontou para a foto de um *rushnyk* vermelho e preto com uma faixa de rosas entrelaçadas e pavões.

— Pani Olga disse que se chama "rosas de Brocard", em homenagem a um fabricante francês de artigos de toalete que abriu uma fábrica perto de Poltava na virada do século XX. Cada barra de sabonete vinha com um bordado de brinde.

MINHA UCRÂNIA 167

— Onde Pasha compraria sabonete francês? — murmurou Valentina.

— Pasha?

Eu estava sentada à mesa de jantar com meu laptop e Valentina, em pé atrás de mim para enxergar melhor a tela. Instintivamente, levantei a cabeça e olhei para o retrato da mãe de Asya. Seus olhos eram de um azul tão pálido que pareciam sem cor na fotografia em preto e branco, sua expressão dura e severa.

— Pasha bordava assim, com rosas e pássaros como esses — contou Valentina, apontando para a fotografia.

— Como ela era? — perguntei, ainda encarando o retrato.

— Forte — respondeu Valentina, ajeitando os óculos de leitura no topo da cabeça e franzindo o cenho. — Muito forte.

Pasha saiu do terror da fome de Stalin com uma vaca e um lote de terra intacto e protegeu a família durante a guerra de Hitler. Eu podia imaginá-la sendo bem durona.

— Mas a morte de Vasyl a despedaçou e ela fez da nossa vida um inferno — continuou Valentina. — Ela nos atormentava. Era tão malvada, tão injusta. Batia em mim.

Suas palavras saíram roucas e secas. Abaixei a cabeça. Não suportei encarar Pasha, mas ainda sentia seus olhos claros em mim.

Vasyl, o irmão mais novo de Asya, morreu muito antes de eu nascer. Eu o imaginava como ele aparecia no retrato pendurado no quarto da minha bisavó — um jovem vestindo um terno preto elegante, uma mecha de cabelo loiro caindo romanticamente sobre a testa alta. Ele tocava flauta e saxofone na orquestra sinfônica de Poltava, compunha música para o acordeão e viajava pela União Soviética com a esposa Lara, executando *romanzas* e baladas. Ganhava um bom salário como músico, e Lara, que parecia uma versão morena da atriz Veronica Lake, fazia pequenos papéis em filmes. Um dia, voltando para casa de um ensaio, sua motocicleta derrapou na estrada encharcada de chuva e ele caiu, morrendo de hemorragia cerebral.

— No início, Pasha foi morar com Lara e a ajudava a cuidar das crianças, mas Lara casou de novo e se mudou com o novo marido para a Hungria — disse Valentina. — Pasha disse que Lara tinha morrido para ela e, então, voltou a morar com Asya.

Valentina sentou e pôs os cotovelos sobre a mesa, apoiando o rosto nas mãos.

— Ela não se sentia grata pelo cuidado de Asya. Passava o dia inteiro bordando e cobrindo os retratos de Vasyl com eles. Chorava, perguntando por que Deus havia levado o filho amado dela. Tecia os panos e os bordava. Todos os dias. Era seu único passatempo... Isso e rezar. Foi difícil para mim sentir compaixão por ela na época.

Valentina olhou para o retrato de Pasha e desviou o olhar.

— Mas, como dizem, não devemos falar mal dos mortos — concluiu.

— Por que você mantém o retrato dela aqui? — perguntei depois de hesitar.

— Culpa, talvez. Quando alguém se vai, sempre sentimos culpa, especialmente se ficamos aliviados.

Uma dor na região do coração me deixou sem fôlego por um instante e logo desapareceu. Desviei o olhar virando o rosto para a janela.

— Pani Olga diz que os *rushnyky* não eram feitos apenas para ocasiões festivas, mas também para despejar a dor — comentei, depois de um tempo.

— Acho que sim — retrucou Valentina. — Qualquer coisa que nos distraia serve.

— Ainda temos os *rushnyky* de Pasha? — perguntei, ignorando o ceticismo de minha avó.

Valentina apontou na direção dos galpões.

— Nunca jogo nada fora, e o diabo é capaz de quebrar a perna naquele lugar — disse, reconhecendo que nosso depósito estava uma bagunça. — Talvez ainda estejam lá. Talvez tenham virado pó.

Eu não achava que Valentina fosse procurar velhas lembranças nos galpões, então me lancei, sozinha, em outro tipo de investigação. Longe da Ucrânia, fui possuída pela ideia de que não havia explorado o lugar onde nasci. Aceitei que Nikodim seguiria um mistério, mas estava determinada a descobrir o máximo possível em Poltava. Mal consegui controlar o entusiasmo quando tomei meu lugar no ônibus, com um mapa no colo e um destino ainda desconhecido na cabeça.

Valentina reclamou para tio Tolya que estava preocupada com minhas viagens em tempos tão incertos.

— Deixe a criança ir. Somos velhos e nosso lugar é em casa, mas ela ainda tem energia nas pernas e precisa sair por aí — disse ele. — Escute o que eu digo, quanto mais você tenta segurar, mais a pessoa quer fugir. Cometi esse grande erro com meu cachorro.

Sem amarras, portanto, parti para a rodoviária para pegar o *marshrutka* seguinte com direção a lugares como Hadiach, Petrykivka ou Dnipro, cidades cujos nomes soavam familiares, embora eu jamais as tivesse visitado.

Às vezes, eu vagava por cidadezinhas com igrejas magníficas e palácios antigos à beira de lagos pitorescos. Petrykivka, berço da tradicional pintura folclórica ucraniana, foi uma de minhas descobertas favoritas. Chegando lá, fiquei encantada ao descobrir que cada parede e cada cerca estavam cobertas de cachos de sorvas, dálias e folhas de uva, como se os desenhos tivessem escapado dos cavaletes dos artistas e se espalhado pela cidade.

Outras vezes, a *marshrutka* me deixava em cidades que pareciam pertencer a qualquer lugar da União Soviética. Cheguei à histórica Hadiach e encontrei uma mistura sombria de blocos de apartamentos pré-fabricados e quartéis de concreto. O busto de um homem barbado ocupava a área central do parque da cidade, mas não havia nenhuma inscrição que o identificasse. Um homem de 30 e poucos anos, passeando com o cachorro ao redor da misteriosa figura de bronze, me viu tirando fotos e disse que era o busto de Mykhailo Drahomanov.

— Ele nasceu aqui — acrescentou, orgulhoso.

Drahomanov foi um influente pensador político ucraniano do século XIX, mas o monumento parecia pertencer ao período soviético, quando Drahomanov foi condenado como "nacionalista-burguês".

— Vocês jovens são tão ignorantes — interveio um gari idoso ao ouvir nossa conversa. — É Karl Marx. Mas, se quiserem, pode ser Drahomanov. Provavelmente foi essa a intenção das autoridades da cidade quando tiraram a placa há alguns anos. É mais fácil que restaurar a casa de Drahomanov.

Ele apontou a vassoura em direção a uma construção no fim da rua onde o escritor tinha vivido — estava tragicamente dilapidada e coberta de tábuas.

Decepcionada com Hadiach, peguei um ônibus até Reshetylivka. A cidade podia parecer moderna, mas ainda mantinha suas tradições e sua herança artística. Além disso, a fala de Valentina sobre os *rushnyky* de Pasha me lembrou dos bordados que descobri em minha primeira visita com Pani Olga, então decidi ir vê-los mais uma vez.

Reshetylivka parecia festiva ao se preparar para as comemorações do Dia da Vitória, em 9 de maio. Um grupo de mulheres limpava um memorial da Segunda Guerra Mundial. Aproximei-me para conhecer os heróis de guerra de Reshetylivka. Seus nomes preenchiam enormes placas. Eram numerosos demais para uma cidade tão pequena.

Estudantes da Faculdade de Artes de Reshetylivka se preparavam para os exames finais. As garotas estavam sentadas como que costuradas no lugar, e apenas seus dedos se movimentavam. Quando entrei na sala, Nadia Vakulenko vasculhava furiosamente uma pilha de formulários sobre sua mesa. Ao levantar a cabeça e me reconhecer, seus olhos se arregalaram e ela se levantou de um salto.

— Eu me lembro de você! Veio ano passado com uma senhora para ver nosso museu de *rushnyky*. Esperava mesmo que voltasse. A burocracia é minha nêmesis — disse, apontando os papéis sobre a mesa. — A União Soviética morreu faz tempo, mas nossas leis são de safra soviética. Gostaria de um chá?

Ela enfiou os papéis em uma gaveta, fechando-a com um estrondo. Uma aluna se aproximou para fazer uma pergunta sobre seu bordado.

— Você tem que se esforçar mais, precisa terminá-lo a tempo para a formatura — comentou Nadia.

A garota olhou para a camisa pela metade e puxou os fios pendurados.

— Não é minha culpa. Minha mãe está doente e me obriga a levar nossa vaca para pastar — retrucou.

Nadia suspirou e colocou uma das mangas em sua bolsa.

— Tudo bem, faça o máximo que conseguir hoje e vemos o restante depois.

Saímos da sala de aula.

— A mãe dela tem apenas uma doença, e é a vodca — confidenciou Nadia. — Mas, se a garota não passar no exame, vai perder a ajuda de custo. Preciso ajudá-la a terminar o bordado.

Quando conheci Nadia, presumi que ela fosse uma professora comum. Apenas meses depois, ao ler sobre o *rushnyk* especial bordado para o presidente da Ucrânia, vi seu nome e descobri que ela era uma mestre bordadeira de honra, com seu trabalho exposto em galerias e festivais pelo mundo inteiro.

— Já devo ter mencionado isso, mas temos um plano — disse ela quando entramos na sala dos professores. — As bordadeiras de Reshetylivka decidiram submeter nosso bordado branco sobre branco à Unesco para que ele seja declarado Patrimônio Imaterial. Ele se qualifica por ser único e complexo. Claro, isso significa lidar com a burocracia ucraniana e da Unesco, mas, se conseguirmos, conquistaremos outro nível de reconhecimento. E vou poder finalmente abrir minha escola.

Nadia me contou sobre os planos e me mostrou a pilha de documentos que tinha reunido para a candidatura.

— Quando vi você entrando na minha sala hoje, mal pude acreditar — disse, ligando a chaleira elétrica. — Precisamos de alguém que traduza alguns dos documentos para o inglês. São apenas algumas páginas.

Ela me lançou um olhar suplicante.

— É claro, eu faço isso para vocês.

Eu nem imaginava o que era necessário para convencer a Unesco de que uma tradição tinha valor cultural, mas a ideia me pareceu empolgante.

Enquanto a chaleira chiava e crepitava, os outros professores se juntaram a nós e logo a salinha se encheu com o clamor das vozes. Petro, o professor de pintura que eu já tinha conhecido, ainda carregava um olhar de melancolia resignada. Havia um rosto novo: o de Alla, uma professora de bordado loira e magra, cheia de energia e animação e incapaz de ficar parada. A professora de desenho Vita se juntou a nós, trazendo uma garrafa de café solúvel e um pacote de biscoitos para complementar o lanche coletivo. Nadia me apresentou como "uma visitante da Europa", o que instigou a pergunta comum e sem resposta que os ucranianos faziam quando descobriam que eu morava fora.

— E aí, como é a vida lá?

Eu já deveria ter providenciado uma resposta-padrão, mas as pessoas perguntavam com tanta honestidade que eu queria responder da mesma forma, capturando tanto o lado positivo quanto o negativo.

— Como é a vida lá? Que tipo de pergunta é essa? — Nadia deu de ombros, enquanto eu pensava em uma resposta adequada. — Todo lugar tem seus problemas. Não é como se as ruas da Europa fossem pavimentadas a ouro.

Ela serviu o chá.

— Você, querida Nadia, é uma verdadeira patriota de Reshetylivka — disse Alla, observando um prato de doces e decidindo-se por uma maçã. — Até recusou se mudar para Kyiv quando lhe ofereceram uma promoção. Imagine, você podia estar morando na capital! A Khreshchatyk, os museus, tudo que a cidade tem a oferecer, ao seu alcance.

Alla enumerou as belezas de Kyiv em um tom sonhador enquanto mastigava a maçã.

MINHA UCRÂNIA 173

— Eu estaria desperdiçando horas no metrô lotado e gastando todo o meu dinheiro com aluguel — argumentou Nadia. Ela abriu as cortinas e apontou para um prédio de apartamentos do outro lado da rua, onde morava com os dois filhos adultos. — Mas Alla está certa, Reshetylivka conquistou meu coração. Eu vim para cá para estudar tecelagem, mas, como a escola não tinha vagas na área de tapetes, eles me transferiram para o bordado. No início, fiquei desapontada, porque estava convencida de que já era uma especialista em bordado. Quando vi as diversas técnicas usadas aqui e o bordado delicado dos mestres locais, percebi como eu era ignorante. Queria aprender tudo. Até o ar de Reshetylivka me inspirou.

— Devo me corrigir — disse Alla, dando um tapinha no braço de Nadia. — Você não é apenas uma patriota. É uma romântica.

Todos, incluindo Nadia, riram.

— Aqui está alguém que entende de arte e romance — disse Nadia, tocando meu ombro. — Ela veio aqui pela primeira vez procurando os bordados de Reshetylivka e agora se voluntariou para ser nossa tradutora.

Os professores me agradeceram, enfatizando a importância do projeto para os mestres locais.

Durante uma pausa na conversa, contei que minha bisavó tinha morado em Reshetylivka antes da Segunda Guerra Mundial e perguntei se os arquivos da cidade poderiam ter alguma informação sobre minha família.

Alla virou para a professora de desenho, à sua direita.

— Vita, você não conhece a mulher que trabalha nos arquivos? Leve a garota lá e peça para eles pesquisarem no sistema.

Vita concordou e, assim que terminamos o chá, atravessamos a rua e fomos até o centro de arquivos.

Ele se resumia a uma salinha escondida no térreo da prefeitura. Era hora do almoço e a amiga de Vita, Roza, estava comendo um sanduíche em sua mesa enquanto lia um romance policial. Vita despertou sua curiosidade explicando que eu era uma "estrangeira procurando parentes na Ucrânia". Roza fechou o livro e ligou o computador.

Ela disse que o banco de dados sobre nascimentos, casamentos e mortes cobria toda a Poltava e que os registros com frequência incluíam detalhes adicionais, como documentos, autorizações de residência e talvez mais alguma informação relevante. Dei o nome completo de Asya. Roza digitou na busca e apertou um botão. A solicitação gerou uma resposta em letras maiúsculas vermelhas: "REGISTRO NÃO ENCONTRADO". Sentindo o coração afundar, dei o nome de Sergiy, e mais uma vez o computador apitou e exibiu "REGISTRO NÃO ENCONTRADO". Tentamos grafias diferentes, mas era como se não existisse nada sobre minha família — nenhum sinal de vida ou morte.

Então me lembrei de ter encontrado as antigas cartas de Asya, nas quais ela assinava como Vasylyna.

— Você poderia, por favor, tentar mais um nome? — perguntei, com medo de que Roza estivesse cansada de desperdiçar seu horário de almoço em uma busca infrutífera. — Minha bisavó foi batizada como Vasylyna, então talvez existam registros antigos com esse nome.

— As jovens da década de 1930 gostavam de escolher nomes curtos e modernos — comentou Roza. — Minha bisavó se chamava Agrippina, mas gostava de ser chamada de Ina.

Fazia tempo que eu me perguntava por que Asya tinha decidido mudar de nome, mas não me ocorreu que pudesse haver uma explicação tão simples. Ela era uma jovem prestes a deixar seu povoado e começar uma vida nova como professora. Queria um nome novo que combinasse com isso, e assim Vasylyna virou Asya.

A página ficou cinza, e um pequeno ícone de ampulheta girou enquanto a máquina zumbia.

— Consegui! — exclamou Roza. Ela viu o registro de Asya/Vasylyna com suas sequências de datas e números, levando a outros membros da família.

Roza ditou e eu anotei a informação o mais rápido que pude. Descobri que o nome de registro da mãe de Asya não era Pasha, mas Praskovia, e que a data exata em que Asya e Sergiy registraram seu

MINHA UCRÂNIA 175

casamento em 1933 era 8 de março, o Dia Internacional da Mulher — e a pior época da Grande Fome.

Sentindo que estava em uma maré de sorte, pedi a Roza que procurasse Nikodim Berezko. Meu entusiasmo devia ser contagiante, porque, embora a hora de almoço tivesse chegado ao fim e outras pessoas esperassem no corredor, Roza seguiu em frente.

— Por que não verifica no Serviço de Segurança da Ucrânia, a organização que herdou o arquivo da KGB depois da queda da União Soviética? — perguntou ela quando expliquei o que tinha acontecido com Nikodim na década de 1930. Enquanto isso, o computador buscava os registros. — Se bem que sempre me dá arrepios passar na frente daquela casa terrível.

O computador exibiu a mensagem em vermelho de "REGISTRO NÃO ENCONTRADO". Roza voltou à página com o nome original de Asya para acessar intervalos de registro.

— Minha bisavó tinha tanto medo daquela casa que sempre fazíamos uma volta para desviar dela. Ela chamava de Armadilha do Galo — contei, olhando para a tela do computador de Roza.

— Prenderam a amiga de minha bisavó Ina, mas ela foi solta depois de alguns dias. Seu cabelo ficou grisalho da noite para o dia. O que quer que ela tenha visto lá a mudou para sempre. Nunca mais chegou perto da Casa do Galo. Quem sabe Vasylyna também foi presa?

Roza continuou falando, mas eu não ouvi mais nada. Estava pasma. Não parecia provável que Asya tivesse sido presa. O comentário de Roza era uma conjectura sem base em evidências. As pessoas que eram presas pela KGB raramente voltavam para casa. Mas a ideia se fixou na minha cabeça. Que outro motivo, além de talvez ter testemunhado o que acontecia dentro da Casa do Galo, poderia explicar o medo paranoico que Asya tinha do lugar, simplesmente de ouvir seu nome?

Fui embora dos arquivos. Dei-me conta de que deveria ter parado na faculdade de bordado para me despedir de Nadia, mas meus pensamentos estavam confusos. Será que Asya foi detida? Como minha bisavó cumpridora das leis, amante das flores, esposa de um herói de guerra e comunista exemplar poderia ter sido presa? E, no entanto, por que parecia impossível? Milhares de pessoas parecidas com ela tiveram o mesmo destino. Ainda assim, eu não conseguia aceitar. Passei anos estudando ciência política, mas ainda tinha dificuldade de ligar fatos aprendidos nos livros a experiências pessoais da minha família. Analisar suas ações tendo como base o pano de fundo histórico era muito mais difícil — e mais doloroso — do que eu imaginava. Não era surpresa que meus bisavós falassem em enigmas e que, para tantas pessoas, o legado soviético ainda fosse uma herança traumática. Apenas aqueles que o louvavam ou condenavam não tinham escrúpulos em expressar sua opinião.

Eu não conseguia distinguir nada à minha frente. Tudo era um borrão. Quando cheguei à rodoviária de Poltava, fiz sinal para um táxi.

— Para a Casa do Galo, por favor.

QUARTA PARTE

A Casa do Galo

10

As melancólicas sirenas que flanqueavam a fachada da Casa do Galo pareciam prestes a alçar voo. Caminhei e parei em frente à mansão. A porta da sede do Serviço de Segurança da Ucrânia (SBU) em Poltava parecia tão pesada que tive dúvidas se meu leve empurrão a abriria, mas ela cedeu com tanta facilidade que quase perdi o equilíbrio e entrei cambaleando. O lugar que imaginei como uma casa dos horrores tinha um ar elegante no estilo *fin de siècle*. O mármore polido da escadaria ornamentada reluzia à luz do sol da tarde, e o carpete vinho que abraçava cada degrau não tinha um só grão de poeira. O hall de entrada era fresco e cheirava a perfume caro. Um guarda alto de uniforme militar examinava os cartões de identificação em um posto de controle. Dois homens de terno cinza e vários soldados estavam no hall. No momento em que entrei, viraram-se e olharam para mim.

Eu não tinha pensado em uma explicação. Até o último momento, não me imaginei entrando naquele lugar, mas, já que estava ali, precisava reorganizar meus pensamentos.

— Fui até os arquivos e lá havia algo estranho, talvez ela tenha sido presa.

Ouvi minha voz falha ecoar no teto alto. O oficial pareceu perplexo.

— Na verdade, é sobre meu bisavô. Ou melhor, o irmão dele.

O guarda continuou ouvindo, um sorriso leve surgindo no canto dos lábios. Ele deve ter achado que eu era louca.

— Seu nome era Nikodim, e ele desapareceu. — Finalmente deixei escapar.

Os homens de terno olhavam para mim de um jeito que deve ter sido ensinado na escola da KGB — tentando abrir caminho até o âmago do meu ser e ler meus pensamentos mais íntimos. Mas talvez minha imaginação fértil estivesse me pregando uma peça.

Tentei mais uma vez.

— O que fazer quando se procura por alguém que desapareceu na década de 1930? Acho que ele foi preso. Liguei para vários arquivos e procurei por toda parte, mas sempre acabo dando de cara com um beco sem saída. Onde mais eu deveria procurar?

Minha voz, ainda estranhamente alta e tensa, viajou pelo corredor. Gotas de suor se formavam em minha testa e escorriam pelas laterais do meu rosto.

O oficial pegou um bloquinho e anotou um endereço.

— Temos uma divisão de arquivos. Pode perguntar lá — disse, me entregando um pedaço de papel. — Fica a cinco minutos de caminhada daqui, o nome é Arquivo Estatal Setorial do Serviço de Segurança da Ucrânia. Eles têm um balcão aberto ao público, tenho certeza de que poderão ajudá-la.

Ele olhou para o relógio e confirmou que o local estaria aberto. Li o que ele escreveu, agradeci e saí.

No entanto, o endereço parecia não existir. Passei duas horas circulando a vizinhança e, mais de uma vez, dei de cara com uma parede. De maneira literal: a rua inteira era um canteiro de obras, e havia apenas uma pequena cerca onde o departamento de arquivos deveria estar. Sempre que eu pedia informações, as pessoas me olhavam perplexas.

— Arquivo do SBU? Aberto ao público? Vá até a Casa do Galo. Não que aqueles KGBistas vão ajudá-la — disse uma mulher regando um canteiro de flores.

Por mais que a organização de segurança trocasse de nome, continuava sendo a KGB.

MINHA UCRÂNIA

— Moramos aqui há mais de cinquenta anos, e é a primeira vez que ouço falar de uma divisão de arquivos — foi a resposta coletiva de três avós que comiam sementes de girassol e cuidavam dos netos.

— Mocinha, por que está atrás do diabo? — perguntou um senhor idoso vestindo um terno de três peças e chapéu antes de se afastar, sem me dar chance de responder.

Virei em ruas erradas e me perdi no labirinto de becos estreitos, placas de construção e casas abandonadas. O complexo de edifícios da era soviética tinha inúmeros pátios internos e um sistema de numeração que incluía letras e frações que não seguiam a lógica. Parecia apropriado Asya chamar a Casa do Galo de "armadilha". Eu estava na versão pós-soviética do filme *Labirinto* e não tinha mais esperança de sair dela, muito menos de encontrar meu destino. Ainda assim, fui de prédio em prédio, de casa em casa, tentando a sorte. Descobri que, enquanto o centro de arquivos era evasivo, os antigos escritórios da KGB eram onipresentes — um lembrete dos tentáculos do Estado totalitário. Alguns eram construções discretas em ardósia cinza com detectores de metal na entrada.

— Como você entrou aqui? — gritou um soldado armado no momento em que abri uma porta.

Bati em retirada às pressas, a descarga de adrenalina me deixando tonta. Outros lugares eram escritórios silenciosos em torres residenciais. As ruas ao redor não tinham nome.

Finalmente, cheguei à divisão de arquivos, escondida sob os arcos de pedra de uma passagem escura. A placa dizia que o local estava fechado. A ansiedade e a longa procura me deixaram exausta demais para me sentir desapontada. Agora que tinha encontrado o prédio, podia voltar outro dia. Mas ainda tinha a sensação de estar em uma zona de penumbra, em que nada era o que parecia.

Ao passar em frente à Casa do Galo no caminho de volta até a rodoviária, vi o oficial que me deu o endereço. Ele estava fumando em frente à porta, aproveitando o sol da tarde e os olhares de admiração das mulheres. Quando me viu, acenou e perguntou se eu tinha encontrado o lugar. Expliquei que o escritório já estava fechado e que teria que voltar outra hora.

— Podemos ligar pela linha interna para Elena Ivanovna, a oficial encarregada dos arquivos — disse ele.

Jogou a bituca de cigarro no cinzeiro ao lado da entrada e, galante, segurou a porta para mim. Hesitei e, então, enveredei pelo corredor, mais perplexa que grata. Eu esperava uma espécie de emboscada, uma manobra para me prender. O oficial discou um número e me entregou o telefone. A voz feminina do outro lado da linha soou como a de alguém que não tinha paciência para conversa fiada. Expliquei que estava procurando uma pessoa desaparecida da minha família e que tinha esgotado todas as possibilidades. Dei o nome de Nikodim.

— Vai ser difícil encontrar alguma informação apenas com o nome — disse a mulher.

Encarei a parede branca de mármore diante de mim e segurei o telefone com mais força.

— Também preciso entender o que você está procurando e por quê. A maior parte dos arquivos antigos da KGB continua sob sigilo. Então, primeiro preciso entrevistar você. Quarta-feira, às 9 horas da manhã, em nosso escritório. É conveniente para você?

Respondi que sim. Então lembrei a promessa que fiz a Valentina e disse que antes precisava falar com minha avó.

— Então me ligue quando decidir — disse Elena Ivanovna, desligando.

Meu celular tocou assim que saí da Casa do Galo. De início não entendi que era nossa vizinha Sasha.

— Volte para casa agora mesmo! — gritou ela.

Será que Valentina soube que fui à Casa do Galo e estava irritada? Pensei, irracionalmente.

— Sua avó caiu e partiu a coluna — disse Sasha, e tudo ao meu redor paralisou. — Tentei ligar para Dmytro, mas ele está em Kyiv.

MINHA UCRÂNIA 183

Corri pela rua até o ponto de ônibus. Estava vazio, indicando que o ônibus tinha acabado de sair. Fiz sinal para um táxi, que passou direto. Liguei para chamar um carro, mas, frustrada por ficar em uma espera indefinida ao som de Mozart, desliguei. Rolei a lista de contatos em meu celular procurando outra empresa de táxi e o nome de Yaroslav passou rapidamente. Liguei para ele.

— Yaroslav, você não deve se lembrar de mim, mas ano passado você me levou com minha avó até os povoados... — comecei a dizer.

— Vika. Eu me lembro. Vocês queriam saber sobre seus parentes. Como está sua avó?

— Algo terrível aconteceu com ela, mas não consigo encontrar um carro para voltar a Bereh. Estou no centro de Poltava.

— Eu vou buscá-la. Onde você está?

Olhei para as sirenas vermelhas e voluptuosas.

— Na Casa do Galo.

— Mas o que você está fazendo aí?! Quer saber, não me diga. É melhor não fazer perguntas sobre esse lugar. Estou indo.

Dez minutos depois, o carro de Yaroslav chegou e eu entrei.

— Estaremos em Bereh antes do que você imagina — disse ele, pisando no acelerador e fazendo o motor roncar.

Mais uma vez, o portão estava aberto e o quintal, cheio de vizinhos a quem Sasha tinha chamado pedindo ajuda. Sem fôlego, empurrei-os para o lado e vi que Valentina estava sentada no banco esfregando um dos lados do corpo. Ela estava corada e parecia constrangida.

— Escorreguei na grama e caí de costas — contou ela. — Não foi nada de mais. Só um pequeno hematoma.

Ela mostrou uma marca azul no braço. Seu celular tocou e ela atendeu.

— Dmytro, estou bem. Não foi nada. Sasha está fazendo tempestade em copo d'água — disse ela.

— Mesmo pequenas quedas podem ser perigosas — argumentou Yaroslav, que tinha me seguido até o jardim. — Deixe-me levá-la ao hospital para que a examinem, só para termos certeza de que está tudo bem.

O rosto de Valentina ficou vermelho e seus lábios se retesaram.

— Já disse que estou bem. Não preciso que nenhum médico me diga algo que já sei.

Ela se levantou e entrou em casa mancando, deixando para trás Sasha e os demais vizinhos, que balançaram a cabeça e saíram do nosso quintal.

— Ela tem medo de médicos — falei a Yaroslav, me desculpando pela resposta brusca.

— Minha mãe também — comentou ele, entrando no carro. — Mas, se ela mudar de ideia, me ligue.

No dia seguinte, Valentina acordou sem conseguir caminhar. A queda agravou antigas lesões, acumuladas ao longo de anos levantando baldes de água pesados e se abaixando para arrancar ervas daninhas. Ignorar o estiramento só piorou tudo, e ela suportou o tipo de dor que deixaria uma pessoa mais jovem sem fôlego. Cuidou da horta sob um calor sufocante e teve insolação. Tratava de seus ferimentos à maneira do Cavaleiro Negro do Monty Python — que sem os dois braços e uma perna, e sangrando profusamente, continuava gritando "Sou invencível!". Ninguém da família conseguia convencê-la de que cuidar de si mesma era mais importante que cuidar do jardim.

A dor que irradiava da lombar de Valentina a paralisou. Ela permaneceu deitada na cama, aplicando compressas quentes nas costas. Quando sugeri irmos ao hospital, ficou irritada e gritou que médicos não sabiam de nada. Valentina sempre teve medo de hospitais, e as histórias dos vizinhos sobre clínicas do governo dilapidadas e serviço ruim apenas reforçavam sua paranoia. Dmytro e eu tentamos persuadi-la, ameaçá-la e até suborná-la para que aceitasse a ida ao melhor hospital privado de Poltava, mas não pudemos convencê-la. O melhor que conseguimos fazer foi cuidar da casa até que ela se recuperasse.

Tio Tolya veio animá-la.

MINHA UCRÂNIA

— Minha mãe dizia que para curar essas dores é preciso esfregar as costas em um pinheiro atingido por um raio. Mas vou dizer uma coisa, é tudo besteira. A única coisa que dá jeito em todas as dores é o caixão.

Abrindo covas para os mortos, tio Tolya tinha pouca experiência consolando os vivos.

Com o tempo, a dor diminuiu, mas Valentina emergiu da recuperação com o ânimo abatido. Insistia que sua força estava se esgotando e, sempre que falava de acontecimentos futuros, dizia que talvez não os visse acontecer. A mudança causada pela queda foi tão dramática que eu mal reconhecia minha avó cheia de energia naquela mulher mal-humorada.

— Não há nada pelo que esperar — repetia ela, com frequência. — Daqui para a frente, é só ladeira abaixo. A velhice é isso: solidão e trevas.

— Mas estamos aqui com você — retrucava eu, sem forças. — E seus projetos? Você queria redesenhar o pomar...

Valentina levantou uma das mãos, me interrompendo.

— Como se isso fosse fazer alguma diferença. Entreguei meus melhores anos a esta terra e agora sou uma velha em ruínas.

Esses comentários não pareciam estranhos para nossos vizinhos que vinham visitá-la. Como um coro grego, eles aceitavam o lamento e compartilhavam os próprios infortúnios. Algumas reclamações eram sobre a guerra ou o aquecimento global. Outras tinham um sabor distintamente local, como o mofo amarelo das macieiras de Sasha ou o novo tipo de praga da batata que tio Tolya tinha percebido.

— Não há mais nada de bom — diziam, saindo para cuidar de suas hortas.

O cronograma de plantio da batata seguia sacrossanto, a despeito das crises mundiais.

Valentina, por outro lado, perdeu o interesse pelo jardim. Os pacotes de sementes e as tabelas de plantio acumulavam poeira. Ela passava horas sentada na sala de jantar, olhando para o chão e suspirando.

Vê-la reduzida àquela apatia me doía. Ela franzia o cenho quando eu me oferecia para plantar cenouras.

— Para quê? — retrucava.

Eu queria deitar a cabeça na mesa e chorar. Esperava que Valentina continuasse com a fala habitual sobre não viver o bastante para ver as cenouras amadurecerem, mas, em vez disso, ela acrescentou, seca:

— Você não sabe nada sobre plantar cenouras.

A esse respeito, minha avó tinha razão.

Certa tarde, após o chá, eu estava sentada à mesa de jantar editando as fotos de nossa viagem a Mykhailivka, enquanto minha avó fazia uma compressa quente nas costas.

— Esta foto não ficou linda? — perguntei, mostrando a imagem de nós duas em frente à casa onde Valentina cresceu.

Minha avó sorriu.

— Comprei esse casaco em Kharkiv — disse, apontando para o casaco de sarja bege que ela estava usando na foto. — Deve ter sido há seis ou sete anos. Sua mãe queria ir lá para ver o lugar onde moramos, e nos divertimos tanto. Foi a última vez que comprei algo bonito para mim.

Ela alisou os vincos do agasalho que vestia e olhou para ele com uma expressão crítica.

— *Babushka*, vamos a Kharkiv. Você pode me mostrar onde estudou, aonde ia com meu avô, onde sua mãe nasceu. Podemos ir aos seus cafés favoritos. Ao museu. Vamos comprar roupas novas.

Meus pensamentos correram e meus dedos digitaram "passagens de Poltava para Kharkiv" na busca do navegador antes mesmo que Valentina pudesse responder. Esperava que ela usasse o pomar ou a saúde como desculpa para acabar com meus planos, mas ela sorriu e disse:

— Kharkiv é um lugar que eu amei de verdade.

Ela não percebeu que a compressa tinha caído no chão.

— Foi o lugar que escolhi para mim. Os outros lugares, incluindo Bereh, foram escolhidos para mim, por meus pais ou meu marido, mas Kharkiv era minha.

Para Valentina, Kharkiv significava os dias mais felizes de sua juventude e a emoção dos anos na universidade. Ela estudou muito para conseguir um lugar cobiçado na Universidade Nacional de Kharkiv, uma das mais antigas e respeitadas da União Soviética. Quando, apesar das boas notas, o nome de Valentina acabou na lista de espera, Asya ficou furiosa. Ela disse a Sergiy que reclamasse com a administração da universidade. Sergiy disse que isso não era digno dele, mas ela insistiu. Ao contrário do marido, ela não acreditava no sistema e em sua justiça.

— Ao contrário daqueles *apparatchiks* do partido cujos filhos conseguem vagas prioritárias, você lutou na guerra. Por que deveria se envergonhar de lembrá-los de quem foi que se sacrificou de verdade? — argumentou Asya.

A imagem de Sergiy de muleta carregando o peso de suas honras militares foi suficiente para que a administração da universidade abrisse espaço para mais uma aluna no departamento de geografia.

O país ainda se recuperava da Segunda Guerra Mundial quando minha avó iniciou os estudos na universidade, mas era o início da década otimista de 1950 e — depois da morte de Stalin — do Degelo de Khrushchev. Valentina estava otimista. Ela ouviu Khrushchev denunciando Stalin e acreditava que os feitos terríveis do passado se deviam a um único homem perverso. Queria ter esperança de que o futuro seria brilhante. Estava ansiosa para descobrir a cidade, conhecer pessoas novas e curtir a vida. Queria esquecer os dias sombrios da guerra que ainda a assombravam.

Em Kharkiv, Valentina dividia um quartinho com duas estudantes e, quando não estava na biblioteca, passeava pelo Museu de Belas Artes, que ficava ao lado de seu apartamento. Quando minha avó o descobriu, o museu ainda cheirava a reboco e tinta e as salas eram meio vazias — evidências da pilhagem da guerra. Ainda assim, mesmo os fragmentos que restavam da coleção eram impressionantes e incluíam obras de mestres como Volodymyr Borovikovsky, Dmytro Levytsky, Ivan Aivazovsky, Ilya Repin e Taras Shevchenko — este renomado poeta ucraniano também foi um pintor talentoso. Valentina aprendeu aqueles nomes em livros, mas ficou impressionada com a beleza e o poder das telas. Ela conseguia ver como o artista usava o pincel para aplicar cor — enxergava até mesmo os sulcos deixados pelas cerdas duras —, fazendo a tinta cair em camadas precisas para evocar a textura do cabelo ou do tecido. Observava o modo como manchas brancas criavam o resplendor da renda, a opalescência das pérolas ou o brilho da luz do sol na água. E via as imagens se unindo para contar uma história sobre amor, beleza, traição ou morte. As palavras eram supérfluas. Ela conseguia ler a tela e entendê-la. Era como se tivesse levantado um véu e vislumbrado outro mundo.

O despertar de Valentina foi agridoce. Em contraste com o prazer das visitas ao museu, a área de estudos que ela escolheu era monótona. Fazer o pai usar suas honrarias para garantir uma vaga no departamento de geografia tinha sido um erro, mas trocar de curso estava fora de questão. Ela gostava de participar dos seminários, mas se via em uma carreira de planos de cinco anos e horas intermináveis, calculando o número de tratores necessários para equipar uma fazenda coletiva. Valentina começou a preencher o tempo livre com o máximo de arte possível, assinando revistas, juntando-se a expedições arqueológicas, guardando o dinheiro da comida para ir a peças e exibições de filmes e, por capricho, dançando no conjunto folclórico amador.

A dança era o meio pelo qual a jovem tímida podia se expressar melhor. Valentina gostava de se deixar encantar pela música, seguindo seu ritmo e fazendo a melodia fluir pelo corpo. Amava que a dança podia ser suave como uma valsa ou exuberante como uma polca. Sua reputação de boa dançarina se espalhou pela universidade e ela foi convidada a apresentar uma *csárdás* húngara no baile de formatura. Costurou um lindo e completo traje — uma jaqueta preta justa e uma saia vermelha rodada —, e sua dança foi um sucesso tão grande que ela foi chamada para um bis.

— Alguém gostou tanto da sua dança que pediu para ser apresentado a você — disse sua amiga Lina com um sorrisinho conspiratório ao encontrar Valentina nos bastidores. — O nome dele é Boris.

MINHA UCRÂNIA 189

Alguns dias depois e por insistência de Lina, Valentina foi a uma reunião de estudantes. Assim que entrou, viu dois jovens usando camisas de um verde brilhante no centro da sala tocando canções populares. Eles pareciam o reflexo um do outro — os mesmos cachos penteados para trás revelando testas altas, o mesmo tom de pele oliva, os mesmos olhos azuis risonhos. Um deles tocava acordeão, enquanto o outro cantava.

— Aquele é o seu Boris — sussurrou Lina, apontando para o cantor.

Boris e seu irmão Evgen estudavam engenharia no Instituto de Aviação de Kharkiv. Por coincidência, também eram de Poltava. Embora fosse impossível distinguir um do outro — e os irmãos explorassem o efeito esmagador de sua beleza em dose dupla vestindo as mesmas roupas —, os dois eram opostos completos. Boris era estudioso, responsável e dedicava seu tempo a cursos e projetos comunitários, enquanto Evgen jamais deixava passar a oportunidade de ser a alma da festa com seu acordeão e uma lista de músicas. Era paquerador, engraçado e generoso ao extremo, mas foi pelo sensato Boris que Valentina se apaixonou. Kharkiv em maio proporcionou o *mise en scène* romântico, e os dois logo se casaram. Um ano depois, minha mãe nasceu, e assim Kharkiv marcou uma nova página na história da minha família.

Todos os dias, eu pedia a Valentina que me contasse novas histórias sobre o seu tempo em Kharkiv e ela sempre mergulhava em suas memórias com tanto entusiasmo que o chá da tarde se estendia até o jantar. Nossos serões terminavam depois da meia-noite, quando o relógio preguiçoso da sala marcava 12 batidas relutantes e nos lembrava de que era hora de descansar. Mas era como se minha avó tivesse um estoque de histórias para me contar e não quisesse parar de falar. Todas as noites antes de irmos para a cama, eu a lembrava de que, quando suas costas estivessem curadas, iríamos a Kharkiv. Toda noite, Valentina concordava. Descobri que ela não estava concordando só para me alegrar quando perguntou o que faríamos com a casa e o jardim durante nossa ausência.

— Falei sobre isso com Dmytro, e ele prometeu ficar aqui — respondi.

— E tio Tolya vai cuidar do jardim. Ele não anda pedindo mais trabalho?

— Eu negligenciei tudo, não foi?

— O descanso é importante.

— Não, chega de descanso. Precisamos trabalhar.

— Primeiro, precisamos ir a Kharkiv — retruquei, com firmeza.

— Nós vamos. Eu prometo.

Os habitantes de Bereh eram capazes de aceitar o comportamento mais excêntrico e imoral de seus vizinhos, mas não um jardim negligenciado. No dia seguinte, tio Tolya veio e anunciou que, querendo ela ou não, iria capinar os canteiros.

— Quando vocês duas decidirem alguma coisa, este lugar já vai ter virado uma selva. — Ele agarrou um regador e uma enxada e pediu que eu pegasse uma cadeira dobrável para Valentina. — Eu trabalho e a vovó comanda.

Valentina protestou, mas como tio Tolya não estava ouvindo, ela o seguiu até o jardim. Eu estava pendurando a roupa no quintal e vi quando ele arrumou uma cadeira para minha avó sob a sombra de uma pereira e começou a capinar os canteiros de alho.

— Hoje está um dia quente e ensolarado. — A voz de tio Tolya ecoou pelo pomar. — Quer dizer que Deus tem planos para todas as coisas.

De início, Valentina ficou em silêncio, torcendo as borlas de seu xale, mas, enquanto tio Tolya arrancava as ervas daninhas, ela se levantou da cadeira e apontou alguma coisa nos canteiros de vegetais.

— Está deixando todos esses brotos de dentes-de-leão para trás. Um dia de chuva e eles vão crescer o suficiente para sufocar meu alho — ressoou sua voz, impaciente e mandona. Parecia a Valentina que eu conhecia.

Daquele dia em diante, tio Tolya voltou regularmente para ajudar. Algumas manhãs, ele chegava com buquês de narcisos ou pequenos galhos com flores de cerejeiras que enchiam nossa casa com o aroma inebriante de amêndoas tostadas.

— Quem imaginaria que um sujeito tão rústico como tio Tolya pudesse ser tão romântico? — disse minha avó, enfiando o rosto na espuma de pétalas brancas.

Ela foi até sua penteadeira e passou algumas gotas de seu perfume de íris favorito. Perguntei-me se poderia haver algo mais que uma amizade calorosa entre Valentina e tio Tolya, mas não quis me intrometer. Eles eram opostos completos em muitos aspectos, mas gostavam da companhia um do outro. Sobre a bandeja de chá na sala de jantar, uma caneca grande com o desenho desbotado de um galo sempre aguardava a visita de tio Tolya.

Quando as flores de cerejeira murcharam, minha avó já tinha se recuperado o bastante para a viagem. Comprei as passagens de trem até Kharkiv e mostrei-as a Valentina como a prova de um fato consumado. Íamos viajar juntas mais uma vez.

Kharkiv acordava com o farfalhar das vassouras dos garis, o zumbido melódico dos bondes acelerando pelas ruelas estreitas e o brilho do sol da manhã. Valentina e eu tomamos um ônibus na estação, atravessamos uma ponte sobre um rio lamacento e passamos por prédios antigos cobertos de anúncios de manicures, cerveja e assessoria jurídica. Os imponentes blocos de *novostroiki* soviéticos — literalmente, "prédios novos" que não eram mais novos — se esgueiravam colados a igrejas modernas que desejavam parecer antigas.

Apesar das mudanças pelas quais a cidade passou desde que ela era estudante, consegui imaginar com facilidade como Valentina deve ter se sentido na primeira visita. Kharkiv não tinha o esplendor de Kyiv nem o charme bucólico de Poltava, mas exalava grandeza. Os prédios se erguiam, enormes, as ruas eram largas e os monumentos, descomunais.

Aquela também era uma cidade de placas memoriais. Em cada esquina, um herói tinha morrido e um poeta, escrito um verso. Além disso, percebi muitos pontos vazios de onde as placas tinham sido removidas. Alguns heróis não eram mais heróis.

— Quer tomar café da manhã primeiro? — perguntei a Valentina quando chegamos ao centro da cidade.

Nosso trem tinha partido cedo demais para que tomássemos café da manhã em casa, e minha avó estava tão preocupada com a viagem que comeu muito pouco no dia anterior.

Escolhemos um café na rua Sumska, no centro da cidade, e nos sentamos perto de uma janela que dava para uma avenida larga. Valentina olhou ao redor, apontando os prédios novos e lamentando o estado dos antigos.

— Pelo menos, a comida é muito melhor do que nos dias da minha juventude — comentou, saboreando as panquecas de maçã que tínhamos pedido. Estavam cobertas de camadas fofas de creme azedo e polvilhadas com açúcar de confeiteiro. — Quando eu era estudante, este lugar era uma lanchonete e só oferecia pão doce e um copo de *kefir* por alguns copeques.

As panquecas exalavam o aroma de canela e baunilha e, famintas depois da viagem de trem, comemos com avidez.

— Conheci Nikolai, filho de Nikodim, aqui — contou Valentina. — Foi como soube da existência do pai dele.

Meu garfo caiu no chão, salpicando de creme azedo a toalha da mesa.

— Eu ainda estava no ensino médio quando fui para Moscou visitar minha amiga Aniuta. Lá conheci o irmão dela, Vania. Ele foi meu primeiro amor.

Valentina ou não percebeu minha agitação ou fingiu ignorá-la. Eu não tocava no nome de Nikodim desde a conversa explosiva que tivemos um ano antes, e essa revelação inesperada dela me pegou de surpresa. Também não entendia o que o amor antigo de Valentina tinha a ver com Nikodim. Como cresci ouvindo sobre o amor que meus avós sentiam um pelo outro, a ideia de Valentina apaixonada por outra pessoa me fez esquecer o assunto original.

MINHA UCRÂNIA   193

— Você teve um primeiro amor! E o vovô Boris?

Valentina riu e acenou para a garçonete me trazer outro garfo.

— Era diferente. Vania e eu trocávamos cartas, e, quando eu já estava na universidade, ele veio me visitar em Kharkiv. Como não podia pagar por um hotel e eu não podia convidá-lo a ficar no meu quarto, ele dormia em um banco no zoológico. Além disso, fui visitar Vania em Leningrado, onde ele estudava na Escola Naval Nukhimov. Vendi alguns cortes de seda que Asya havia me dado e comprei uma passagem de trem. — Valentina riu e saboreou a própria travessura. — E Asya nunca soube disso!

Então, as cartas de Vania pararam de chegar. Valentina imaginou que o jovem tivesse se cansado do relacionamento a distância e encontrado outra pessoa, mas era orgulhosa demais para escrever e pedir uma explicação.

— Mas pode ter acontecido alguma coisa com ele, ou as cartas terem se perdido — sugeri.

— Uma dama não pode se rebaixar a perseguir homens — respondeu Valentina, estufando o peito e dando mais uma risada. — Bom, eu era jovem e orgulhosa demais. Anos se passaram. Eu era recém-casada e, enquanto estava grávida da sua mãe, fiquei na universidade trabalhando em minha dissertação. Um dia, recebi uma carta de Asya sobre uma visita estranha de seu sobrinho Nikolai Berezko, filho de Nikodim, irmão de Sergiy. Até então eu nunca tinha ouvido falar de Nikodim ou de Nikolai. Asya disse que Nikolai vivia em Belgorod e que tinha enviado um telegrama a Bereh sobre um assunto urgente que precisava discutir comigo. Ela também disse que ele apareceria em Kharkiv para falar comigo. Duas semanas depois, ele apareceu e me explicou que tinha recebido uma carta endereçada a mim, mas que não estava mais com ela.

— Que estranho.

Valentina assentiu.

— Achei que ele era maluco. Então, sugeri que conversássemos em um café porque estava com medo de ficar sozinha com ele.

Depois de uma pausa longa e constrangedora, Nikolai explicou que sua esposa, Valentina Berezko, tinha recebido uma carta de alguém chamado Vania, na qual ele dizia ainda pensar nela e que esperava receber notícias. Nikolai estava convencido de que a carta tinha sido escrita por um ex-namorado da esposa e o casal teve uma briga que quase terminou em divórcio. Nikolai escreveu para Vania exigindo uma explicação. O homem, então, percebeu que tinha escrito para a Valentina errada. Ele tinha visto a reportagem em um jornal sobre Valentina Berezko ter recebido um prêmio por superar as metas de produção na fábrica onde trabalhava e imaginou se tratar da jovem com quem tinha perdido o contato. Impetuoso, escreveu uma carta e mandou para a fábrica mencionada no artigo. Com a resposta raivosa de Nikolai, ele percebeu seu erro e pediu perdão por ter causado ansiedade indevida ao casal.

— Eu não pensava mais nele e estava apaixonada por meu marido e ansiosa por novas aventuras juntos. Mas admito que me lembrar daquele jovem que me escrevia cartas de amor apaixonadas mexeu com muitas memórias boas. — Valentina olhou pela janela e sorriu. Então balançou a cabeça e virou-se para mim. — Mas Nikolai veio me encontrar sem a carta. Ele disse que a tinha destruído porque estava com medo que meu marido a lesse e se irritasse.

De repente, me senti melancólica. Aquelas histórias não passavam de estranhas coincidências, todas levando a uma perda.

Valentina percebeu minha expressão abatida e estendeu a mão para acariciar a minha.

— Mas que tipo de vida eu teria com um capitão do mar? Como o tio Tolya gosta de dizer, "todos os capitães do mar são alcoólatras".

Rimos até as lágrimas escorrerem e os demais fregueses do café olharem para nós, curiosos.

— Depois disso, Nikolai passou a visitar Bereh de vez em quando, levando para Asya suprimentos da fábrica de produtos químicos onde trabalhava. Ele não contou isso para a própria família. Era um homem quieto e intenso e nos deixava desconfortáveis, principalmente Asya. A princípio, eu não sabia por quê...

— Nikolai mencionou o que tinha acontecido com o pai dele? — interrompi, impaciente para descobrir a conexão com Nikodim.

— Nunca. Foi a própria Asya quem citou o nome dele. Ouvi uma briga entre ela e Sergiy sobre ir à Casa do Galo procurar por Nikodim, e ela culpou Nikolai por "desenterrar tudo isso". Sergiy argumentou dizendo que todos os riscos tinham ficado no passado e que ele precisava saber. E Asya retrucou que, se tudo tinha ficado no passado, Nikodim também podia descansar em paz por lá.

Valentina tirou um lenço bordado do bolso e limpou os lábios. Percebi que ela tinha passado um pouco de batom cor-de-rosa para nossa viagem. Senti uma pontada no coração. Estávamos na cidade que guardava as memórias mais alegres da minha avó e, mesmo ali, éramos assombradas pela história de Nikodim. Também pensei em quando perdi o meu pai, e essa lembrança repentina doeu. Eu também era assombrada.

— Sergiy prometeu não fazer nada — continuou Valentina. — Eu o encontrei no pomar mais tarde, naquele mesmo dia. Ele estava podando os galhos de cerejeira com uma determinação feroz. Suas mãos tremiam. Queria consolá-lo de alguma forma, mas, antes que eu dissesse qualquer coisa, ele começou a falar. Contou que Nikodim era o irmão que ele mais admirava na juventude. Quando ele foi preso, meu pai ficou arrasado. Ele acreditava no comunismo e na União Soviética como uma ideia. Acreditava no irmão. Ou tinha sido um engano ou Nikodim cometeu mesmo um crime terrível. Sergiy queria procurá-lo, mas Asya protestou. A simples sugestão de uma solicitação formal sobre alguém que talvez tivesse desaparecido na Casa do Galo a aterrorizava. Ela o proibiu de fazer qualquer coisa. O irmão mais velho de Sergiy, Ivan, também tinha medo que uma solicitação como aquela pudesse prejudicar a família toda. No fim, Asya, Ivan e o medo que sentiam da Casa do Galo silenciaram Sergiy — disse Valentina. — Nunca mais falamos do meu tio Nikodim. Preferimos esquecer.

Mas, como descobri no diário de Sergiy, ele nunca o fez.

— Errei ao proibir você de procurar por ele — concluiu Valentina, apertando minha mão. — Foi uma coisa egoísta de se fazer, e eu sinto muito. Não me dei conta de que eu mesma vivia com medo da Casa do Galo, mas prometo que, se quiser continuar sua investigação, vou ajudar você.

Valentina estendeu a mão e acariciou meu rosto.

— Meu pai ia querer que você encontrasse Nikodim.

Pressionei a mão dela contra meu rosto, sentindo sua aspereza e seu calor.

Voltamos de Kharkiv e, no dia seguinte, corri até o pomar para encontrar a árvore com o tronco oco. Coloquei a mão lá dentro e senti uma trouxa de pano — minhas anotações sobre Nikodim que eu tinha enterrado um ano antes, logo depois de brigar com Valentina. O papel estava encharcado e o que estava escrito nele, ilegível, mas não importava. Eu sabia qual fio seguir.

11

O portão bateu com um estrondo violento atrás de mim, isolando do lado de fora a cidade com suas multidões de passageiros matinais, as tílias altas espalhando confetes perfumados de pétalas, pontos de ônibus batizados em homenagem a heróis comunistas esquecidos e velhas mansões escondendo sua elegância desbotada sob camadas de anúncios da Pepsi. Entreguei meus documentos a um guarda uniformizado que usava a insígnia nas cores da bandeira ucraniana, amarela e azul. Ele olhou para o meu passaporte americano e franziu o cenho, puxando a fita que o funcionário do consulado havia usado para adicionar páginas de visto extras.

— Fique aqui — disse, desaparecendo com meus documentos no espaço cavernoso à direita da entrada.

"Nunca renuncie a uma cela de prisão ou uma tigela de esmola" era um provérbio que minha avó Asya recitava como alerta de que a vida é imprevisível e nunca sabemos o que o destino nos reserva. E ali estava eu, na penitenciária da cidade de Poltava. Olhei para os blocos de concreto cinzento, o arame farpado e as barras de metal nas janelas.

O guarda voltou e me escoltou até uma pequena construção próximo à entrada principal, abriu a porta pesada de metal e fez sinal para que eu entrasse.

— Siga por aqui — disse, ainda me olhando com indisfarçável desconfiança.

Entrei no corredor comprido e escuro e avancei alguns passos incertos até que vi uma poça de luz no chão e uma porta entreaberta. Bati e entrei sem esperar por uma resposta.

Em contraste com o ambiente soturno, o setor de arquivos instalado na prisão municipal tinha a atmosfera de um escritório administrativo comum, prosaico e desinteressante. A sala tinha várias fileiras de mesas. Os tampos amarelados de fórmica exibiam uma fina teia de veios. As pastas de arquivos se amontoavam sobre as mesas e chamaram tanto a minha atenção que de início não percebi que havia outras pessoas na sala. Uma mulher alta, de cabelos escuros e vestindo um terninho cinza, apertou a minha mão e me ofereceu uma cadeira.

— Nos falamos ao telefone — disse ela. — Meu nome é Elena Ivanovna, e este é meu colega dos arquivos.

Ela apontou para um homem magro e calvo em trajes civis escrevendo em uma das mesas, mas não o apresentou. O olhar indiferente dele passou por mim e voltou para as anotações.

Depois de voltar de Kharkiv, telefonei para ela e disse que estava pronta para marcar um horário. Ela me convidou a ir aos arquivos da prisão municipal de Poltava e, naquele momento, me encarava, curiosa.

— O que quer descobrir? — perguntou.

Os contos de fadas de Asya tinham um personagem chamado Ivan, o Tolo, que sempre partia em missões impossíveis para "Deus sabe onde", atrás de "Deus sabe o quê".

Pois eu me senti a tola tentando explicar à oficial que estava procurando um homem que desaparecera na década de 1930 — alguém sobre quem eu sabia tão pouco que minha busca não fazia sentido nem mesmo para minha família. Eu só tinha um nome: Nikodim.

— Quando ele sumiu? — perguntou ela, virando para o computador. — Quando...

Não consegui ouvir a pergunta porque um barulho estridente entrou na sala pela janela aberta, nos ensurdecendo. Esses sons não me assustavam mais.

MINHA UCRÂNIA

— Pelo amor de Deus, o que estão fazendo? — perguntou ela ao colega, estremecendo. — Eles precisam estar aqui a esta hora?

O colega deu de ombros e apontou para o teto. Alguém no andar de cima tinha decidido que os novos recrutas treinariam no estádio de futebol ao lado da prisão municipal. Não saberia dizer se o homem se referia aos seus superiores ou a algum ser onipotente. Ele fechou a janela. Os sons ficaram abafados e distantes.

— Então, quando essa pessoa...

Ela estava mais irritada comigo e com minha solicitação tola que com o barulho.

— Nikodim Berezko — lembrei-a.

— Isso. Quando ele desapareceu?

Foi na década de 1930, mas eu não sabia o ano.

— Em que ano ele nasceu?

Eu me remexi na cadeira e admiti que eu também não sabia.

— Poderíamos muito bem ler borra de café — comentou a mulher, apertando um botão abaixo do monitor e fazendo o computador parar de zumbir. — Não posso basear minha pesquisa em informações tão escassas.

Os barulhos abafados pareciam fogos de artifício e eu estava praticamente esperando ver explosões de cores. Mas o céu parecia azul e imperturbável através das barras na janela. Nós três ficamos em silêncio. Pigarreei, sem saber o que dizer. A consulta estava encerrada.

— Por que quer encontrar esse homem? — perguntou Elena, cruzando os braços sobre o peito e olhando para mim.

Naquele dia de verão em plena guerra entre a Rússia e a Ucrânia, como eu poderia transmitir a uma arquivista da ex-KGB que estava procurando um tio desaparecido havia quase um século porque queria dar sentido ao presente e compreender a história da minha família?

— Outra pessoa da sua família foi presa? — continuou ela.

Fiquei paralisada. Lembrei-me de minhas suspeitas de que Asya talvez tivesse vivido algo na Casa do Galo e por isso tinha tanto medo dela.

— Vasylyna Oleksiyvna Berezko — respondi e logo acrescentei: — Mas é apenas uma desconfiança.

Ela assentiu.

— Vou dar uma olhada em nossos arquivos. Mas preciso pelo menos da data de nascimento desse Nikodim ou da data da prisão. Berezko é um nome comum.

Prometi que perguntaria para minha família e fui embora, me sentindo mais desesperada à medida que me aproximava da resolução do mistério — e mais ela me escapava.

— Você sabe se Asya foi presa? — perguntei a Valentina e na mesma hora me arrependi pelo início tão abrupto.

O rosto de Valentina ficou vermelho e os nós de seus dedos embranqueceram em volta da xícara de chá que ela segurava. Queria tê-la preparado antes de contar o que tinha descoberto durante a minha visita aos arquivos da ex-KGB, mas as palavras escaparam antes que eu pudesse controlá-las.

Cuidadosamente, minha avó colocou a xícara sobre o pires.

— Como você sabe, Asya trabalhou na escola de Zhyrkovka durante a ocupação nazista e, como resultado, foi chamada para interrogatório no NKVD. Ela e Pasha passaram a noite inteira arrumando a mala dela e fazendo planos para nós, os filhos, caso ela não voltasse.

Minha avó levantou e foi até o armário onde guardava velhas porcelanas embrulhadas em jornal e pilhas de lençóis amarelados. Do fundo de uma das gavetas, tirou uma pasta de papel bege, frouxamente enrolada em uma toalha.

— Asya não foi acusada de nada, mas a partir de então precisou ser cuidadosa. Tinha certeza de que seu dossiê estava ativo na KGB e de que podia ser presa de novo sem aviso — disse Valentina, me entregando a pasta.

MINHA UCRÂNIA

Li letras pesadas em fonte serifada volumosa: *Lichnoe Delo.*

Isso significa "assunto confidencial" em russo, mas a pasta e seu conteúdo contradiziam essa expressão. Não havia nada de confidencial no dossiê mantido sobre minha bisavó, Vasylyna Oleksiyvna Berezko, nascida Bylym.

O arquivo continha os formulários que Asya preencheu e os que outros preencheram por ela — pedidos de licença médica ou transferências de emprego. Parecia uma biografia estendida. Incluía data e local de nascimento, classe social dela e dos pais, informações sobre irmãos e marido e seus empregos, e perguntas como se ela falava alguma língua estrangeira (nenhuma), se tinha defendido uma tese de doutorado (em branco) ou viajado para fora do país (nunca).

Em outra seção, encontrei declarações pessoais sobre Asya escritas por seus colegas de trabalho. Continham comentários anódinos — "uma colega valorosa", "uma educadora respeitada", "uma cidadã exemplar", mas, para alguém na posição de Asya, essas frases teriam sido as melhores recomendações. Em um pedaço de papel transparente como uma casca de cebola, encontrei uma longa descrição dela como alguém "política e moralmente confiável" que estava "estudando a história dos povos da URSS em seu tempo livre".

Uma visão emoldurada de um fim de tarde de verão flutuou em minha mente: as copas dos altos arbustos de lilases tingidos de vermelho pelo sol poente, o ronco distante de um trem passando e a sinfonia atonal de sapos, rouxinóis e cachorros do povoado. O jardim coberto de tinas baixas de madeira cheias de bulbos de tulipa. Nossa tarefa é limpar as folhas em excesso e dividir os bulbos por tamanho. Tenho apenas 10 anos, mas já sei fazer isso, assim como cortar brotos de rosas ou plantar tubérculos de dálias. Os pedaços endurecidos de terra se tornam reluzentes bolinhas de gude nos dedos ágeis de Asya, e a pilha de folhas cor de ferrugem cresce. Ela está sentada em um banquinho baixo, as pernas, cobertas de varizes azuladas, estendidas. O vestido cor de lavanda que ela usa em casa é fechado por botões vermelhos em formato de flor. Um pente de casco de tartaruga brilha à luz amarelada de uma lâmpada pendurada quando Asya se abaixa para pegar mais um bulbo de tulipa.

— Mãe, chega dessas tulipas, venha comer — chama Valentina, dentro da casa.

Asya faz que não com a cabeça. O sol se põe rapidamente atrás das tílias no horizonte. Asya e eu continuamos até não conseguirmos mais distinguir os bulbos do crepúsculo. Valentina abaixa as mãos exasperada e manda que eu entre para me lavar e comer o jantar.

— Ela só quer saber desse jardim. Até no leito de morte vai estar preocupada com ele — diz Valentina, olhando para a mãe.

Minha Asya não teria lido sobre a história dos povos da União Soviética em seu tempo livre, mas aquele arquivo em minhas mãos não era sobre minha bisavó. Não era uma ficha criminal, porque não continha menção a infração ou delito. Era um simples dossiê com informações pessoais e de trabalho, mas poderia ser usado para acusá-la de qualquer coisa. As informações reunidas pareciam insípidas, mas a maneira minuciosa com que tinham sido compiladas e as perguntas repetidas sobre sua classe social e seu nível de escolaridade deixavam a impressão de que seu crime seria inferido a partir dos detalhes mais irrelevantes. Tais minúcias, descobertas e distorcidas por um promotor, seriam o suficiente para levar a qualquer conclusão. Asya poderia ser inocentada ou condenada — e, nesse caso, não seria capaz de fazer nada a respeito. Não era à toa que ela vivia com medo da *Armadilha do Galo*.

Será que a pessoa que a descreveu como "política e moralmente confiável" ajudou? Será que as autoridades acharam que uma professora de escola primária não valia o trabalho de uma prisão e uma condenação? Asya nunca mais foi intimada a ir à Casa do Galo. No entanto, o arquivo pessoal permaneceu. Folheei as últimas páginas não preenchidas e estava prestes a fechar a pasta quando vi uma tira estreita de papel com um escrito à mão em tinta roxa. Não era maior que uma caixa de fósforos e tinha sido inserida dentro da capa. Tive que forçar a abertura para ler a frase: "Membros familiares presos: Nikodim Pavlovych Berezko, cunhado. Ano da prisão: 1937."

Valentina voltou à sala quando eu estava lendo o arquivo. Mostrei-lhe o papel.

— Então, você encontrou Nikodim — disse ela.

Mais uma vez, o portão da prisão se fechou atrás de mim com um estrondo. Aquele seria meu segundo encontro com Elena Ivanovna, a oficial encarregada dos arquivos da polícia secreta. Mais uma vez, Valentina deu sua bênção em sinal de aprovação para aquela busca.

A oficial me perguntou novamente o que eu esperava encontrar. Virou-se para o armário e remexeu pilhas de documentos.

Eu não sabia o que responder. Ela se referia a um tipo de documento ou de informação, mas para mim a pergunta tinha um quê existencial. Pensei em jornadas a lugares desconhecidos revelados por um labirinto de histórias familiares. Não estava atrás de uma acusação ou absolvição. Eu procurava a verdade, mas que verdade era essa eu não sabia. Repeti que estava em busca de informações sobre meu tio-bisavô Nikodim e que não tinha muito em que me basear, além dos fragmentos que consegui reunir: o diário de Sergiy mencionando Nikodim Berezko e o dossiê sobre Asya indicando a prisão dele em 1937. Também lembrei que os registros da fazenda coletiva de Maiachka davam o ano de nascimento de Nikodim como 1900.

Elena Ivanovna fechou o armário e virou-se para mim. Ela segurava um arquivo. A capa verde estava marcada por carimbos borrados e linhas escritas à mão. "Público." As páginas presas entre as grossas capas de papelão tinham bordas esfareladas e deixaram um pó amarelado sobre o tampo de fórmica da mesa.

— Foi mais fácil de encontrar do que eu esperava. O nome completo de Nikodim foi suficiente. Mas devo alertá-la sobre uma coisa antes que você leia — disse Elena, ainda segurando o arquivo com firmeza. — Era 1937 e eles tinham cotas a cumprir.

Ela apontou para a mesa e as prateleiras que iam do chão ao teto, cheias de pastas parecidas. Um arquivo, uma vida. Havia centenas deles no pequeno escritório.

— Leia nas entrelinhas.

Ela depositou o arquivo à minha frente e saiu, fechando a porta atrás de si.

O nome na pasta dizia "Nikodim Pavlovych Berezko". Toquei a capa manchada e hesitei. Ali estava o documento que eu queria encontrar havia tanto tempo, mas não conseguia abri-lo.

Em uma rara tarde de folga do jardim, Asya me levou até o rio. Ela havia se sentado à margem enquanto eu andava na ponta dos pés à beira d'água. Lembro de uma franja espessa de juncos farfalhantes e, onde a água encontrava a areia, uma faixa viscosa de lodo. A superfície da água era calma e preta, refletindo as nuvens e os choupos prateados da outra margem. Parecia sem fundo e assustador. Fiquei ali parada, tremendo e indecisa, molhando os dedos dos pés.

— Feche os olhos e pule — gritou Asya. — Um, dois, três... Já!

Mergulhei, mirando a parte funda, mas mantive os olhos abertos. Quando meus pés perderam o contato com o chão, quando a corrente fria me puxou para baixo, quando o céu ficou verde-musgo através da cortina pesada de água, senti um pânico queimar meu coração. Mas então outra força me puxou para cima, rompendo a superfície escura e me devolvendo ao céu azul, ao sol e a Asya.

Contei até três e abri o arquivo de Nikodim.

A primeira página incluía sua biografia e transcrições de interrogatórios, escritas na mesma caligrafia, presumidamente a do superintendente da polícia, e rubricadas por Nikodim. A parte que mencionava sua origem camponesa de classe média estava sublinhada. O restante das transcrições estava datilografado e incluía cópias de declarações feitas por outros envolvidos no caso. Cada página estava carimbada e autenticada.

MINHA UCRÂNIA

A linguagem mecânica da transcrição e as frases familiares que eu ouvia na escola — "conspiração contrarrevolucionária", "agitador da população", "opiniões antissoviéticas", "nacionalismo burguês", "Alemanha fascista" — faziam o arquivo parecer uma trama pré-fabricada, não uma narrativa da qual extrair a verdade. Mas era o único fio que eu tinha para me guiar por aquele labirinto, se queria encontrar Nikodim. O único fio, além da menção de Sergiy.

Comecei a ler. E nas entrelinhas.

12

No dia 24 de agosto de 1937, três homens à paisana bateram à porta de uma cabana com teto de palha no povoado de Lozuvatka e pediram ao chefe da família, Nikodim Berezko, que os acompanhasse à delegacia de polícia de Poltava. Parecia um mal-entendido, porque Nikodim não era o tipo de homem que desobedecia à lei. Ele era professor de escola primária. Sua vida antes da Revolução de 1917 também era exemplar. Ele ajudou os pais na fazenda que tinham em Maiachka e cuidou dos irmãos. Alguns diziam que, quando jovem, foi responsável por um incêndio na igreja, mas outros argumentavam que isso era mentira, espalhada por ele ser franco quanto às suas opiniões bolcheviques. Era igualmente aberto sobre sua aversão à religião, embora seus pais devotos o tivessem batizado com um nome ortodoxo clássico. De qualquer forma, o tribunal de Maiachka o absolveu de qualquer crime ligado ao incêndio. Os bolcheviques tomaram o poder no dia 7 de novembro de 1917, mergulhando o país na guerra civil, e Nikodim, a duas semanas de seu aniversário de 17 anos, juntou-se aos Guardas Vermelhos. Um ano depois, seu grupo de *partisans* se uniu ao Exército Vermelho, e ele lutou em suas fileiras durante quatro anos, até ser gravemente ferido em 1922. Foi quando se estabeleceu em Maiachka, se casou e conseguiu emprego em um moinho de água. Os antigos ferimentos, no entanto, tornavam sua vida miserável. Em vez de prejudicar ainda

MINHA UCRÂNIA 207

mais o próprio corpo carregando pesados sacos de farinha, Nikodim decidiu continuar os estudos.

Em 1923, a ucranização começou a ser implementada. Ela consistia em políticas soviéticas que tornavam obrigatório o uso do idioma ucraniano em escritórios do governo e criou oportunidades para que os camponeses estudassem. A visão de Lênin incluía exportar a revolução para outros países, e a Ucrânia Comunista seria o modelo. Os bolcheviques argumentavam que, para urbanizar a Ucrânia, precisavam criar um ambiente mais acolhedor para os recém-migrados do interior, e isso significava obrigar as cidades a falar ucraniano, e não russo.

De repente, surgiu uma grande demanda de professores do idioma. Como falante de ucraniano da classe camponesa e ex-*partisan* Vermelho, Nikodim tinha lugar garantido. Ele se juntou à Faculdade dos Trabalhadores vinculada à Universidade de Pedagogia de Poltava e terminou seus estudos com distinção. Com o diploma, Nikodim podia dar aulas noturnas para adultos, um emprego que pagava bem o bastante para ele sustentar a família. A certa altura, sua esposa Fekla, que tinha ficado em Maiachka, foi morar com ele em Poltava, e a filha deles, Vera, nasceu lá em 1926.

Contudo, perto do fim da década, a lua de mel entre o Partido Comunista e a Ucrânia acabou, e o "nacionalismo burguês ucraniano" foi declarado uma ameaça à integridade da União Soviética. A ucranização foi substituída por uma russificação agressiva. Editoras e teatros, que tinham florescido nos anos anteriores com o uso do idioma ucraniano, foram fechados e seus líderes, expurgados. Nikodim saiu ileso, mas seus serviços como professor se tornaram dispensáveis. Ele perdeu sua única fonte de renda e teve que voltar a Maiachka. Mal conseguia pagar as contas. Sua situação era tão desesperadora que ele parou de pagar as taxas de filiação ao Partido e foi expulso. Ele entrou em contato com alguns de seus camaradas do Exército Vermelho para pedir ajuda, e uma das pessoas que respondeu às suas cartas foi Iakov

Vashlenko. Os dois se conheceram em 1917, quando faziam parte do mesmo grupo de *partisans*, e lutaram lado a lado durante cinco anos. Vashlenko deixou o exército no mesmo ano que Nikodim em razão de ferimentos e se mudou para Lozuvatka, um pequeno povoado entre Poltava e a então chamada Dnipropetrovsk, onde trabalhava como presidente do conselho local. Ele escreveu que a nova escola do povoado precisava de um diretor e sugeriu que o cargo poderia interessar a Nikodim. Quando os últimos vestígios da ucranização foram eliminados em 1934, Nikodim chegou com a família a Lozuvatka para assumir a vaga na escola.

No mesmo ano, Fekla deu à luz seu segundo filho, um menino chamado Nikolai, mas a ocasião feliz foi ofuscada pela situação financeira da família, cada vez pior. O salário na escola primária era baixo, e a cada ano a saúde de Nikodim piorava. Conseguir uma pensão ou benefícios se provou mais difícil do que ele imaginava. Os burocratas exigiam provas de sua participação no movimento da Guarda Vermelha, e ele reunia resmas de papéis e testemunhos só para que pedissem ainda mais papéis e mais testemunhos. Nikodim sentia raiva por um apoiador leal como ele, que tinha ajudado a construir o jovem Estado soviético, ter que implorar uma pensão miserável e mendigar por ajuda.

Como muitas pessoas em Lozuvatka passavam por dificuldades, críticas às políticas soviéticas eram comuns. As fazendas coletivas eram mal administradas, e os equipamentos ou não eram adequados para aquele solo, ou não recebiam manutenção certa. Alguns argumentavam que, em vez de comprar tratores, a fazenda coletiva deveria comprar touros, o tradicional animal de trabalho nos campos da Ucrânia. Havia muitos ressentidos com as mudanças da década anterior, principalmente com a coletivização forçada que controlava todos os aspectos de suas vidas. Os sobreviventes da fome devastadora de 1932 e 1933 estavam desorientados e confusos. As consequências da coletivização foram tão desastrosas quanto muitos haviam previsto,

MINHA UCRÂNIA   209

incluindo pessoas do Partido Comunista, como Nikolai Bukharin, que ousou chamar a abordagem estalinista de "irresponsável" em um artigo no *Pravda*. Se dependesse apenas de Nikodim, ele não inscreveria a família na fazenda coletiva de Lozuvatka.

Sem esperança de receber uma pensão, ele só podia se lamentar com seu antigo comandante Vashlenko, que acabou se tornando seu vizinho em Lozuvatka. A experiência da guerra aproximou os dois homens, e Nikodim visitava o amigo com frequência depois do trabalho. Os outros vizinhos também apareciam e, como eram analfabetos, Nikodim lia em voz alta os jornais, que eram a principal fonte de informação sobre o mundo na vila.

Os homens ouviam atentamente. As reportagens do *Pravda* e do *Izvestia*, os principais jornais da União Soviética na década de 1930, mantinham os leitores em um estado permanente de euforia com as notícias sobre safras recordes de trigo e de algodão ou sobre uma produção de aço sem precedentes por toda a União Soviética. Em 1937, no entanto, a ameaça de uma nova guerra estava no ar. Quando o Japão iniciou uma política ativa de expansão e a Alemanha se rearmou, a mídia soviética lançou a imagem de um Estado infalível. "Forte e poderoso é o Exército Vermelho da terra dos sovietes! Mantém-se firme em guarda, protegendo as fronteiras do grande país, sempre pronto para derrotar um inimigo que ousar atacar a União Soviética. Mais de uma vez aqueles que tentaram testar a esperteza e a vigilância de nosso Exército receberam um golpe severo", anunciava o artigo do *Pravda*.

Esse triunfalismo se alternava com a paranoia, e o *Pravda* alertava os cidadãos contra os destruidores maliciosos que tramavam planos para minar a União Soviética. Eles ilustravam suas previsões com o Caso da Organização Militar Antissoviética Trotskista.

Nos jornais soviéticos da década de 1930, a denominação "trotskista" personificava todo o mal. Figura proeminente na Revolução Bolchevique, Leon Trotsky se tornou um crítico de Stalin e de suas políticas. Foi exilado da União Soviética em 1929, mas o caso que levava seu nome, o Processo Trotskista Antissoviético, virou parte crucial dos expurgos estalinistas. Não seria nem o primeiro nem o último expurgo na União Soviética, mas os expurgos de 1930 foram os mais mortais quando comparados às primeiras repressões no interior do Partido Comunista. À medida que a rede se estendia na busca por inimigos internos, mais pessoas eram apanhadas nela.

Os jornais publicavam relatos sensacionalistas identificando uma figura célebre atrás da outra como inimiga do povo. O general Mikhail Tukhachevsky, o reformador do Exército Vermelho, foi acusado de conspiração militar e espionagem. Outro caso famoso envolveu Nikolai Bukharin. Apenas alguns anos antes, Bukharin era o secretário-geral do comitê executivo da Internacional Comunista e, embora tenha sido deposto em 1929 em razão de divergências com Stalin quanto à coletivização, manteve sua influência como editor do *Izvestia*. Isso não impediu que o jornal publicasse matérias questionando a lealdade de Bukharin. Uma carta ao editor escrita por operários de uma fábrica enviava "uma saudação calorosa aos bravos trabalhadores do NKVD e seu líder, o leal camarada estalinista Yezhov", e pedia ao governo que investigasse as atividades criminosas de Bukharin e seus apoiadores para "limpar o solo soviético" de tais elementos perigosos.

Nikodim não compartilhava suas opiniões ao ler os jornais em voz alta para os vizinhos, mas, quando estava sozinho com Vashlenko, era mais sincero, por confiar em seu antigo comandante e respeitar suas opiniões.

Embora não falasse sobre as prisões do alto escalão do Exército Vermelho, Vashlenko acreditava que os Guardas Vermelhos eram perseguidos pelo governo soviético e seus direitos, ignorados. Ele também teve sua cota de frustrações para conseguir a própria pensão e se sentia atropelado pelos novos comunistas de carreira que, a seus olhos, não eram bolcheviques de verdade. No entanto, ele só podia falar, pois era um homem de poucos meios e ainda menos influência.

Em 1937, os expurgos ganharam força. De acordo com a lógica do sistema estalinista, se destruidores tinham sido descobertos nos mais altos escalões do governo, eles deviam estar presentes em todas as camadas da sociedade soviética. Em julho de 1937, foi lançada a campanha dos "ex-cúlaques" e outros "elementos antissoviéticos". Os bolcheviques definiam como cúlaque um camponês que acumulava riqueza e, durante a campanha de coletivização, qualquer pessoa que resistisse a entregar suas terras era assim rotulado. A família de Sergiy, com seus seis hectares de terra, teria corrido esse risco se os irmãos não tivessem decidido entregar a terra à fazenda coletiva de Maiachka. Muitos dos chamados cúlaques já tinham sido executados ou enviados para a Sibéria no início da década de 1930, mas a nova "iniciativa de erradicação do cúlaque" tinha uma natureza diferente e muito mais imprevisível. Novos grupos foram destinados à eliminação: padres, ex-membros da oposição, oficiais militares, minorias étnicas e sabotadores da agricultura e da indústria.

Então, ainda nessa época, Stalin assinou uma ordem que transformou o expurgo do alto escalão em uma caça às bruxas em toda a sociedade. Ele criou as tríades especiais do NKVD para investigar crimes e aplicar punições, sem direito a apelação. Conforme comentou um comissário do povo, trabalhar com as tríades era simples, porque "elas ensinavam as pessoas a destruir inimigos de maneira rápida e eficiente". A mesma eficiência foi aplicada na elaboração das cotas de prisão. A cota original para Poltava foi fixada em 5.500 presos. Mas as autoridades locais ucranianas enviaram uma carta a Stalin pedindo que ela fosse aumentada. Como seus pares nas fábricas de algodão e nas siderúrgicas, os trabalhadores do NKVD queriam superar as metas oficiais e mostrar seu zelo. A solicitação foi atendida.

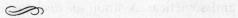

Quando Nikodim foi levado para a delegacia de Poltava no dia 24 de agosto de 1937, os homens à paisana não disseram que ele estava sendo preso. Apenas pediram que os acompanhasse. Ele se despediu da esposa e dos filhos e foi.

Na prisão de Poltava, o secretário do ramo municipal do NKVD, Nikolai Zdykhovsky, pediu a Nikodim que preenchesse um questionário, direcionando sua atenção a seus antecedentes e suas atividades pré-revolucionárias. Nikodim não escondeu que sua família era dona de muitos hectares de terra antes da revolução. "Ele próprio é um mendigo e não tem nada mais que uma cabana e um galpão", escreveu Zdykhovsky em seu relatório. Então, Nikodim forneceu breves biografias de seus irmãos, e o secretário registrou que seu irmão Mykyta serviu ao antigo regime. Ele sublinhou essa informação.

A pergunta seguinte surgiu do nada. Zdykhovsky perguntou se Nikodim Berezko admitia ser membro de uma organização contrarrevolucionária, cujo objetivo era criar uma Ucrânia independente. Ele não foi recrutado para a organização em 1936 por Iakov Vashlenko, ex-Guarda Vermelho e seu ex-comandante? Como diretor de tal organização, Vashlenko não reunia pessoas em sua casa para conversas antissoviéticas? Nikodim respondeu que não. Disse que, se às vezes falavam mal do poder soviético, era apenas em razão das dificuldades financeiras e dos problemas no abastecimento de comida no povoado. Eles achavam que alguns líderes comunistas locais não respeitavam os Guardas Vermelhos apesar de seus sacrifícios — e como poderiam não achar isso quando seus benefícios eram negados e eles eram afastados de cargos de autoridade?

Disse que nem ele nem Vashlenko insuflavam pessoas contra o governo soviético. Se desabafavam, era só um com o outro. Afirmou não saber sobre nenhum envolvimento de Vashlenko em organizações antissoviéticas. Assinou sua declaração.

Os interrogatórios continuaram.

MINHA UCRÂNIA   213

As perguntas se sucediam.

A sondagem era intermitente.

Então, Nikodim cedeu.

Disse que, um dia, enquanto lia um jornal, Vashlenko o interrompeu para dizer que, em 1933, a fome foi criada propositalmente pelo governo soviético para obrigar as pessoas a aderir às fazendas coletivas e esmagar a resistência daqueles que se opunham. Nikodim disse que discordou e que Vashlenko respondeu que o governo soviético tinha levado os grãos da Ucrânia quando as pessoas mais precisavam e os vendido por moeda forte no exterior.

A princípio, Nikodim confessou ter participado do movimento contrarrevolucionário criado por seu ex-comandante na Guarda Vermelha, Vashlenko. E depois admitiu seu papel como um dos mentores do levante antissoviético — embora continuasse negando que qualquer um de seus vizinhos estivesse envolvido.

Teria Nikodim acreditado que, dando algumas informações ao interrogador, as torturas cessariam e ele seria deixado em paz? Foi um equívoco que muitos acusados cometeram, sem perceber — ou sem querer acreditar — que sua acusação era ditada pela necessidade do Estado de desmascarar os chamados inimigos. O delito real de Nikodim era irrelevante e o único objetivo, conseguir uma confissão e mais nomes.

Nos interrogatórios seguintes, Nikodim citou nomes. Listou seus vizinhos Kovtun, Bondar e Burlaka como membros que recrutou para a organização antissoviética. O interrogador registrou que todos eles cantavam "A glória e a liberdade da Ucrânia ainda não morreram", "o hino nacionalista burguês".

Somando aqueles nomes à confissão, o interrogador pressionou Nikodim a admitir que seu grupo recebia ordens de superiores em Dnipropetrovsk e que as instruções teriam sido entregues pelo irmão de seu vizinho Trofim Chervony, que as repassou para Nikodim com o pretexto de vender redes de pesca. Nikodim pôde ler a confissão de

Vashlenko, que mencionava as redes de pesca e mensagens secretas de Dnipropetrovsk.

Após lê-la, Nikodim admitiu ser um dos recrutadores da conspiração trotskista para minar o governo soviético e estabelecer uma Ucrânia independente. E assinou sua confissão.

Os registros do NKVD capturaram apenas uma pequena parte do que aconteceu entre o acusado e o interrogador. Faltava a pressão psicológica para persuadir o acusado a confessar. A tortura também não estava lá. O NKVD de Poltava da década de 1930 tinha a reputação de ter um elaborado arsenal de "métodos avançados de interrogatório".

A mosca que zumbia pela sala bateu na janela com força e me assustou. Levantei a cabeça e vi, ao longe, os blocos cinzentos da penitenciária com o arame farpado em cima dos muros. Diante de mim, havia páginas amarelo-escuras preenchidas com uma caligrafia redonda e uma assinatura: "Nikodim Berezko".

Aqueles arquivos eram um misto de mentiras e fragmentos de verdade, e segui o conselho da arquivista de ler nas entrelinhas. Mas eu sabia que algumas partes do documento não tinham sido inventadas. De repente, me dei conta de que Sergiy falava sobre Nikodim com frequência. Pedaços de conversas voltaram à minha memória com tanta clareza que era como se alguém tivesse aberto a janela e deixado a luz entrar. Essa constatação foi tão surpreendente que levantei da mesa e andei de um lado para outro da sala.

Sergiy teve cinco irmãos; um deles, Fedir, morreu lutando na Segunda Guerra Mundial. Como meu bisavô dizia simplesmente "meu irmão" ao falar de qualquer um deles, imaginei que Fedir fosse o herói morto que Sergiy mencionava. Lembrei-me de quando ele me contou uma história sobre seu irmão mais velho, que tinha 17 anos ao se juntar aos Guardas Vermelhos — o primeiro da família —, e como proibiu Sergiy, então com 12 anos, de deixar as irmãs para trás, dizendo que ele era uma mente brilhante e que seu papel era ensinar, não lutar.

MINHA UCRÂNIA

Abri meu caderno e examinei datas e acontecimentos. Sem sombra de dúvida, o irmão de quem Sergiy falava não podia ter sido outro que não Nikodim. Sergiy contava com orgulho sobre o *irmão* ferido na Guerra Civil que se dedicou com tanta diligência aos estudos inacabados que conseguiu um diploma escolar e concluiu os cursos da Faculdade dos Trabalhadores na Universidade de Poltava. Os registros de Maiachka diziam que os demais irmãos permaneceram na fazenda coletiva do povoado — a mesma fazenda cujas terras eles cederam ao Estado. Nikodim e Sergiy foram os irmãos que partiram para Poltava e se dedicaram ao magistério.

Crescendo perto de Sergiy, ouvi suas histórias tantas vezes que acabei ignorando-as ou imaginando que já as conhecia muito bem. Mas, quanto mais velha eu ficava, mais eu discutia com ele. Estava cansada de suas histórias cheias de moral, que pintavam o mundo como um lugar cruel que precisava do comunismo como solução. Até mesmo suas menções à honra e à valentia dos cossacos começaram a parecer estranhas e artificiais.

— O que essa sua revolução conquistou? — perguntei um dia. — Desfiles e filas intermináveis?

Odiava as marchas obrigatórias em comemoração à Revolução de 1917 ainda mais do que ficar em filas. Os últimos anos da era soviética foram uma época de escassez endêmica, quando até itens básicos como papel higiênico desapareceram das prateleiras. Quando isso aconteceu, cortamos edições antigas do *Pravda* para usar quando íamos ao banheiro. Sergiy era o único que usava o periódico com seu propósito original. Em 1989, eu não entendia por que alguém abriria mão de tudo pelo país destruído em que vivíamos. O cinismo de Asya era mais próximo do meu. Quando fui embora da Ucrânia, as histórias de Sergiy desapareceram da minha memória.

De volta a Bereh, não tive dificuldade em ouvir a voz de Asya. Quanto mais eu pensava na minha bisavó e caminhava pelo jardim plantado por ela, mais eu me lembrava de nossas conversas noturnas e de detalhes sobre sua vida. Mas as histórias de Sergiy seguiam elusivas.

Sentei-me à mesa e voltei ao arquivo. Avançando na leitura, me lembrei de algumas delas. A ironia amarga de descobrir a voz do meu bisavô graças aos documentos do NKVD me fez hesitar, mas eu estava sobrecarregada com o peso de tantas lembranças para me ater a isso. Os fragmentos se juntavam, formando padrões. Lembrei-me de ter reclamado, um dia, da lição de língua ucraniana da escola, dizendo que não entendia por que tinha que desperdiçar meu tempo com um idioma que não usava em casa. Sergiy estava reclinado no assento de um veículo blindado inoperante que fazia às vezes de cadeira de jardim. Ele balançou a cabeça e disse que, apesar de a língua não ser a essência de uma pessoa, ela tinha sido usada por nossos ancestrais. As pessoas estavam dispostas a morrer pelo direito de falar ucraniano, continuou ele, como aconteceu com seu irmão mais velho, que morreu lutando por uma Ucrânia livre. A frase exata foi "morreu lutando por uma *vilna Ukraina*". Ele disse isso com firmeza, articulando cada palavra e enfatizando o termo *vilna*. Como Asya, Sergiy falava comigo em ucraniano. *Vilna* queria dizer livre, liberta, mas também independente e autônoma. Anos depois dessa conversa, a Ucrânia se tornaria um país independente, e a palavra *vilna* assumiria uma conotação diferente para mim. Na época, no entanto, eu tinha tão pouca consciência de qualquer identidade nacional que não fosse a soviética que jamais teria feito essa conexão. Presumi que meu bisavô estivesse falando de Fedir, morto na batalha do Dnieper em 1943, e me senti constrangida por minhas reclamações egoístas. A história tinha um ângulo moralista, mas naquele dia, depois de mencionar o irmão, Sergiy ficou em silêncio e perdido nos próprios pensamentos por um bom tempo.

"Irmão Nikodim desapareceu na década de 1930 lutando por uma Ucrânia *livre*", escreveu Sergiy no diário azul. Por uma *vilna Ukraina*.

MINHA UCRÂNIA 217

Meu bisavô não usava as palavras sem pensar. Essa característica de sua personalidade foi uma das minhas recentes descobertas sobre ele. Relendo seus manuais de ensino ou suas cartas, fiquei impressionada com a precisão e a clareza de sua prosa. Ele apreciava o poder das palavras. Durante a guerra, Sergiy foi um *zampolitruk*, um comissário político encarregado da educação ideológica das tropas. Quando o Exército Vermelho sofreu uma série de derrotas no início da Segunda Guerra Mundial, os comissários políticos se tornaram figuras influentes em suas unidades. Um comissário político se dividia em ser parte capelão, parte propagandista, e uma de suas responsabilidades era encontrar as palavras certas para levantar o moral dos soldados.

Se Sergiy quisesse falar do irmão morto durante a Segunda Guerra Mundial, teria usado um clichê como "morreu em batalha contra os ocupantes nazistas". Mas "morreu lutando por uma 'Ucrânia livre'" soava diferente. Sergiy só podia estar falando de Nikodim.

Foi assim que percebi que nem tudo no arquivo era mentira. E também soube que Nikodim morreu enquanto estava preso, porque, embora os relatórios dos interrogatórios continuassem, eles perderam qualquer aparência de verdade.

Li a primeira parte do arquivo tão depressa que não percebi que alguns trechos tinham sido riscados e reescritos. Por exemplo, a organização contrarrevolucionária a que Nikodim teria se associado foi definida na primeira vez como uma conspiração trotskista contra o Partido Comunista e o Estado soviético. "Conspiração trotskista" foi então riscado e outra pessoa escreveu "uma organização nacionalista burguesa com o objetivo de estabelecer uma Ucrânia independente". Segundo outra seção, Vashlenko teria comentado que o programa trotskista era mais adequado aos camponeses soviéticos que a ideologia vigente do Partido Comunista. O parágrafo, então, foi riscado e reescrito para dizer que Vashlenko teria sugerido que o programa trotskista era melhor para os camponeses ucranianos que o regime soviético. E assim por diante. Como o nacionalismo ucraniano havia se tornado o principal mal a ser desmascarado e destruído, o caso de Nikodim precisava se encaixar no novo enredo. Afinal, alguém o ouviu cantar o hino ucraniano proibido e ele não negou tê-lo feito.

De interrogatório em interrogatório, o caso crescia em magnitude e absurdo. A organização se tornou não apenas um grupo contrarrevolucionário, mas uma conspiração para minar o Estado soviético como um todo. Além de Nikodim, Vashlenko, Trofim, Kovtun, Bondar, Burlaka, outras pessoas foram acrescentadas à lista: qualquer um que tivesse o azar de ser próximo dos acusados — vizinhos, padrinhos de seus filhos, seus colegas nas fazendas coletivas. Vashlenko foi citado como tendo dito que seria fácil destruir o governo, desde que todos fizessem algo a respeito. Então, o tio de Trofim, que tinha quebrado o cortador de grama da fazenda coletiva, foi acusado de fazer parte da organização contrarrevolucionária de Lozuvatka e de ser um sabotador. Outro membro da família foi preso e acusado de plantar sementes de modo que murchassem. O papel de Nikodim evoluiu de recrutador a agitador — aquele que, como professor de escola, teria incutido pensamentos antissoviéticos na mente jovem e maleável de seus alunos.

Mais tarde, quando Stalin voltou sua preocupação para as fronteiras e a situação internacional da União Soviética, a lógica do NKVD mudou e o caso de Nikodim precisou ser revisado mais uma vez. Os documentos enquadravam as atividades de Nikodim e Vashlenko como uma conspiração contrarrevolucionária para estabelecer um Estado burguês ucraniano apoiado pelos "poderes fascistas da Alemanha e da Polônia". O golpe teria sido programado para "o início da guerra entre a URSS e as nações capitalistas". Descobriu-se que a organização tinha líderes e células em todo o leste da Ucrânia, até as margens do Mar Negro em Odessa. De acordo com o arquivo, entre 1931 e 1934, a célula de Lozuvatka angariou dinheiro para as potências estrangeiras e, por

MINHA UCRÂNIA

meio de seus contatos em Dnipropetrovsk, transferiu para o exterior toda a quantia com a finalidade de comprar armas. Um depoimento que mencionava a apreensão de um rifle quebrado na casa de Trofim foi devidamente incluído. Outro documento anexado ao arquivo era um interrogatório do colega de cela de Nikodim: o polonês disse que, durante o encarceramento, Nikodim havia se gabado de fazer parte de um golpe planejado que tinha o apoio e as diretrizes ideológicas da Alemanha e da Polônia.

No entanto, o caso de Nikodim nunca foi a julgamento porque ele se suicidou depois de um dos interrogatórios. Ou era o que dizia o arquivo.

Li a declaração do carcereiro. Nikodim voltou para a sua cela à 1h30 do dia 11 de setembro de 1937. Às 6h30, ele foi acordado pelo carcereiro, assim como os demais prisioneiros. Às 8h30, recebeu pão de café da manhã. Nikodim pediu fósforos ao homem. Quando este voltou com o chá alguns minutos depois, encontrou Nikodim pendurado nas "grades da porta". O carcereiro não encontrou sinais de vida no corpo e determinou que o prisioneiro tinha se enforcado com um pedaço rasgado do forro de seu casaco. A declaração concluía que, durante os interrogatórios, o prisioneiro tinha se comportado com calma, sem revelar intenções suicidas.

A quantidade de detalhes e sua enumeração cuidadosa era muito suspeito. Por que Nikodim pediu fósforos? Por que decidiu se enforcar no curto intervalo entre o recebimento do pão e do chá? A maior parte dos interrogatórios do NKVD acontecia de madrugada porque a privação do sono era uma técnica comum. Nikodim poderia ter colocado o plano em prática a qualquer hora do dia — e não no momento em que seria mais provável ser descoberto. Além disso, como as grades da porta ficavam na altura dos olhos, seria complicado se enforcar nelas. Li nas entrelinhas e a história de suicídio soou tão falsa quando a ideia de que lavradores pobres e criadores de porcos analfabetos enviavam dinheiro para a Alemanha com o objetivo de derrubar o governo soviético.

Oito pessoas foram acusadas de participar da conspiração de Lozuvatka. Os supostos mandantes, Vashlenko e Trofim, foram condenados a trabalhos forçados, os recrutados — Kovtun, Bondar e Burlaka —, presos e fuzilados no dia 16 de novembro de 1937. Não havia nenhuma lógica no sistema penal soviético. Talvez o NKVD precisasse cumprir as cotas de execução de novembro. A essa altura, Nikodim já estava morto, pelas próprias mãos ou por mãos de outrem. Para o restante do mundo, ele simplesmente desapareceu.

Terminei de ler os documentos do arquivo principal, mas a pasta continha mais páginas. Uma delas era uma carta escrita em papel não pautado que dizia: "Meu marido, Nikodim Berezko, nascido em 1900 no povoado de Maiachka, participante do movimento da Guarda Vermelha durante a Guerra Civil, recentemente trabalhando como diretor da escola primária de Lozuvatka, região de Dnipropetrovsk. No dia 24 de agosto de 1937, ele foi levado por policiais da região de Poltava, por motivos desconhecidos. Quando fui a Poltava para tentar encontrá-lo, fui informada de que ele tinha sido transferido para Kharkiv. Desde então, não tive notícias dele. Rogo que me digam por que ele foi levado e o que aconteceu com ele. Fekla Berezko."

A carta era datada de 1955. Stalin estava morto. Nikolai Yezhov, que havia sido nomeado chefe do NKVD em 1936 para liderar os expurgos, foi executado em 1940 por atividades antissoviéticas. Lavrentiy Beria o substituiu em 1938, e sua execução em 1953 foi marcada por uma notável semelhança com a de seu predecessor.

Pela primeira vez desde que abri a pasta tive vontade de chorar. As mentiras descaradas e flagrantes que se revelavam a cada linha se agarravam a mim como sanguessugas. O arquivo me reduzia a uma espectadora: muda, entorpecida, impotente. Entendi por que Valentina

MINHA UCRÂNIA

tinha medo de remexer o passado. A cada página do arquivo, eu não alcançava a luz, e só me aprofundava em trevas cada vez mais profundas, uma escuridão cheia de perguntas perturbadoras e nenhuma resposta.

Sempre pensei que o efeito mais corrosivo do sistema soviético fosse a hipocrisia. Todos diziam uma coisa e pensavam outra. Era a maneira mais sensata de se comportar se a pessoa queria sobreviver. A hipocrisia podia ser encontrada por toda parte. No cardápio da lanchonete, que listava uma sopa com carne que — como todos sabiam — era um ingrediente inexistente. Nos jornais que anunciavam que nenhum acidente aconteceu na usina nuclear de Chernobyl. Nas palavras de ordem, nos cartazes e nas manifestações. "Fingíamos trabalhar e eles fingiam nos pagar", dizia uma piada da década de 1980. A vida soviética era permeada de tais pretensões, grandes e pequenas.

Lendo o arquivo de Nikodim, vi que a ausência da verdade era ainda mais perigosa que a presença de mentiras. A névoa de falsidades e meias-verdades dificultava o uso da bússola moral para nos orientarmos ao analisar a situação. O universo definido pela propaganda soviética era de espelhos tortos que deformavam a realidade. Palavras calcificadas em frases e slogans clichês perderam todo o sentido. Que significado tinha a palavra "democracia" quando era usada para descrever a Constituição de Stalin — "a mais democrática do mundo"? A linguagem orwelliana de "assistência fraternal" e "liberação" escondia ocupações. "Desarmar elementos perigosos" significava dar e aplicar uma sentença sem evidências ou julgamento. Os rótulos "sabotadores", "destruidores", "cosmopolitas sem raízes" e "inimigos do povo" transformavam seres humanos em matéria-prima a ser extraída, ervas daninhas que precisavam ser arrancadas de um campo.

A comovente carta de Fekla me fez lembrar do motivo da minha busca por Nikodim em primeiro lugar. Queria prestar homenagem a um familiar que foi reduzido a um nome riscado nos arquivos. Queria comemorar sua vida, frágil e cheia de dor. Ansiava por ver sua tragédia reconhecida — e, como vejo agora, ela se abateu sobre toda a sua família quando ele desapareceu.

Quando Nikodim sumiu em 1937, deixou para trás uma esposa e dois filhos. De acordo com a lei soviética, a família do acusado era culpada por associação e, depois de 1935, crianças a partir de 12 anos podiam ser sentenciadas como adultas e levadas aos gulags. Fekla foi poupada de tais provações, mas sua vida no povoado com dois filhos pequenos e sem meios de sobrevivência, em uma atmosfera de medo e desconfiança, deve ter sido um pesadelo. Ela precisou ir embora de Lozuvatka logo depois do "sumiço" de Nikodim. Foi para Maiachka, onde os irmãos do marido viviam. Será que eles também temiam ser associados a ela? Teriam eles acreditado que Nikodim havia feito algo de errado? Ela vivia separada da família em Maiachka. Quem sofreu a punição mais severa? Ele, ao morrer naquele mesmo ano, ou ela, continuando a viver como esposa do "acusado"? Ela e os filhos seriam lembrados de seu status toda vez que cruzassem as portas de uma instituição do governo ou solicitassem trabalho. Finalmente, a tortura mais sádica era esconder o que havia acontecido com uma pessoa que amavam e por quê.

Quando Fekla enviou sua carta em 1955, os jornais começavam a escrever sobre anistias em massa depois da morte de Stalin. Em mais uma reviravolta cruel da história, ela teria de esperar sete anos para descobrir o destino do marido. Em 1962, foi declarado que o caso de Nikodim não tinha "substância criminal" e o arquivo recebeu um certificado-padrão de reabilitação, além de uma declaração revelando o suicídio de Nikodim e uma mensagem insossa de condolências.

Todas as pessoas acusadas na conspiração de Lozuvatka foram reabilitadas "por falta de substância criminal" ou "por falta de prova de culpa". Apenas um deles recebeu a reabilitação ainda em vida. A única pessoa que resistiu ao suplício foi o irmão de Trofim, o infeliz vendedor de redes de pesca, que sobreviveu a dez anos de trabalhos forçados.

MINHA UCRÂNIA   223

O arquivo de Nikodim era fino em comparação a outras pastas que vi na mesa de Elena Ivanovna, mas me pareceu um poço de misérias. Não sabia se tinha um fim — havia mais algumas páginas depois da carta de Fekla.

O filho de Nikodim, Nikolai Berezko, um homem de 59 anos que vivia na Rússia recém-independente, se aproximava da aposentadoria em 1993. Ele escreveu para o Serviço de Segurança da Ucrânia recém-independente (USBU, como era conhecido) explicando que precisava do certificado de reabilitação de Nikodim Berezko. A família nunca recebeu o documento, mas ele sabia que o pai era inocente. Nikolai estava solicitando benefícios de aposentadoria, mas disse que os documentos não seriam processados sem aquele certificado. Mesmo após o fim da União Soviética, os filhos eram responsabilizados pelos crimes dos pais. Nikolai também queria saber como Nikodim morreu e onde estava enterrado.

A resposta que recebeu dizia que o certificado foi entregue a Fekla Berezko em 1962. O USBU não tinha conhecimento de locais de sepultamento, continuava a carta, sem mencionar que os cadáveres das prisões do NKVD eram jogados em um desfiladeiro de areia nos arredores de Poltava. "Infelizmente, isso é tudo que sabemos sobre o trágico destino de seu pai, vítima da repressão estalinista", concluía a carta.

Em 1995, Nikolai escreveu mais uma carta implorando às autoridades pelo certificado, necessário para receber os benefícios de aposentadoria. "Não é possível conseguir nada sem esse certificado", escreveu. "Imploro que o enviem."

A carta que ele recebeu em seguida explicou que, como a família já tinha recebido o certificado de reabilitação, ele precisava de uma espécie de segunda via, "um documento diferente, que exige uma solicitação ao escritório do promotor público da região de Poltava". Para conseguir a certidão de óbito de Nikodim, ele precisava escrever uma carta ao escritório de registro civil do último local de residência do pai.

Nikolai seguiu essa trilha kafkiana e mandou cartas ao promotor público e a diversas divisões do Ministério Público de Poltava. Escreveu para os escritórios de registro civil. Escreveu mais uma vez para o USBU, que a essa altura já era SBU. Incluiu cópias de todas as correspondências, mas foi tragado para ainda mais fundo no pântano da burocracia. "Eu imploro, senhores, me ajudem", escreveu em sua última carta. "Não posso receber meus benefícios de aposentadoria sem esse formulário". Nikodim havia desaparecido há mais de meio século, mas sua trágica história seguia assombrando pessoas próximas a ele.

O pedido de ajuda de Nikolai era a última página do arquivo. Não descobri se ele recebeu o documento confirmando a inocência do pai, mas sua provação se assemelhava à luta de Nikodim para provar seu status de Guarda Vermelha meio século antes.

No verso da capa de papelão, alguém tinha anotado um registro cuidadoso das páginas incluídas no arquivo: 91. Ou 102, considerando também as cartas de Nikolai. Elena Ivanovna mencionou que eu precisava preencher um formulário identificando meu acesso ao arquivo. Isso elevaria a contagem a 103. Originalmente, eu acreditava que cada pasta continha um único destino, mas estava enganada. Cada pasta continha muitos destinos e mantinha sua própria vida secreta.

Se eu multiplicasse essa história pelo número de vítimas do Grande Terror, a magnitude da dor e do horror seria incompreensível. Entre 1937 e 1938, mais de 190 mil pessoas foram presas somente na Ucrânia. Os expurgos ceifaram mais de um milhão de vidas. "Quando você derruba a floresta, lascas voam", disse Yezhov enquanto dirigia o rolo compressor do NKVD. O fato de ele próprio estar entre os mortos de 1938 não me trouxe consolo.

Assinei meu nome na linha apropriada, devolvi a pasta à oficial responsável pelos arquivos e saí às pressas da prisão para me encontrar com o dia claro de verão de Poltava. Eu não conseguiria ler mais uma linha daquele arquivo. Precisava respirar fundo e deixar para trás a escuridão que se agarrava a mim.

Queria ouvir a voz de Valentina. Abri a bolsa e agarrei meu celular.

— *Babushka*, estou voltando para casa.

Ouvi o farfalhar das folhas e me dei conta de que minha avó estava no pomar e que eu precisava estar lá com ela.

Eu tinha fotografado o arquivo com a permissão da oficial e, dias depois, Valentina e eu o lemos juntas. Conversamos sobre Nikodim assim que voltei para casa, mas nenhuma de nós quis olhar para os documentos. Então, conforme o tempo foi passando e Valentina fez mais e mais perguntas, baixei as fotos no computador e mostrei o arquivo a ela.

Minha avó ouviu minhas explicações e, às vezes, pedia para que eu repetisse datas e nomes. Fora isso, não disse nada. Estávamos sentadas lado a lado à mesa de jantar e, com o passar das horas, o crepúsculo e um silêncio pesado nos envolveram. O vidro grosso da janela fazia o mundo lá fora parecer nebuloso. As rosas-chá espalhadas pela cerca brilhavam em carmesim, conforme as sombras se adensavam. Valentina olhava fixamente para um canto, brincando com as hastes de seus óculos de leitura.

Eu estava prestes a fechar o computador quando ela interrompeu minha ação.

— Coitado do Nikolai! — disse. — Essas cartas dele pedindo provas da reabilitação do pai são de cortar o coração. A organização pode mudar de nome milhares de vezes, mas continua a mesma máquina cruel e desumana. Era assim na União Soviética. Continua sendo assim na Ucrânia independente. Ainda não consigo acreditar que alguém se dispôs a ajudar você a encontrar esse arquivo. Tem certeza de que não está escondendo nada de mim? Você subornou alguém?

Valentina olhou bem dentro dos meus olhos. Quando eu era criança, era assim que me fazia ceder e revelar todos os meus segredos, mas agora minha consciência estava limpa e sustentei seu olhar.

— Não dei um centavo a ninguém — respondi. — As pessoas que encontrei foram genuinamente prestativas.

— Meu pai ficaria muito orgulhoso de você. Outra coisa que lembrei lendo as cartas de Nikolai foi a luta de Sergiy para conseguir sua aposentadoria — disse ela.

Como veterano de guerra e inválido, meu bisavô tinha direito a um complemento, mas, como Valentina explicou, ele lhe foi negado por falta de alguns documentos. Ele escreveu cartas a oficiais, que responderam pedindo mais documentos sobre seu ferimento e sua participação no esforço de guerra. Quando um documento era obtido, outro era cobrado, e o ciclo se repetiu sem um fim à vista. Sergiy conseguiu a aposentadora, mas continuou inelegível no que dizia respeito ao complemento. Os olhos de Valentina estavam vermelhos, e ela se virou para a janela, enxugando o rosto com as costas da mão.

— Mas ele manteve sua crença no comunismo, apesar das injustiças que sofreu. Às vezes, essa lealdade teimosa deixava minha mãe tão brava — contou Valentina em meio às lágrimas.

— Você estava certa sobre essa busca ser dolorosa e até perigosa — afirmei, abraçando minha avó.

Eu achava que saber mais esclareceria as coisas, mas também destacava a feia realidade da vida. O passado em que mergulhei em busca de histórias era um depósito de dor para ela. Quanto mais eu experimentava a angústia e a tristeza em vários momentos da busca, mais eu entendia a relutância da minha avó em abrir aquela caixa de Pandora.

Valentina esfregou o rosto como se tentasse sair de um torpor.

— Todo o tempo em que você estava procurando por Nikodim, eu mantive a esperança de que não encontrasse nada e desistisse. Subestimei o fato de ser importante para você saber a verdade, qualquer que fosse ela. Quando me dei conta disso, desejei que a verdade não a machucasse.

Vimos as sombras encherem o quintal além da janela. A lâmpada piscou. O velho relógio de parede marcava os segundos em batidas minúsculas.

— Minha mãe não conseguia esquecer a fome da década de 1930 e meu pai não conseguia esquecer o irmão — comentou Valentina baixinho, como se falasse consigo mesma.

Percebi que histórias sobre acontecimentos dolorosos que não são contadas viram buracos negros que devoram tudo ao redor. Os traumas não são visíveis, mas a gravidade que os cerca se torna tão forte que absorve tudo.

— Quanto mais Asya e Sergiy enterravam suas histórias, mais seus segredos os incomodavam — disse, e minha avó assentiu.

Da janela, podíamos ver o brilho amarelo dos postes de luz. Valentina se levantou da cadeira e fechou a cortina engomada. Ela estava convencida de que os vizinhos nos espiavam pelas janelas quando as luzes eram acesas. A paranoia sombria, nossa herança da era soviética, era difícil de descartar.

— Você percebeu que Nikodim não mencionou Sergiy nem uma vez? — perguntou Valentina, voltando a se sentar ao meu lado.

Admiti que não havia notado. A constatação de que Sergiy falava sobre o irmão foi tão espantosa que tinha deixado passar essa lacuna no arquivo de Nikodim. Percorremos as fotografias mais uma vez, aumentando as páginas sobre a biografia de Nikodim.

— Veja aqui. Nikodim mencionou apenas seis irmãos: Mykyta, Fedir, Nestir, Ivan, Oksana e Odarka. Ele não falou nada sobre o irmão mais novo, Sergiy.

Minha avó deu um tapinha na tela. Sergiy não era citado em lugar nenhum no arquivo. Será que Nikodim tinha omitido o nome do irmão por temer que a sombra de sua prisão pudesse recair sobre ele, que à época estava progredindo na carreira? O NKVD poderia achá-lo, se quisesse — e, como o dossiê de Asya mostrava, acabaram encontrando —, mas a ausência do nome de Sergiy no arquivo de Nikodim parecia significativa. Como a menção a Nikodim no diário de Sergiy. Alguns mistérios permaneceram, apesar de meus esforços para revelá-los.

13

Valentina foi para a cama cedo, me deixando sozinha com o arquivo de Nikodim. Então, eu o li mais uma vez. Achei que, quanto mais eu o examinasse, mais ele me revelaria. A arquivista me aconselhou a ler nas entrelinhas, a procurar omissões e inconsistências. Então percebi.

— Ele não deixou bilhete.

Um registro em tinta azul apareceu sob o relatório do carcereiro que detalhava o suicídio de Nikodim. Ampliei a fotografia borrada e li mais uma vez para ter certeza de que não tinha entendido errado.

— Ele não deixou bilhete.

Meu pai também não.

Esse pensamento disparou um fusível em meu cérebro que detonou uma explosão em meu peito. As paredes ao meu redor desapareceram e o teto desabou. Com os olhos colados na tela do computador, coloquei as mãos sobre a boca para abafar um grito, embora não tivesse certeza de que algum sairia. Fiz tudo para suprimir a lembrança. Apaguei a memória o máximo que pude, mas ela permaneceu dentro de mim. E estava voltando à tona. A dor me dominou.

Certa noite, meu marido e eu estávamos assistindo ao filme *O leopardo* quando recebi uma ligação da minha madrasta, Karina. Conversávamos ao telefone a cada duas semanas, geralmente em seu intervalo da tarde. Depois que se mudaram para a Califórnia, ela e meu pai conseguiram trabalho em uma fábrica de suprimentos médicos na baía de São Francisco, compraram uma casa e até deram um jeito de buscar os dois cachorros que tinham deixado em Kyiv. "Você se torna responsável pelo que cativa", dizia meu pai, mas eu me perguntei se ele entendia de verdade o que o Pequeno Príncipe queria dizer porque, em muitos aspectos, ele não seguia essa filosofia.

Meus pais se casaram um mês depois de se conhecerem. Minha mãe era universitária, e meu pai era um amigo charmoso de sua melhor amiga, Lana. Ele tinha cabelos pretos que caíam em ondas suaves ao redor do rosto e os olhos castanhos grandes de uma estrela de cinema indiana. Ele cortejou minha mãe cobrindo-a de flores, e a intensidade de sua paixão conquistou o coração dela. Valentina tinha dúvidas quanto ao casamento, porque não conseguia entender como o futuro genro, que não tinha emprego fixo, planejava sustentar a família. Minha mãe não quis ouvir suas objeções. Como lua de mel, meu pai propôs uma viagem à Georgia, onde os recém-casados alugaram uma casinha na praia e beberam vinho tinto Kindzmarauli assistindo ao sol se pôr sobre o Mar Negro. As cartas que minha mãe mandava para casa versavam poeticamente a respeito das habilidades do marido em preparar café turco e tocar violão.

Essas habilidades, no entanto, não foram suficientes para tornar a vida da família harmoniosa quando o casal voltou a Kyiv. Eles tiveram que dividir um apartamento de dois quartos com a mãe do meu pai, Daria, e os irmãos mais velhos dele, Vladimir e Valery. A aglomeração dentro da casa complicava a vida cotidiana, mas o pior foi minha mãe descobrir que não tinha nada em comum com meu pai. Ele nem tentou levar em consideração as vontades ou os sentimentos dela. "Todos os homens são egoístas", Daria costumava dizer. No início, minha mãe era orgulhosa demais para revelar aos pais que o casamento era um fracasso desde o início, e tentou fazer o relacionamento dar certo — mas depois de quase uma década, chegara a hora de partir.

Meus pais se divorciaram quando eu tinha 8 anos. Depois do acidente em Chernobyl em abril de 1986, minha mãe me tirou da escola local e me levou para Bereh. A região de Poltava era considerada segura, e fiquei com meus bisavós maternos até o outono. Então, minha mãe me matriculou em um colégio interno na Crimeia e, quando voltei a Kyiv no fim daquele ano, meus pais já moravam com pessoas diferentes em lados opostos da cidade. Mesmo com essa composição familiar tensa, eles se reuniram para comemorar minha volta, fingindo que nada de dramático tinha acontecido.

Eu estava confusa e chateada, embora tenha gostado instantaneamente de minha madrasta azeri, Karina. Ela me incluía em todas as viagens que fazia com meu pai e me convidava para ficar com eles. Decidi que os responsáveis pelo divórcio tinham sido minha mãe e seu matemático loiro e alto, Alex. Meu pai prometeu que, quando eu completasse 14 anos, poderia morar com ele e Karina e, embora isso significasse que eu teria de esperar seis longos anos, nos veríamos todos os fins de semana. Eu não via a hora de isso acontecer.

De início, meu pai ia me buscar todo fim de semana na casa de Alex, onde minha mãe e eu fomos morar quando voltei da Crimeia, e me levava para nosso antigo apartamento. Então, ele tirava um cochilo enquanto eu lia livros em inglês com Karina, pintava com Daria ou fazia ioga com Vladimir.

Depois, as visitas foram ficando cada vez mais raras. Meu pai prometia, mas nunca aparecia. No início, esperei. Então, desisti. Quando completei 14 anos, meu pai não disse nada sobre eu morar com ele e Karina — àquela altura, eu não ia querer mesmo. Era Alex quem assistia a minhas apresentações de dança, me ajudava com o dever de matemática e inspirava meu desejo de viajar e minha fascinação por outros idiomas.

Dois anos depois de me mudar para os Estados Unidos, meu pai e Karina também imigraram, e eu os visitava na Califórnia durante as férias da universidade. Karina e eu passávamos horas conversando sobre livros e filmes e fazíamos longas viagens para explorar São Francisco, mas eu tinha pouco em comum com meu pai. Às vezes, achava que ficar sozinho comigo o deixava constrangido. Eu esperava que ele explicasse ou dissesse algo que fizesse tudo se encaixar. Mas isso jamais aconteceu. Ele não era parte de nenhum acontecimento importante da minha vida. Não me deu os parabéns por ter me formado *summa cum laude*; não comemorou quando recebi uma bolsa integral em Yale; não foi ao meu casamento. Às vezes, ele não respondia aos meus convites; em outras, eu não o convidava. Nos raros momentos que minha mãe reclamava do meu pai, ela o chamava de "indiferente". Talvez não soe como uma acusação condenatória, mas era o que significava para ela, e com o tempo entendi a gravidade. A indiferença pode causar mais danos que a grosseira traição.

Acabei por me afastar dele. Meu pai estava ocupado com os próprios interesses e parecia razoavelmente confortável em sua nova vida americana. Ele não precisava de mim.

O ano em que comecei a trabalhar como jornalista freelancer foi empolgante. Viajei reunindo informações sobre a indústria de fragrâncias, entrevistei perfumistas e localizei fazendeiros em lugares distantes. Mantive contato com Karina, mas, depois da minha última viagem à Califórnia, raramente falava com meu pai. Karina o atualizava quanto às minhas aventuras — então, se quisesse falar comigo, ele saberia onde me encontrar. Um dia, ele me mandou um e-mail do nada perguntando se eu poderia dar uma olhada em fotografias de algumas casas e dar minha opinião. Ele me enviou um arquivo compactado com plantas tridimensionais de casas que pareciam idênticas, esboços de painéis solares e informações sobre energia verde. E até me ligou para conversar sobre o mercado imobiliário da Califórnia, gabando-se de ter descoberto como fazer o sistema funcionar. Disse que seria uma mina de ouro e que compraria uma casa para mim e meu marido na Califórnia. Que viajaríamos juntos de novo e que todos nós voltaríamos para a Ucrânia para reformar o chalé em Hlibivka. Eu mal ouvia, irritada com mais uma mudança incompreensível da sua personalidade. Ele já tinha feito tantas promessas vazias antes que eu tinha perdido a fé. Doía menos se eu mantivesse as expectativas baixas, então disse que precisava trabalhar.

MINHA UCRÂNIA

Quando Karina ligou algumas semanas depois, fiz sinal para meu marido tirar o som da TV. Ele parou o filme, deixando a imagem de Burt Lancaster e Claudia Cardinale congelada em uma valsa fora de foco.

— Oi, Karina. Você não deveria estar no escritório?

Com uma diferença de fuso de três horas, eu sabia que era seu horário de trabalho.

— Seu pai deu um tiro em si mesmo — respondeu ela, sem rodeios.

Eu não entendi e quis dizer isso a ela, mas meus lábios se fundiram. Uma paralisia fria tomou conta da minha garganta, do meu peito, dos meus braços, das minhas pernas. Eu estava sentada em frente a uma mesa turca redonda que usava para escrever e para fazer *kutaby*, pães azeri finos como papel e recheados de ervas, como Karina tinha me ensinado. Havia farinha seca presa nos veios da madeira e de repente me dei conta de que precisava esfregá-la.

— Seu pai deu um tiro em si mesmo — repetiu Karina, quase em tom de acusação. — Seu pai deu um tiro em si mesmo. Ele não deixou bilhete.

Ela estava chorando. Ouvi os cachorros latindo ao longe. Há momentos entre o sono e o despertar que são surreais. Você se pergunta "Isso vai acabar? E, se isso acontecer, o que haverá depois?". Cresci lendo contos de fadas e nunca perdi a crença de que, depois de um pesadelo, deve haver um despertar de sonho. Mas às vezes o pesadelo não tem fim. Não chorei. Apenas encarei a mesa à minha frente. Então uivei como um animal ferido. Quis gritar, mas o som que saiu foi um uivo. É a única lembrança que tenho.

Não me lembro de ir à Califórnia para o enterro. Não me lembro de como fiz o discurso fúnebre sobre meu pai, porque todos estavam chocados demais para dizer alguma coisa. Não me lembro de nada disso, mas me disseram que a eulógia foi comovente. Não me lembro do funeral. De como disse para minha madrasta que não queria nada da herança do meu pai. Recusei-me a aceitá-la como me recusei a aceitar a partida dele. Meu pai foi embora sem explicar nada. Essa foi sua maior traição, e não consegui perdoá-lo. A dor que eu sentia era tão intensa que não conseguia me lembrar dele. Decidi esquecê-lo. Resolvi deixar tudo para trás. Um ano depois, meu marido e eu nos mudamos para a Bélgica para começar uma vida nova em um novo país.

A partida de Nikodim deixou um buraco negro, assim como a de meu pai.

Encarei fixamente o computador. Então fiz algo que apenas um ano antes eu teria medo de fazer. Digitei o nome do meu pai no campo de busca do meu e-mail e cliquei em "pesquisar". Sequências de mensagens arquivadas apareceram. Eu as li, me lembrando do que tinha acontecido antes e do que aconteceu depois. Os e-mails dele eram breves e poucos. As mensagens de Vladimir também surgiram. Essas eram mais longas. Ele perguntou por que meu pai não estava respondendo aos e-mails. Então, quando ficou sabendo da tragédia, passou a me consolar. Lembrei que também conversamos ao telefone naqueles primeiros dias e que ele me incentivou a me manter forte. Vladimir foi minha maior fonte de resiliência durante aquelas primeiras semanas terríveis porque era mais próximo do meu pai e de mim e nos entendia melhor do que nós dois entendíamos um ao outro.

Um dos últimos e-mails do meu tio à época dizia respeito ao nosso pacto. Concordamos que, enquanto eu não estivesse forte o bastante para processar o que tinha acontecido com meu pai, ele não falaria mais dele. Eu não sabia quando esse momento chegaria, porque o meu luto era tão profundo que paralisava tudo dentro de mim.

A noite recuou e permaneceu atrás de mim apenas nas sombras escuras próximas à cama desarrumada. Pelas frestas da persiana, pude ver o brilho lilás do alvorecer. Ouvia Valentina se revirando na cama do quarto ao lado, suspirando enquanto dormia. A pilha de anotações que eu tinha feito enquanto lia o arquivo de Nikodim estava sobre a mesa. Minha letra irregular e incerta. Eu achava que a Casa do Galo tinha prendido meus bisavós e os dominado pelo medo, mas, sentada diante de mensagens de outra época, me dei conta de que também estava presa. Não fui capaz de enfrentar meus medos e minha dor. Eu os enterrei. E eles brotavam na escuridão do esquecimento e me sufocavam. Eu podia mudar de continente, de país, de cidade, mas como fugir quando cada barra daquela cela tinha sido chumbada ao solo por mim mesma? Tinha tanto medo de ser deixada para trás que abandonei a mim mesma e as minhas memórias. Não podemos fugir daquilo que fingimos que não nos prende. Você não pode ser livre se estiver com medo de confrontar a realidade.

Cada partida deixa um vazio. Na Ucrânia, na segunda-feira após a Páscoa, as pessoas voltam ao cemitério para compartilhar uma refeição com os entes queridos que se foram. Elas se servem entre os túmulos e, uma vez ao ano, comungam com os mortos, lembrando-se deles, perdoando-os e pedindo perdão e ajuda. Nunca pensei em oferecer a meu pai uma parte dessa refeição. Jamais o perdoei por ele ter ido embora. Então me proibi de viver o luto.

Precisava falar com Vladimir. Enfrentar o que eu temia era uma maneira de escapar da armadilha. Outra era buscar o perdão e fazer as pazes.

QUINTA PARTE

As cavernas e os mistérios

14

"Capturado, mas não preso." Era como Vladimir descrevia a si mesmo. Ele e minha avó Daria passavam as férias de verão em seu povoado natal na Rússia quando descobriram que Hitler havia declarado guerra à União Soviética. O avanço das tropas alemãs foi tão rápido que Daria não conseguiu voltar a Kyiv. O povoado foi ocupado e eles se viram isolados do restante do mundo.

Um dia, Vladimir teve febre e sentiu uma estranha rigidez invadir seu corpo, das pernas até a nuca. Um vizinho disse a Daria que um médico alemão estava tratando pacientes em outro povoado, e ela levou Vladimir até lá. O médico era alto e usava óculos pequenos e redondos. Quando ele se curvou para medir a temperatura de Vladimir, o garoto viu o próprio reflexo nas lentes.

— *Polio* — disse o médico, acenando para que outro paciente entrasse. — *Er ist so gut wie tot.*

"Está praticamente morto."

Mas Vladimir não morreu. Não enquanto ardia em febre. Não morreu ao perder a sensação dos membros. Nem mesmo quando os vizinhos o escaldaram com água fervente, tentando ressuscitar suas pernas sem vida. O garoto foi posto no banco da cabana escura de seus avós e observou os cupins abrindo buracos nos pilares de madeira que sustentavam as paredes. Sem abrir os olhos, sabia, pelo som do canto do grilo, se era dia ou noite. Sentia, pelo cheiro, se o pão continha mais ou menos serragem do que de costume. Quando conseguiu mexer os dedos, aprendeu a saber como estava o tempo lá fora pela textura da parede de barro que era sua companheira constante. Quando a primavera chegou, Daria o carregou até a floresta, onde ele sentiu a grama crescendo. Para escapar da armadilha que era seu corpo doente, ele se voltou para o próprio mundo de sonho e usou a imaginação para preencher o vazio.

Depois do fim da guerra, Daria e Vladimir voltaram a Kyiv. Ele passou por tratamentos e muitas cirurgias, que o sistema médico soviético — e o próprio Vladimir — consideraram um grande sucesso. Aprendeu a ficar em pé e caminhar; porém, jamais conseguiu endireitar completamente a coluna ou usar o lado direito do corpo. Seu corpo magro continuou retorcido pela poliomielite, com o tronco inclinado para a frente e para a esquerda, como se ele estivesse sempre em posição de boxeador. Vladimir mancava ao caminhar. Quando precisava usar a mão direita, erguia-a com a esquerda. Mas seus dedos se moviam com tanta habilidade que ele conseguia desmontar e remontar a mais complicada das máquinas.

O fascínio de Vladimir por dispositivos mecânicos foi inspirado por um vizinho, um capitão do exército que, com pena do menino doente, deu-lhe uma Fotokor-1, uma câmera dobrável, e ensinou-lhe os fundamentos da fotografia. Seguindo a deixa do nome da máquina — Fotokor era uma abreviação para "fotojornalista" em russo —, Vladimir registrava tudo a seu redor. Então pediu ao pai livros sobre filmes e gravação de som e copiou o desenho dos vários componentes em um caderno. Sonhava em estudar engenharia e, na escola, assistiu a aulas extracurriculares de física e desenho técnico.

No entanto, quando o comitê de admissão da faculdade o viu, rejeitou sua inscrição.

— Por acaso você consegue segurar uma caneta? — zombou alguém. — Tente física.

MINHA UCRÂNIA

Vladimir sofreu a mesma humilhação no departamento de física. Sua deficiência extrema levava as pessoas a acreditar que não precisavam nem mesmo fingir gentileza. Mas Vladimir não se ofendeu nem aceitou o fracasso. Ele se inscreveu na faculdade de economia da Universidade de Agricultura e foi aceito. Como Valentina, achava inócuo brincar com números. Mais tarde, ele se tornaria contador sênior de uma fábrica de máquinas.

Durante minha infância, Vladimir já não trabalhava e vivia da pensão por invalidez. Já tinha sido preso por "propaganda capitalista", um episódio de sua vida que ele não escondia. Cheguei a desconfiar que ele considerava essa experiência uma conquista pessoal, a prova de que ele podia ser igual aos outros. Vladimir atribuía sua capacidade de levar uma vida "tão normal" à ioga, e seu quarto era equipado com uma cama larga e baixa onde ele dormia e praticava os asanas. Quando criança, eu amava seu quarto em razão da coleção fascinante de pôsteres médicos, livros em idiomas que eu não entendia e jarros de vegetais fermentados e sementes germinadas. Ele me servia suas misturas de bebidas efervescentes azedas, que dizia serem elixires da vida, e me ensinava exercícios de ioga. Quando não estava meditando, Vladimir desmontava rádios. Suas estantes eram cheias de *samizdat*, como eram chamadas as publicações censuradas e reproduzidas clandestinamente, sobre ayurveda e manuais de dispositivos semicondutores.

Meu pai compartilhava o mesmo interesse em tecnologia, e eu me lembrava dele construindo rádios transistorizados. Mas não tinha a persistência de Vladimir e pulava de projeto em projeto, sem nunca terminar nada. Os projetos inacabados e os feixes de fios se acumulavam em nosso apartamento até que minha mãe jogasse fora ou desse a Vladimir para que ele os usasse em seus experimentos.

Quando a Ucrânia se tornou independente, Vladimir se mudou para Israel com a ex-mulher e a filha. Embora estivessem divorciados há mais de duas décadas, ela insistiu que as acompanhasse. Em Tel

Aviv, ele continuou consertando aparelhos eletrônicos, experimentando receitas ayurvédicas, estudando hebraico e praticando ioga.

Li as conversas que tivemos depois da morte do meu pai. Rolei a tela até o inverno de 2013 e repassei nossa correspondência até o dia em que as divergências viraram uma briga. Li cada mensagem com cuidado, as respostas dele e as minhas.

O que me impressionou desta vez não foi a natureza de seus comentários, e sim a lembrança da minha reação veemente a eles dois anos antes. Desde então, eu já havia passado tempo suficiente na Ucrânia para saber que até mesmo minha avó, que se considerava uma patriota, sentia falta de alguns aspectos da vida sob a União Soviética. Conheci pessoas que haviam perdido toda a estabilidade e segurança após 1989 e para quem o capitalismo era uma farsa cruel. Inserir as opiniões de Vladimir nesse contexto as tornou menos ultrajantes do que me pareceram à época, mesmo que o descaso com a fome trágica da década de 1930 ainda doesse. A verdade era que Vladimir era família, e eu sentia falta dele.

No entanto, me reconectar com ele acabou sendo tão complicado quanto encontrar Nikodim. Minha avó paterna e o irmão do meio de Vladimir já tinham morrido há muito tempo. Meu primo que morava em Tel Aviv era muito mais velho que eu e nunca fomos próximos. Vladimir era a única pessoa da família do meu pai com quem mantive contato, mas nossa comunicação sempre foi virtual, e sua natureza perigosamente frágil se revelou nos e-mails devolvidos e nas mensagens não entregues. Seu telefone estava fora de serviço. Eu não o encontrava em lugar nenhum.

Minha mãe vasculhou suas anotações antigas em busca de algum contato da época de casada e me mandou uma lista de endereços em Kyiv. Avisei Valentina que passaria alguns dias no apartamento de Lola e reservei uma passagem de trem. Minha avó sabia que Vladimir e eu tínhamos nos desentendido, e isso a perturbou. Quando meus pais ainda estavam casados e moravam com Vladimir e Daria, Valentina os visitava com frequência e conheceu bem Vladimir. Ela não mantinha mais contato com a família do meu pai, mas me repreendeu por ter perdido a paciência com meu tio.

— O sangue é mais espesso que a água, e vocês dois se merecem — repetia Valentina sempre que o assunto da briga surgia. — Brigar por causa de um país que nem existe mais! Parece piada.

Mas não conseguir contatar Vladimir não tinha nada de engraçado para mim. Tinha medo de ter cometido um erro incomensurável e que fosse tarde demais para consertá-lo. Sentada no trem, lutei contra um pânico avassalador.

Como Londres e Paris, Kyiv é uma cidade definida por um rio. O Dnieper corta a cidade em duas: a Margem Esquerda, com prédios de apartamentos modernos e complexos residenciais; e a antiga Margem Direita, lugar onde Kyiv assentou suas raízes ao final do século V. Embora eu tenha crescido na parte mais moderna da Margem Direita, reconheci a Cidade Velha assim que vi suas colinas enfeitadas pelas cúpulas douradas do Mosteiro de Kyiv-Petchersk — o Mosteiro das Cavernas. Um dos endereços que minha mãe me deu ficava no bairro próximo ao mosteiro, e fui para lá assim que desci do trem.

Tendo encontrado a rua, o beco e o número da casa, fiquei exultante ao ver o nome do amigo de Vladimir, Grigori Goldberg, na caixa de correio. Toquei a campainha, mas o silêncio do outro lado da porta não foi quebrado. Esperei e tentei mais uma vez. Talvez ele estivesse fora. Talvez também tivesse desaparecido.

Eu não tinha certeza de nada. Voltei para a rua principal e entrei no mosteiro. O portão era pequeno e escuro. No pátio, o sol refletido nas cúpulas douradas me deslumbrou. Monges cristãos ocuparam as grutas daquelas encostas em 1051. O fundador do mosteiro, santo

Antônio, retirou-se para uma cela subterrânea e, quando os monges descobriram o seu cadáver anos mais tarde, viram que estava milagrosamente preservado. Outros monges seguiram o exemplo e se isolaram no labirinto cavado nas colinas sobre o rio Dnieper, e logo as cavernas se tornaram uma necrópole e um lugar de culto. Embora não tenha sido criada em uma família religiosa, a antiguidade e o mistério do lugar me seduziam, ao mesmo tempo que me deixavam apreensiva. Uma vez, ainda criança, visitei as cavernas com meu pai e ainda me lembro do medo que senti ao ver dedos mumificados do século XI pousados em veludo esmeralda. Segurei na mão do meu pai com mais força — ela era reconfortantemente quente e macia. A única luz nas cavernas vinha das velas de cera de abelha, e eu segurava a minha com tanta força que ela derreteu em minha mão suada. Grandes mistérios vinham acompanhados pelo medo.

Subi a escada íngreme até a esplanada do mosteiro, de onde pude ver a cidade se estendendo ao redor do rio Dnieper, envolvendo o que há apenas três décadas costumavam ser aldeias pitorescas. De ambas as margens, novos casarões e complexos de apartamentos construídos pelos oligarcas de Kyiv rompiam a vegetação do verão.

Apoiei-me no parapeito novamente e olhei na direção do rio. Ele serpenteava pelas igrejas na Margem Direita e pelos blocos de apartamentos brutalistas, pelos castanheiros exuberantes e casarões de vidro e cromo. Fluía e desaparecia no horizonte, onde o brilho branco do Sol fazia a água se misturar com o céu. Pensei no meu pai.

Senti apenas tristeza e arrependimento.

Em nossa família, muitas vezes evitamos falar sobre certas coisas. Fingíamos que a dor passaria se não falássemos sobre ela. Sergiy não falou sobre Nikodim. Asya não falou sobre a guerra. Minha mãe não falava sobre o divórcio. Eu não falei sobre o suicídio do meu pai. Nenhum de nós era bom em enfrentar os medos.

Demorei-me no acesso às cavernas do mosteiro.

MINHA UCRÂNIA

— Quer entrar? — perguntou um jovem monge que vendia velas na entrada.

Lembrei a minha primeira visita assustadora e assenti. Ele me entregou uma vela e me guiou até a necrópole. Segui os demais peregrinos e desci devagar.

Depois do sol brilhante, a escuridão da câmara subterrânea me desorientou. Uma gota de cera quente caiu em minha mão, mas senti pânico, em vez de dor. O ar úmido das cavernas, cheirando a incenso, cera de abelha e suor, me deixou tonta. Instintivamente, procurei por uma mão que não estava lá. A multidão era tão densa que eu não conseguia me mexer, então deixei que ela me levasse.

Quanto mais eu avançava, mais esparsa ficava a multidão e mais meus olhos se ajustavam à escuridão nebulosa. Quando entrei nas capelas que se ramificavam a partir do caminho principal, a luz da minha vela fez as sombras tremularem como asas de pombo. O brilho amarelado iluminava nichos escuros contendo caixões de vidro com relíquias de santos. Em outra alcova, um monge entoava orações. Ouvi o farfalhar seco de páginas sendo viradas. Meu pânico diminuiu e o medo deu lugar à admiração. Cheguei mais perto do caixão e vi São Nestor, o cronista do século XI.

— Quando rezar, pode pedir a ele algo para si, mas é melhor que seja para os outros — ouvi uma mãe atrás de mim instruir o filho.

Murmurei uma oração. Não sabia a maneira ortodoxa correta de rezar, mas pedi ajuda para encontrar Vladimir. Também orei pedindo que o jardim de Valentina florescesse. Enquanto sussurrava, vi minha respiração se condensando no vidro frio e evaporando devagar. Abaixei a cabeça tão perto do caixão que meus lábios quase o tocaram. Não vi as mãos mumificadas do santo. Refletidos na cobertura de vidro, eu só via meus olhos bem abertos.

— *Namolenoe mesto* — sussurrou alguém atrás de mim.

Isso significa literalmente um lugar encharcado de orações, uma frase comum que se refere a locais ortodoxos de peregrinação. Antes, eu teria considerado um clichê, mas percebi aquelas preces como uma pátina que emprestava uma carga emocional àquele lugar. Orações sussurradas, histórias contadas em murmúrios, arrumadas em camadas, invisíveis mas presentes, esperando para serem ouvidas.

Deixei o mosteiro e voltei à casa de Grigori Goldberg. A campainha reverberou no silêncio. Toquei também as dos vizinhos, mas todos estavam no trabalho ou nas férias de verão. O pátio estava estranhamente vazio de crianças e outros sinais de vida. Conferi os endereços que minha mãe me deu e fiquei aliviada ao ver que a lista incluía mais cinco pessoas. Apertei a campainha mais uma vez e deixei um bilhete para Grigori explicando quem eu era e por que precisava da ajuda dele.

Nos dias seguintes, segui as pistas da antiga agenda de endereços da minha mãe, mas, apesar das orações no mosteiro, meus esforços foram em vão. Não consegui encontrar ninguém. Pessoas que conheciam meus pais e Vladimir ou tinham se mudado ou deixado a Ucrânia. Muitos estavam mortos. Temi que o silêncio de Vladimir significasse uma separação irreversível.

De volta ao apartamento da minha tia, vi minhas fotos de criança que Vladimir tirou de mim. Antes de nos desentendermos, ele digitalizou imagens e filmes dos meus primeiros anos. Uma das minhas favoritas mostrava Daria apoiando o queixo na mão enquanto me observava escrever alguma coisa em um caderno grosso. A foto foi tirada quando estávamos sentadas em nosso canto na sala onde um grande guarda-roupa dividia o espaço, criando um pequeno quarto para mim e para minha avó e uma sala de estar para o restante da família.

A Daria da foto era como eu me lembrava dela — usando um vestido preto tipo avental por cima de uma camisa branca e um lenço também branco na cabeça. Mal conseguia me ver naquela criança de

MINHA UCRÂNIA 247

bochechas redondas e cachos despenteados, mas reconheci o caderno assim que o vi. Era meu diário na infância.

Eu devia ter 7 anos. Daria me buscava na escola e me levava até seu escritório. Depois de se aposentar, ela passou a trabalhar meio período como orientadora em um colégio interno para garotos — sua tarefa era garantir que os alunos não colocassem fogo nos dormitórios. O prédio parecia mais um centro de detenção que uma escola e cheirava a giz molhado, suor velho e cloro. Era um lugar deprimente, mas tinha um suprimento constante de papéis coloridos e materiais de escritório, o tipo de pilhagem que eu buscava. Um dia, um aluno da oitava série, Roman Yatsenko, saiu da aula de literatura ucraniana e teve um acesso de raiva na sala de Daria, jogando a mochila na parede. Depois de Roman sair emburrado, peguei um dos cadernos descartados e perguntei a Daria se podia ficar com ele. O caderno era novo. Ela levantou a cabeça enquanto arrumava a bagunça que o garoto tinha deixado para trás e assentiu. Orientar adolescentes com problemas de controle da raiva a exauria. Risquei o nome de Roman e escrevi o meu. "1º de setembro. Autora: Victoria." Então, olhando para as imaculadas páginas brancas, experimentei meu primeiro caso de bloqueio criativo. Perguntei a Daria sobre o que deveria escrever. Como preparação para a primeira série, minha avó estava me ensinando a ler e escrever.

— Você pode usar o caderno para descrever seus dias, como um diário — sugeriu ela. — Porque uma vez que algo é escrito, é lembrado.

A própria Daria mantinha pilhas de cadernos pretos que preenchia com poemas, anotações e citações de seus romances favoritos. Depois do trabalho, ela sentava à escrivaninha que dividíamos e escrevia em seus cadernos. Daria desaparecia em seu próprio mundo, e eu andava em volta dela na ponta dos pés, tentando não atrapalhar sua concentração.

Meus dias eram monótonos demais para serem registrados em um diário. Das memórias que minha mãe e Valentina liam, eu sabia que as pessoas começavam mencionando o lugar onde tinham nascido e como eram suas famílias. Na maioria dos casos, elas eram ricas e importantes, e até mesmo a pobre família nobre de *A vida de Arseniev*, de Bunin, tinha certo fascínio que faltava à minha. Esperava-se também que os escritores compartilhassem observações filosóficas. Eu não tinha nenhuma. Mas sabia soletrar a palavra "filosofia". Daria sugeriu que eu desenhasse ou fizesse uma colagem, porque "escrever, como todas as artes, envolve instigar a criatividade". Ela não me tratava como uma criança.

Interpretei a sugestão da minha avó cortando uma revista que tinha belas imagens de flores e frutas. Vladimir não tinha jardim em Kyiv, mas assinava uma revista de jardinagem — quando invadiu nosso canto do apartamento atrás da edição perdida, ele a encontrou em pedaços, que eu colava em meu diário.

— O que você fez? Essa era a edição mais importante do ano, sobre o plantio de batatas, e eu ainda não tinha lido! — gritou ele, arrancando das minhas mãos as páginas que restavam.

Tentei explicar que a revista foi sacrificada em prol da arte, mas ele não ouviu e foi reclamar com minha mãe.

Ao descobrir que as atividades artísticas podiam ter consequências dramáticas, deixei as revistas de Vladimir em paz e comecei a escrever sobre as coisas que observava a meu redor — as castanheiras em flor perto do parquinho, os lugares que Daria e eu visitávamos depois da aula, meu desejo de ir embora de Kyiv e visitar Asya e Sergiy em Bereh, ou, quando em Bereh, meu desejo de voltar a Kyiv e passear com Daria. Às vezes escrevia contos, a maioria deles ficção, como aquele em que eu caminhava sozinha por uma floresta coberta de neve em uma missão para Daria. Os únicos elementos reais eram os aromas das cascas de árvores congeladas e das agulhas de pinheiro, o som da neve esmagada sob meus pés e os padrões delicados de gelo sobre as poças congeladas. Eu estava sozinha no país das maravilhas de inverno, mas, armada com o conhecimento instintivo de Daria sobre caminhos secretos, não

MINHA UCRÂNIA

senti medo. Minha avó paterna era a personagem principal das minhas histórias, uma amiga e cúmplice.

Escrevi em meu diário até os 8 anos. O caderno não terminou, mas o casamento dos meus pais, sim. Minha mãe e eu fomos embora do apartamento, e meu pai se mudou para outra parte da cidade. Fui separada de Daria pelo rio Dnieper e por muitas estações de metrô e ônibus. Às vezes escrevia nele, mas, sem Daria, minha musa, os registros escassearam. Tinha saudades de ouvi-la ler em voz alta as histórias de amor sombrias de Bunin e de me sentar ao seu lado quando ela escrevia poesia ou corrigia trabalhos escolares. Sentia falta de nossas caminhadas na floresta e do sabor dos crepes amanteigados que ela fazia no fogão à lenha. De seu casaco verde, com os bolsos disformes cheios de castanhas e pinhas, e do cheiro medicinal de talco que vinha de seus lenços brancos.

A última vez que vi Daria foi antes de ir para os Estados Unidos. Deixei meu diário com ela, prometendo voltar. Não cumpri minha promessa, porque Daria morreu poucos meses depois. Nunca aceitei sua morte. Passei anos falando sobre ela usando o tempo presente. Parecia que ela havia apenas escapado do meu campo de visão e que, se eu tentasse bastante, poderia encontrá-la.

De repente, tive vontade de visitar o apartamento onde cresci. Até então a ideia não tinha me ocorrido. Para começar, o apartamento foi motivo de uma batalha judicial dolorosa. No início da década de 1990, quando as pessoas conquistaram o direito de ter propriedades, Daria e Vladimir receberam a propriedade do apartamento onde moravam, até então pertencente ao Estado. O imóvel era grande demais para os dois, e eles decidiram vendê-lo e comprar um lugar menor. O melhor amigo de infância de Vladimir se ofereceu para reunir os documentos necessários, uma tarefa assustadora nos primeiros anos da independência, e se aproveitou da situação para se tornar o novo dono. A história contada por Vladimir era tão complicada quanto o códice legal soviético herdado pela Ucrânia, mas o resultado foi que meu tio perdeu o apartamento. Ele lutou para provar que era o dono legítimo, mas o principal embate foi para não perder a fé nas pessoas depois de ser traído pelo amigo.

Vladimir recuperou o apartamento, mas teve que pagar quase metade do valor do imóvel em honorários do advogado. Ele o vendeu quando já morava em Israel, e a única vez que falou do lugar foi para expressar seu desgosto com o amigo corrupto.

— Aquele lugar trouxe tanta dor de cabeça para seu tio — observou Valentina.

Todos os dias, enquanto estive em Kyiv, eu e ela nos falávamos, e nossas conversas ganharam uma dimensão mais íntima quando minha avó entrou no século XXI ao comprar um iPad. Ela nem sempre conseguia ajustar o ângulo da câmera corretamente e, quando conversávamos, apontava para a parede ou para o retrato sombrio de Pasha acima da mesa da sala de jantar. No entanto, conseguia me ver e achava divertido poder fazer isso com um clique.

— Por que seu quarto está tão bagunçado? — perguntava, observando as roupas no chão ou meus papéis espalhados pela mesa. Nada lhe escapava.

Eu disse a Valentina que queria visitar nosso antigo apartamento, mas que estava apreensiva.

— Eu também relutei em visitar Mykhailivka de início — disse Valentina. — Mas ultimamente, quando não consigo dormir, imagino nossa casa, o pomar de macieiras, o riacho no sopé da colina. Então, preencho todas as minhas reminiscências com as pessoas que amei e apreciei. Você se lembra daquela senhora maravilhosa, tia Maria, que conhecemos quando estávamos procurando a casa de Platon Bylym? Ela disse que, no fim das contas, só nos restam lembranças, e ela estava certa. Você tinha razão também. É importante lembrar.

Valentina se atrapalhou com o iPad, a câmera girou pela sala e então seu rosto corado surgiu na tela.

— Você foi à Casa do Galo procurar por Nikodim — disse, olhando nos meus olhos. — Então, pode ir à casa da sua infância.

Dei algumas voltas pelo pátio e sentei em um banco próximo ao parquinho. Um grupo de meninas se revezava em um balanço que fazia o mesmo rangido de quando eu tinha a idade delas. Suas risadas ecoavam em um grande quintal coberto de arbustos de grinalda-de-noiva e atravessado por varais. Prédios atarracados de cinco andares se amontoavam ao redor, as janelas decoradas com floreiras e gaiolas de pássaros. Avós chamavam as crianças para jantar. Fazia mais de duas décadas desde a última vez que eu estive ali. As castanheiras pareciam mais altas, os carros estacionados no gramado, mais novos e as ruas, mais esburacadas — tirando isso, a rua de minha infância continuava a mesma.

Levantei-me e caminhei até o prédio onde um dia morei com meus pais, Vladimir e Daria. As janelas de nosso apartamento davam para o pátio. A janela do quarto estava coberta por uma cortina fina através da qual eu conseguia ver uma televisão piscando e sombras em movimento. Tudo que eu precisava fazer era tocar a campainha.

Fiquei paralisada. Por mais descarada que tivesse me tornado naqueles últimos anos, batendo em portas aleatórias e invadindo a casa de estranhos, hesitei. O que diria àquelas pessoas? Como poderia explicar a elas o motivo pelo qual queria ver sua casa quando não conseguia explicar nem para mim mesma?

Eu me apoiei em uma castanheira à beira do pátio e refleti.

— Está espionando alguém?

Dei um pulo ao ouvir a voz rouca por sobre meu ombro. Virei-me e dei de cara com um homem baixo vestindo bermuda e uma regata que revelava uma colagem de tatuagens azuladas nos braços musculosos. Seu pastor alemão o puxava na direção oposta, mas o homem se manteve firme, franzindo o cenho.

— Eu morava aqui — respondi, sentindo meu rosto corar.

O homem não se convenceu.

— Eu moro aqui desde antes de você nascer, e não me lembro de você.

— Faz muito tempo. O senhor conhece Vladimir Tsebrev? — perguntei.

O homem abriu um sorriso largo e bateu nas coxas. O cachorro aproveitou a guia solta para correr até os arbustos.

— É claro que conheço! — disse o homem. — Você é filha dele?

Respondi que era sobrinha.

— Você deve ter se mudado há muito tempo. Meu nome é Mishka, seu vizinho do terceiro andar. — Mishka balançou a cabeça e saiu em busca do cachorro. — Ele deve ter farejado um intruso. Um gato, quero dizer — acrescentou, despedindo-se de mim com um aceno.

Desejei boa sorte e avancei em direção ao arco que levava para fora do pátio. *Eu* me sentia uma intrusa.

— Espere, mas aonde você está indo? — gritou Mishka atrás de mim. — Não vai subir para dizer olá? São boas pessoas, as que compraram o apartamento.

Mishka apontou para a entrada.

— Deixe-me abrir a porta para você. O interfone não funciona bem nestes malditos *khrushchevkas*, e o inferno vai congelar antes que alguém o conserte — continuou ele, sem perceber que eu permanecia parada no meio da rua.

Do que eu estava com medo? Determinada, me aproximei da porta da frente.

O corredor ainda cheirava a biscoitos queimados e mofo. A lâmpada ainda estava quebrada. Subi a escada e, no segundo andar, instinti-

MINHA UCRÂNIA 253

vamente virei à direita, estendendo a mão para a porta do nosso antigo apartamento. Mishka ficou no andar de baixo.

— Adeus e boa sorte! Preciso encontrar o cachorro antes que ele mate todos os gatos da vizinhança — gritou.

O som enferrujado da campainha ecoou por alguns segundos do outro lado da porta, seguido pelo silêncio. Fiquei ali no escuro, sem saber se deveria ir embora ou esperar mais um pouco.

A porta se abriu sem ruído e me sobressaltei. Uma jovem usando um vestido azul de verão estava parada na soleira, limpando as mãos sujas de farinha no avental. Ela se inclinou para a frente, tentando distinguir quem estava na escuridão do corredor, antes de se afastar para que eu entrasse em um corredor estreito que cheirava a pão saído do forno.

A mulher tinha um rosto rosado com covinhas e olhos cinzentos levemente oblíquos que se enrugavam nos cantos. O cabelo loiro estava preso em um nó pesado em sua nuca. Ela irradiava saúde e o tipo de beleza madura que Daria comparava a um pão doce. "Linda como um *bulochka*", dizia em tom de admiração sempre que passava por mulheres loiras, altas e rechonchudas. Daria e eu éramos magras, baixinhas e com o cabelo escuro. A farinha nos braços expostos da mulher parada diante de mim só acentuava a comparação a um pão.

— Meu nome é Vika, sou sobrinha de Vladimir Tsebrev. Eu morava aqui — apresentei-me.

— Eu me chamo Sonia e sou sua prima — disse a mulher, segurando minhas mãos nas dela e me virando em direção à luz para que ela pudesse ver melhor meu rosto.

Sorrimos uma para a outra. Meu constrangimento inicial estava passando com a recepção calorosa de Sonia, mas eu continuava atordoada. Eu tinha acabado de encontrar um primo.

Um homem alto de cabelos escuros foi até o corredor segurando uma criança que se parecia com sua imagem no espelho.

— *Khosh umadid*, bem-vinda — disse ele em farsi.

— Meu marido Keywan gosta de usar frases persas. Ele está determinado a trazer a educação de seu Irã natal à Ucrânia — explicou Sonia, dando um sorriso indulgente ao marido. — Mas infelizmente acho que isso vai de encontro à nossa franqueza eslava.

Garanti a Keywan que a cultura ucraniana se beneficiaria com as tradições de etiqueta persas .

— E este é meu filho Roman — disse Sonia, apontando para o garoto.

Roman olhou para mim com a mesma expressão de surpresa com que eu devia ter olhado para Sonia, então escondeu o rosto no peito do pai.

— Por favor, sente-se e me conte tudo — pediu minha prima, me levando até a sala.

— Não acha que é você quem deve começar a história? — sugeriu Keywan à esposa.

Ele falava russo fluentemente, e apenas o "a" profundo e sonoro entregava suas raízes iranianas.

— Já vi fotos suas — comentou Sonia. — E você é tão parecida com a tia Daria que não há como ter dúvida de que é minha prima.

— Vladimir não contou que vendeu o apartamento para a sobrinha? — perguntou Keywan.

— Sobrinha-neta, para ser exata — corrigiu Sonia. — A irmã mais velha de Daria, Sonia, era minha avó. Fui batizada em sua homenagem. Confesso que não mantive contato com Daria ou Vladimir. Foi ele quem me procurou quando decidiu se mudar para Israel. Sabia que estávamos procurando um apartamento. E aqui estamos.

— Na verdade, Vladimir e eu perdemos contato, e vim até aqui porque não sabia mais aonde ir — expliquei.

Minha cabeça estava rodando. Eu tinha passado os últimos dois anos procurando pessoas da família, pistas do passado, e ali estava uma prima, ainda que distante, sentada diante de mim em uma sala

MINHA UCRÂNIA

que um dia foi minha. Eu precisava de tempo para processar tudo aquilo e perguntei a Sonia se podia andar pelo apartamento.

A geografia do lugar me parecia a mesma, mas a atmosfera tinha mudado. Tudo estava mais fresco, mais claro e mais feliz. Apenas os sons da cidade batendo contra as janelas lembrou o apartamento como ele era antes. Fiquei de pé no antigo quarto dos meus pais ouvindo o barulho dos bondes, a risada das crianças no pátio e o farfalhar suave das castanheiras.

— Keywan vai procurar o número do telefone de Vladimir — disse Sonia, entrando no quarto. — Venha tomar um chá e falar sobre você.

Ela arrumou a mesa com copos iranianos em formato de pera e um bule de porcelana ilustrado com um xá Qajar barbudo. Um pequeno armário na sala guardava um ícone ortodoxo da Virgem Maria, um Corão e um livro do poeta persa do século XIV Hafiz de Chiraz.

Keywan voltou com um bloco de papel.

— Aqui está o contato de Vladimir. Vamos ligar para ele agora — disse.

No entanto, os números eram os mesmos que eu tinha. E todos eles tocaram sem parar, sem que ninguém atendesse.

— Eles se mudaram — disse Sonia, substituindo o chá gelado intocado em minha xícara por um novo. — Eu me lembro de Vladimir ter mencionado que iam mudar de apartamento. Vou conferir a última mensagem que ele me mandou.

Sonia entrou em seu e-mail e viu que a última conversa entre eles tinha acontecido havia seis meses.

— Devíamos nos esforçar mais para manter contato — disse, visivelmente constrangida.

— A vida moderna... — comentou Keywan, deixando a mão cair. — Famílias modernas.

Bebemos chá, nos distraindo de pensamentos sombrios ao conversar sobre Roman e o charme com que misturava o persa e o russo em um idioma próprio. A angústia cresceu dentro de mim, fria e sem palavras. Agradeci a eles pela hospitalidade e fui embora da minha antiga casa. A porta se fechou atrás de mim. Fiquei parada na soleira por um instante, iluminada pela luz amarela do poste da rua, e avancei timidamente para o crepúsculo que se adensava.

15

Não tive escolha a não ser voltar a Bereh e esperar que minha mãe encontrasse outra conexão com Vladimir ou que Sonia e Keywan escrevessem para ele pedindo que entrasse em contato comigo — se ele ainda quisesse fazê-lo. Mesmo assim, adiei minha partida de Kyiv. Eu não tinha energia para explorar a cidade. Sentei-me na sacada do apartamento da minha tia fingindo escrever. O cheiro azedo dos choupos, a risada abafada das crianças brincando no pátio e o calor seco que irradiava da parede de tijolos trouxeram minha infância de volta. Em dias abafados como aquele, Daria, Vladimir e eu costumávamos fugir para Hlibivka.

Hlibivka era um vilarejo próximo de Kyiv com o tamanho de Bereh, onde Vladimir comprou uma casinha de campo e a transformou em uma tradicional cabana russa que lembrava a casa de seus avós. Tinha um enorme forno de alvenaria, bancos percorrendo todas as paredes e chão de terra batida. O forno tradicional, a floresta escura ao redor da casa e as carruagens puxadas a cavalo que os habitantes locais ainda usavam na década de 1980 faziam o vilarejo parecer uma ilustração de um livro de contos de fadas. Daria e eu fazíamos pães e panquecas no forno mágico e procurávamos ervas e cogumelos nas florestas próximas.

Daria era contemporânea de Asya e também era professora, mas essas eram as únicas semelhanças entre elas. Daria falava com suavidade e era contida, e Asya sempre fora sociável e extrovertida — mas na floresta, minha avó paterna virava outra pessoa. Falava de plantas, de suas propriedades medicinais e das florestas magníficas de sua infância russa. Cantava canções sobre amantes que queriam se transformar em pássaros e recitava poemas persas românticos que sabia de cor.

Foi em Hlibivka onde eu soube do desastre de Chernobyl. O vilarejo ficava a cerca de 80 quilômetros da usina nuclear. O dia 26 de abril de 1986 caiu em um sábado, e minha mãe e eu tínhamos chegado a Hlibivka na noite anterior para passar o fim de semana com Daria e Vladimir, que já estavam lá plantando batatas. A manhã estava fria e ensolarada, e minha mãe me levou para caminhar pelo mar de Kyiv, um lago artificial formado por uma barragem no rio Dnieper. A areia estava úmida e coberta de conchas reluzentes de mexilhões e plantas aquáticas que pareciam pinheiros em miniatura. Peguei um graveto e desenhei uma linha na areia. Uma onda avançou sobre meus pés e apagou o desenho.

— Aquela forma não parece um urso? — perguntou minha mãe, apontando para a névoa que se movia lentamente a distância.

Subi em um grande tronco flutuante e olhei para a linha reluzente que separava a água do céu. Eu não estava pensando na nuvem em formato de urso. Daria tinha me dito que, quando foi criado, o mar de Kyiv engoliu muitos povoados, e imaginei que um dia as casas, as igrejas e os jardins ressurgiriam.

— Que névoa estranha — comentou minha mãe, sentando na areia e abrindo o livro.

Ela estava entediada. Não gostava de Hlibivka e só estava lá porque meu pai insistiu.

Ouvimos alguém gritando nossos nomes. Viramos e vimos meu pai correndo na nossa direção, gesticulando.

— Entrem no carro! Agora! — ordenou ele, pegando o livro da minha mãe e vindo na minha direção. — Ouvi um motorista que estava de passagem dizer que algo aconteceu em Chernobyl.

Normalmente uma pessoa calma e serena, ele parecia tão agitado que minhas pernas começaram a tremer e saltei do tronco. Ao fazer

MINHA UCRÂNIA 259

isso, minha meia-calça ficou presa em um galho pontiagudo e, por um momento, fiquei suspensa no ar, segura por um pedaço de uma árvore antiga de um povoado submerso. Meu pai me pegou e correu comigo em direção ao carro, onde Daria e Vladimir já esperavam por nós.

De início, o acidente em Chernobyl não significou nada para mim, para além do fato de que não precisei frequentar a escola pelo restante daquele semestre. Um dia depois de termos voltado para Kyiv, meu pai levou minha mãe e eu para Bereh. Descobrimos a verdadeira natureza do desastre porque a sogra da minha tia trabalhava no Ministério da Saúde, e ela nos alertou para deixar a cidade imediatamente e ir para o leste, na direção oposta da nuvem radioativa. Minha mãe ligou para amigos e implorou a eles que partissem, mas como o governo soviético negava o que tinha acontecido, eles riram e disseram a ela que parasse de acreditar em teorias da conspiração capitalistas.

— Tenho máscaras de gás dos meus dias como enfermeira voluntária — brincou sua melhor amiga Lana. — Se essa nuvem radioativa chegar aqui, estaremos bem equipados.

Alguns anos depois, Lana morreria de câncer de mama. Minha mãe pagou pelo enterro porque a família dela havia gastado tudo em tratamentos médicos.

Daria e Vladimir voltaram a Hlibivka depois da explosão de Chernobyl, aceitando os riscos e não querendo abandonar sua charmosa cabana. Eu, por outro lado, não ia mais com eles. Meus pais estavam divorciados e, embora eu visitasse Daria e Vladimir durante a semana, minha mãe me proibiu de ir a Hlibivka. Aquele dia em abril de 1986 foi a última vez que estive lá. Chernobyl ficou gravada em minha memória como o cheiro de resina de pinheiro seca, o sabor almiscarado dos morangos silvestres e canções da minha avó. Incorporou minha primeira perda e minha primeira saudade incipiente.

Digitei Hlibivka na barra de pesquisas do navegador e a primeira página que apareceu foi o anúncio de um hotel. "Se você está cansado da agitação da cidade e quer passar férias inesquecíveis perto de Kyiv, o Hlibivka Holiday Hotel é a escolha certa." Eu não sabia o endereço da cabana, mas era difícil imaginar que um lugar que anunciava um spa, eventos corporativos para equipes e cinco piscinas estivesse localizado na Hlibivka que eu conhecia. Só havia um jeito de descobrir.

Na rodoviária, as rotas para Hlibivka anunciavam passeios pela antiga usina nuclear. "Única, misteriosa e extraordinária", dizia um pôster sobre a Zona de Exclusão de Chernobyl, fazendo com que parecesse uma viagem para um safári. Sentei-me no ônibus e percorri em meu celular as fotos que Vladimir tirou da nossa cabana.

A área ao redor de Kyiv parecia tão diferente dos prados e estepes de Poltava que direcionei minha atenção para a paisagem além da janela. As florestas de pinheiros passavam apressadas, a massa escura das copas das árvores riscadas pelo vermelho brilhante dos troncos esguios. Depois do acidente de Chernobyl, o governo ordenou que os soldados derrubassem a floresta próxima à usina nuclear, e no calor repentino de maio jovens sem camisa cortaram as árvores apenas para depois tombarem sob o efeito mortal da radiação.

Daria e eu viajávamos a Hlibivka de ônibus com tanta frequência que, no momento em que o ônibus virava a esquina, minha mão disparou no ar, pedindo ao motorista que parasse. Era a mesma estrada, o mesmo rochedo, a mesma colina à frente. Mas, quando o ônibus arrancou, deixando-me em uma nuvem de poeira, duvidei da minha memória. A floresta escura coberta de musgo da minha infância agora era tão rala que eu conseguia ver a estrada seguinte. Uma pilha de latas de cerveja e lixo ocupavam o caminho principal onde um dia colhi framboesas silvestres e assustei um urso. (Daria disse que era um bêbado, mas na minha mente a figura rugindo com uma juba preta sempre teve a forma de um urso.)

Estremecendo, afastei-me da pilha de entulho, mas, para onde quer que olhasse, via que Hlibivka tinha mudado. As estradas eram mais novas e as casas também. Algumas construções pareciam casarões chiques, com antenas parabólicas empoleiradas no telhado e carros

MINHA UCRÂNIA

importados na entrada. Outras casas estavam abandonadas e decadentes e, entre essas ruínas, encontrei a cabana de contos de fadas da minha infância.

A casa caiada era difícil de enxergar a princípio, cercada por macieiras que cresceram descontroladamente e estavam carregadas de frutos verdes e firmes. Abri o portão frágil e entrei. A porta estava escancarada e um gato saiu correndo e me assustou. Ninguém morava ali há anos. O telhado estava desmoronando, como se fosse desabar a qualquer momento, e mudas jovens brotavam do chão onde costumava ser nossa sala. Esfreguei o reboco branco e ele se desfez sob meus dedos.

Quando Daria e eu visitávamos Hlibivka juntas, ela se levantava cedo para comprar leite de um vizinho para nosso café da manhã. Eu acordava com o farfalhar dos juncos à beira do rio e o crepitar da lenha. Grogue e desorientada do despertar repentino, olhava distraída por uma pequena janela empenada de vidro. O casaco verde da minha avó passava e eu me sentia tão bem que meu corpo inteiro parecia flutuar. Então voltava a dormir, pressionando o rosto contra uma colcha de lã que cheirava a óleo de calêndula e ao sabonete de ervas de Daria.

Como por um milagre, a janelinha estava intacta, assim como o forno de alvenaria. Ainda parecia sólido e majestoso, imbuído do mesmo mistério que eu sentia emanar dele na infância.

Tanto Daria quanto Asya costumavam dizer que não se podia entrar no mesmo rio duas vezes, afastando os arrependimentos e aceitando as mudanças provocadas pela passagem do tempo. Ainda assim, eu resistia, e o desencontro entre minha memória e a realidade doía. Mas ali, parada no meio de uma casa em ruínas, juntando os fragmentos das minhas memórias, percebi que aquelas mulheres eram sábias. Não se pode controlar tudo na vida. Eu estava vivendo em meio a uma guerra. Tinha perdido amigos e entes queridos em circunstâncias trágicas. Sabia melhor que ninguém que olhar para o passado podia nos transformar em uma estátua de sal.

Saí correndo do quintal sem me virar e olhar a casa. Atravessei a estrada e entrei na floresta, apressando-me ao passar pela pilha de lixo.

No interior da floresta, as árvores eram esparsas, mas a mata parecia limpa. A luz do sol era filtrada pelos galhos dos pinheiros, caindo sobre os confetes dourados no chão. Minúsculas flores roxas cresciam em uma massa espessa sob meus pés e exalaram um perfume de cânfora, persistente e doce quando pisei nelas. Reconheci o tomilho selvagem, a mesma erva que Daria usava em suas tisanas. Agachei-me e colhi alguns ramos. Não tinha mais Daria comigo e não lembrava que caminho seguir para encontrar os morangos silvestres ou o lago de água cristalina. Talvez eles não existissem mais. Enfiei o tomilho no bolso. Na viagem sufocante de ônibus para Kyiv, segurei-o em frente ao rosto e inspirei fundo. Em cada vislumbre verde do outro lado da janela, eu via o casaco de Daria.

Quando cheguei em casa, vi que havia perdido uma ligação de um número desconhecido. Ouvi o recado que deixaram.

— Será que liguei para o número certo? Grigori Goldberg aqui. Vladimir se mudou e seu telefone agora é outro. O último número que tenho é...

Não era o mesmo número que eu tinha conseguido com Sonia e Keywan. Liguei imediatamente. Tocou sem parar. Eu não suportaria mais uma perda. O telefone continuava tocando e ninguém atendia.

16

Permaneci em Kyiv. Dias se passaram, mas Vladimir não retornou minha ligação nem atendeu todas as vezes que eu ligava. Liguei para aquele último número várias vezes ao dia, mas sempre caía na secretária eletrônica com sua mensagem automática de fábrica.

Pensei um pouco e digitei outro número que sabia de cor, embora não ligasse para ele havia anos. Ninguém atendeu. Desanimada, estava prestes a desligar quando ouvi um clique e uma voz familiar do outro lado da linha.

— Aqui é a Vika — disse, simplesmente.

Alyona deu um gritinho e então soltou sua habitual risada estridente. Eu também ri, zonza e animada.

— Que surpresa! Que surpresa adorável! — disse Alyona, assim que recuperou o fôlego e depois de eu dizer que estava em Kyiv.

— Que tal nos encontrarmos para um café? — perguntei.

— Maravilha! Podemos nos encontrar na Maidan? Que tal às 4 da tarde?

— Vejo você perto das castanheiras cor-de-rosa.

Tonta e ansiosa, caminhei pelo apartamento para me recompor. O que vestir? Devo levar um presente? Se sim, que tipo de presente se dá para uma amiga há muito perdida e, de repente, reencontrada? Examinei-me no espelho, imaginando o que Alyona acharia de mim depois de duas décadas. Eu a conhecia desde a terceira série, quando a

264 VICTORIA BELIM

professora nos colocou na mesma carteira, e continuamos amigas até eu ir embora para os Estados Unidos. Alyona e eu fizemos planos de ela ir para Chicago estudar inglês, mas, claro, aquelas fantasias infantis nunca se materializaram. Embora eu voltasse para Kyiv para visitar Valentina, nunca via minha amiga da escola porque ela passava os verões com a família do namorado no sul da Ucrânia e parecia ter pouco tempo para mim. Não me ressentia dessas ausências, principalmente porque minhas visitas eram raras e minhas cartas para ela, curtas. Com o tempo, nós duas paramos de tentar contato.

Peguei a bolsa e saí correndo de casa, com medo de me atrasar.

Cheguei antes de Alyona e guardei um lugar nos bancos de pedra sob as castanheiras, que já não exibiam suas flores cor-de-rosa, mas gostei da sombra suave que os galhos lançavam sobre a praça. Os acampamentos e as pilhas de pneus foram removidos há muito tempo. O memorial para os mortos na Maidan estava decorado com cravos vermelhos e fitas azuis e amarelas. Eu encarava o chão e não percebi quando Alyona se aproximou.

Quando ergui os olhos e vi minha amiga, surpreendentemente inalterada depois de tantos anos, acreditei que era possível voltar no tempo, ao contrário do que minhas avós diziam. Alyona vestia um terninho branco que a deixava mais alta e magra do que eu lembrava, e o cabelo escuro abaixo da cintura caía solto. Ela inocentemente desconhecia a própria beleza, o que a tornava ainda mais impressionante. Trazia sorvetes de chocolate e um buquê grande de dálias roxas. Sua chegada atrasou o relógio e fez a Maidan voltar a ser o que era — o lugar aonde íamos para compartilhar segredos e planejar grandes aventuras.

Tomamos o sorvete caminhando pela Khreshchatyk.

— Você estava aqui durante os protestos? — perguntei, ciente de que talvez estivesse pisando em terreno perigoso.

Algumas pessoas corretamente percebiam essa pergunta como uma indagação a respeito de sua posição política e ficavam na defensi-

MINHA UCRÂNIA 265

va, e há anos nós duas não nos falávamos. Não fazia ideia se ela havia mudado ou o que pensava. Mas, de alguma forma, não a senti reticente sobre o assunto.

— Estive aqui com meu pai em novembro, mas, quando a situação ficou muito violenta, ele me disse para não vir. Ainda não sei se foi a decisão certa, considerando como tudo ocorreu da pior forma possível.

— Quer dizer, a decisão de apoiar a revolução?

— A decisão de começar a revolução. Estamos no quintal de um país que ainda se acha um império. Até que a Rússia abra mão de suas aspirações imperialistas, seremos empurrados de um lado para outro. É tão exaustivo que às vezes penso em emigrar.

Eu não achava que alguém tivesse direcionado os acontecimentos da Maidan ou que a revolução fosse evitável. As pessoas estavam tão cansadas da corrupção e de nada funcionar direito que procuraram uma maneira qualquer de expressar suas preocupações. O motivo pelo qual a Maidan atraiu tantos grupos diferentes era a promessa de um novo começo, e esse tipo de promessa era necessário em 2014.

Disse isso a Alyona.

— O que aconteceu, aconteceu — retrucou. — Agora é esperar e ver o que o futuro trará. Mas somos resilientes. Sabe como as pessoas estavam dispostas a se voluntariar e oferecer ajuda básica ou comida? Só isso já me dá esperança.

Alyona me disse que estava solteira e ainda morava com os pais no mesmo apartamento perto da nossa escola. Trabalhava para uma empresa de petróleo fazendo tradução técnica e dava aulas particulares de inglês no tempo livre. Nikita, seu namorado de anos, se tornou um amigo e se casou com outra mulher.

— Ele perdeu a paciência esperando que eu aceitasse seu pedido de casamento — disse Alyona. — Sabia que eu o apresentei à sua esposa?

Eu a encarei, intrigada.

— Pensei que você e Nikita se amavam. Passavam tanto tempo juntos. Mesmo quando eu vinha a Kyiv, você preferia a companhia de seu amado Nikita à minha. E agora está me dizendo que deu uma de casamenteira para ele e outra mulher?

Alyona desviou o olhar e suspirou. Ela me contou sobre uma doença que atrapalhou sua vida e explicou que Nikita não saiu do seu lado. Contou que, quando ele a pediu em casamento, ela sentiu que era mais por obrigação do que amor de verdade. Então decidiu terminar o relacionamento.

As pessoas que vinham na nossa direção se fundiam em uma massa difusa e desfocada. Eu só via o perfil de Alyona e uma pequena veia azulada pulsando em sua têmpora. Ela estava calma e serena, contando aquela história triste como se fosse uma anedota sobre alguém que conhecíamos, mas com quem mal nos importávamos.

— Mas não me arrependo da minha decisão de ficar solteira. Gosto da minha liberdade. Posso fazer o que quiser. Sair com quem quiser. Comprar o que quiser.

Envolvi meu braço no dela.

— E hoje em dia não me arrependo de não ter tido filhos — disse ela. — Com o que está acontecendo aqui, estou preocupada.

— A guerra...

— Quero dizer, a guerra que está chegando. O conflito agora está adormecido, mas não vai continuar assim para sempre. Mas chega desse assunto. Agora me fale de você. Como está sua família?

Ouvir Alyona expressar seus medos me encorajou a falar sobre os meus.

— Meu pai morreu — respondi, soltando sua mão.

Minhas palavras pairaram no ar poluído pela fumaça dos carros, tornando ainda mais difícil respirar. Confessei o que andava girando em minha mente para alguém que esteve ausente da minha vida por muitos anos, mas não precisei preencher as lacunas. Alyona me abraçou e seu

MINHA UCRÂNIA

cabelo espesso e brilhoso me envolveu como uma cortina, isolando-me da cidade e do seu clamor. Chorei, e as lágrimas que eu vinha segurando jorraram como uma torrente. Ficamos paradas no meio da rua, alheias às pessoas que nos observavam curiosas, mas sem invadir nosso espaço.

Encontramos um pátio ornamentado e nos sentamos em um banco. Eu ainda estava segurando as dálias que Alyona me deu, sentindo o frio ceroso de suas pétalas sob os dedos. As tílias lançavam uma sombra profunda, e os únicos sons eram o murmúrio do trânsito na rua principal e o arrulhar das pombas.

— Descobri quando minha madrasta ligou e despejou a notícia em cima de mim. Eu venho repetindo a conversa em minha mente, mas não faz sentido. Meu pai sempre foi uma pessoa sensata, raramente ficava deprimido. Sei que ele entrou no ramo imobiliário e que estava tão ocupado com isso que, nas raras ocasiões em que conversamos, ele não falava de outra coisa. Eu me entediava até quase chorar de desespero. Nem me lembro do nome da empresa.

Olhei para Alyona e meus olhos se encheram de lágrimas mais uma vez.

— E o que aconteceu com a empresa? — perguntou ela.

— Karina diz que ela faliu e aí ele também. Imagino que agiotas estivessem atrás dele, mas falar sobre isso na época era tão doloroso que preferi evitar.

Depois do velório, Karina e eu mantivemos contato, mas conversar ficou cada vez mais difícil. Eu sabia que ela sofria com o próprio fardo de culpa, mas nossas conversas me esgotavam. Ela também parou de me ligar.

— Agora quero entender o que aconteceu e conversar com o irmão mais velho do meu pai — falei. — E nem consigo entrar em contato com ele porque discutimos sobre a Crimeia e a política ucraniana e não nos falamos desde então.

— Oh, céus! Tem certeza de que não há outro motivo para Vladimir não ligar? Ninguém guarda rancor por causa da política ucraniana por tanto tempo!

Alyona balançou a cabeça.

— A outra explicação pode ser que ele morreu — respondi, não mais me segurando. — Mas minha mãe diz que ela teria ficado sabendo por sua rede de contatos.

— Então ele vai aparecer — confortou-me Alyona. — Enquanto isso, você precisa se cuidar e ser gentil consigo mesma. Tudo o mais está fora do seu controle.

Voltei para o apartamento da minha tia e preparei uma xícara de chá. Abri o armário e folheei alguns livros de arte. Eram quase todos de Valentina, colecionados em uma época em que volumes de arte ilustrados eram raros e muito desejados. Uma pequena nota caiu de um dos livros. Era nosso endereço em Bereh escrito com a letra de Valentina, mas, em vez do número da casa, que era 1, estava algo parecido com um 7. Olhei mais de perto e percebi que Valentina escrevia o "1" de um jeito peculiar, com um gancho comprido que o fazia parecer um "7". Guardei a nota de volta no livro e continuei folheando as páginas que mostravam reproduções de quadros renascentistas. Algo me incomodava, mas eu não sabia ao certo o quê. Lavei a louça e fui dormir.

Acordei ao amanhecer e pulei da cama em busca do meu celular. Ouvi a mensagem de Grigori Goldberg e comparei o número que ele me deu com o que eu havia anotado. De repente, entendi tudo. A primeira vez que ouvi, eu estava tão agitada que rabisquei o 7 como se fosse o número 1. Aquele tempo todo eu estava ligando para o número errado.

Digitei os números com dedos trêmulos. O telefone tocou com um som oco, ecoando em minhas têmporas.

— Alô!

MINHA UCRÂNIA

269

A voz clara e resoluta de Vladimir soou tão próxima que involuntariamente olhei à minha volta.

— Diadia Volodia, aqui é Vika — falei.

— Finalmente! Sabe como eu estava preocupado? Primeiro me bloqueou no Skype, e achei melhor dar um espaço a você. Quando se tem a minha idade, sabe que espaço e tempo são os melhores remédios para muitas coisas. Então, não faz muito tempo, Grisha Goldberg me mandou uma mensagem dizendo que minha sobrinha estava procurando por mim por toda a Kyiv. Ele disse que deu a você meu número, mas você não me ligou.

Vladimir falava tão rápido que eu mal conseguia acompanhar a história.

— ... e o estúpido do Grisha jogou fora seu bilhete antes que eu pudesse pedir seu número. Perdi meu celular e todos os contatos, incluindo o seu. Estou ficando velho e esquecido, e até a tecnologia está falhando comigo.

— Eu só queria dizer que sinto muito — disse a ele.

Também queria acrescentar que não o havia bloqueado no Skype, ele que me bloqueou. Porém, não tinha mais certeza de quem tinha feito o quê. Não importava mais.

— Esqueça isso. Eu também disse coisas idiotas. Não vamos mais falar disso. Você continua fazendo ioga todos os dias?

Fiquei na janela ouvindo Vladimir descrever sua rotina diária e seus exercícios favoritos. Então, contei como desvendei o misterioso desaparecimento de Nikodim e como aquela busca foi importante para que eu entendesse minhas raízes e meu relacionamento com minha família e com a Ucrânia em si.

— Você disse que devemos ser gratos à União Soviética, mas com uma história como a de Nikodim em nossa família não consigo me sentir assim — concluí.

— Tínhamos familiares que também sofreram durante a era de Stalin — disse Vladimir. — Minha sobrinha se suicidou quando perdeu a fé no sistema. Ela era responsável por uma estação meteorológica. Alguns dizem que ela tinha princípios demais e que a mataram e fizeram parecer um suicídio.

Contei a Vladimir sobre o trágico fim de Nikodim. Então hesitei, mas, lembrando a conversa com Alyona, me decidi.

— Quero perguntar sobre o meu pai.

Ouvi Vladimir respirar profundamente e pigarrear.

— Eu também quero contar uma coisa. Posso começar?

Respondi que sim, ainda olhando pela janela. No pátio lá embaixo, o zelador regava os canteiros de flores murchas, e Petr Ivanovich alimentava sua trupe de gatos. Pessoas se aglomeravam ao redor de um quiosque que vendia café e jornais. A banalidade tornou minha conversa com Vladimir surreal. Fechei a cortina.

Sentei-me à mesa de jantar e coloquei o telefone à minha frente, ligando o viva-voz. O tom grave de Vladimir preencheu a pequena sala e ecoou sob o pé-direito alto.

— Nós queríamos projetar o melhor gravador de som. Meus irmãos e eu adorávamos música, mas na União Soviética era difícil encontrar gravadores de boa qualidade, para não falar da música ocidental. Quando não fui aceito no programa de engenharia, decidi estudar em qualquer escola que me aceitasse e aprender engenharia sozinho. Era algo ambicioso, mas isso não me intimidou. Eu sobrevivi à poliomielite. Grisha Goldberg também não foi aceito na universidade de engenharia por ser judeu. Então criamos nosso próprio grupo de estudos de engenharia chamado "Invalid+Kosmopolit", zombando dos motivos pelos quais a universidade nos recusou. Estudamos com os livros do primeiro ano do curso de engenharia, ensinando um ao outro. Grisha desistiu e começou a negociar no mercado clandestino, mas eu terminei o curso sozinho. Depois de alguns anos de estudos, construir um

MINHA UCRÂNIA 271

gravador de som foi moleza, principalmente porque Grisha conseguia as ferramentas de que eu precisava.

Vladimir tomou fôlego.

— Foi assim que nosso período de gravação de som começou — prosseguiu. — Construí gravadores e copiei fitas de músicas. De início foi por diversão, mas de repente seu pai sugeriu vender meus aparelhos. Ele conseguiu compradores por meio de suas conexões na universidade e ganhamos dinheiro. Muito dinheiro! Nunca me importei com isso porque nunca o tive, mas de repente entendi por que as pessoas ficam obcecadas por ele. O dinheiro traz poder. As pessoas não se importam se você é aleijado se sentirem o cheiro de dinheiro em você.

Uma pausa.

— Os compradores que seu pai conseguiu eram aficionados por música ou negociantes do mercado clandestino, e uma companhia ruim de se manter. O que fazíamos era ilegal, e era inevitável que alguém nos denunciasse às autoridades. E foi o que aconteceu. A polícia invadiu nosso apartamento, confiscou todos os meus gravadores e as ferramentas e nos acusou de "especulação" e "parasitismo". Era crime sob a lei soviética. Assumi a culpa por tudo.

— Você fez isso para proteger meu pai?

— Eu era o responsável. Não ia negar, e seu pai tinha o futuro inteiro pela frente. Se ele fosse preso, estaria arruinado para sempre.

— Você protegeu seu irmão!

Minha voz saiu tão baixa e rouca que pareceu estrangeira. Pensei em Nikodim, que tentou proteger o irmão, meu bisavô, ao não mencioná-lo durante os interrogatórios. E em como antes da interferência de Ivan e Asya, Sergiy estava disposto a se arriscar, investigando o desaparecimento de Nikodim.

— Sei que você não acredita em mim, mas a prisão foi a melhor lição de vida que pude ter. Vi coisas que a maioria das pessoas não vê.

Entendi coisas sobre as pessoas que não teria aprendido de outra forma. Nunca me arrependi.

Vladimir ficou em silêncio por um instante.

— Mas, claro, toda decisão que tomamos traz consequências — acrescentou. — Minha esposa me deixou, e não vi minha filha crescer. Então seu pai perdeu o melhor amigo, Danil, que foi enviado ao Afeganistão e ficou tão destruído com a experiência que se suicidou. Seu pai era um estudante, então escapou do recrutamento. O suicídio de Danil o devastou.

Empurrei a cadeira tão bruscamente para me levantar que ela caiu no chão com um baque alto. Lutei com as travas que não eram tocadas havia anos e abri a janela. Eu precisava de ar. Inalei profundamente.

O sol voltou toda a sua atenção para o nosso lado do prédio e inundou o cômodo com um calor opressivo.

— Ele se matou ou foi morto? — Enquanto formulava as palavras, pensei no arquivo de Nikodim e na pergunta que me ocorreu ao ler as anotações sobre seu suicídio. — Ele foi levado ao suicídio?

— Ele foi incitado a entrar em um esquema de falência. É como se tivesse sido morto.

Ficamos os dois em silêncio. Minha atenção estava voltada para os choupos em frente à janela. As árvores eram altas o bastante para alcançar nosso andar e, iluminadas pelo sol, suas folhas pareciam quase transparentes. O buraco negro dentro de mim estava engolindo todos os meus pensamentos. Eu estava dormente e tive de morder a mão para ver se ainda era capaz de sentir dor.

— Você disse que o capitalismo americano o matou — consegui falar, com dificuldade de pronunciar as palavras. — O que isso significa?

— Ele foi persuadido a entrar em um projeto de construção de casas com energia verde a preços acessíveis. Logo ele, que não sabia nada sobre construção, mas se imaginava como o próximo grande incorporador imobiliário. Quando éramos jovens, ele às vezes come-

MINHA UCRÂNIA   273

çava grandes projetos e depois os passava para mim, mas, nos Estados Unidos, começou a acreditar que poderia fazer isso sozinho. "Sonho americano", disse ele. "Tudo é possível aqui." Talvez fosse possível, estatisticamente falando, mas a probabilidade de sucesso era muito baixa. Foi um esforço tolo. Ele não quis me ouvir. Investiu dinheiro. Tomou emprestado mais do que poderia pagar. E os bancos estavam ansiosos para lhe dar o dinheiro, sabendo muito bem que ele avançava em direção ao desastre. Todo o sistema foi desenhado para tirar vantagem de pessoas ingênuas como seu pai. E ele fracassou. Não demorou muito para que o projeto se revelasse uma miragem. A quantidade de dinheiro necessária para realizá-lo era astronômica. Mas ele manteve as esperanças. Continuou recorrendo aos bancos. Continuou batendo em portas. Encontrou-as todas fechadas. Ele era um perdedor. E ninguém nos Estados Unidos gosta de um perdedor.

Cambaleei para trás e me apoiei na parede.

— Continuei dizendo a ele que viesse me visitar em Israel, para tirar uma folga do trabalho e explorar o mundo. E ele continuou adiando, dizendo que teria tempo suficiente para viajar e que aquela era sua chance de fazer algo grande. Então tudo desmoronou. E eu estava longe demais...

A voz de Vladimir se desfez em soluços.

Deslizei pela parede devagar e sentei no chão coberto de poeira da cozinha. Enterrei o rosto nas mãos. Eu sabia de alguns detalhes do empreendimento malsucedido do meu pai por conversas com seus amigos na Califórnia, mas isso não tornou ouvir a história dos lábios de Vladimir menos doloroso. Não conseguia culpar o capitalismo americano, os Estados Unidos, como meu tio fazia. Apenas senti uma dor de partir o coração percorrendo todo o meu ser. Eu achava que depois de três anos ela diminuiria, mas me dominou.

No entanto, enquanto Vladimir e eu conversávamos, soube que era a hora certa para ter aquela conversa e de viver o luto sem esconder nada ou fingir que a dor não estava ali. Eu precisava sair da *minha* Armadilha do Galo.

— Vou mandar uma coisa para você no endereço da Sonia — disse Vladimir depois de um longo silêncio. Então desligou.

Fiquei sentada no chão sujo até o sol deixar a cozinha. O calor opressivo desapareceu, substituído pela umidade bolorenta do fim de uma tarde de verão. Eu queria dormir e acordar na vida que eu tinha antes. Mas não conseguia identificar o "antes" pelo qual ansiava.

Alguns dias depois, Sonia me ligou dizendo que tinha recebido um pacote de Vladimir. Assim que cheguei, ela me entregou o embrulho. Tirei a fita e vi uma caixa de sapatos marrom. Não havia bilhete, mas percebi que não era necessário quando levantei a tampa. Ao me enviar sua preciosa coleção de fotografias da família, junto ao meu diário de infância, Vladimir queria que eu me concentrasse no que nos conectava, apesar da distância, das partidas e dos desentendimentos.

Reconheci algumas das fotos do arquivo digital, mas segurar o papel brilhante em que ele as revelou quando eu era criança me emocionou. As primeiras fotos de Vladimir eram, em sua maioria, dele mesmo e do apartamento, distorcidas e embaçadas, mas, quando ficou forte o bastante para se movimentar sem ajuda, ele passou a fotografar as ruas de Kyiv — meninas pulando corda, garotos provocando garotas, garotas provocando garotos, meninos fazendo malcriações, soldados marchando, mulheres em filas, crianças se divertindo. Esses instantâneos salpicados de manchas de superexposição capturavam a vida sem verniz de um lugar ainda marcado pela guerra. Uma das minhas imagens favoritas era de Vladimir em pé em frente a um outdoor com a temporada de apresentações de 1953-54. Um cartaz acima da sua cabeça anunciava a programação do circo. Outro apresentava uma lista de concertos e peças. O Teatro Ucraniano de Ópera e Ballet apresentava *Lakmé*, *Dom Quixote*, *O cavalinho corcunda*, *Príncipe Igor* e, para finalizar a seleção eclética, *Fausto*. As roupas de

MINHA UCRÂNIA   275

Vladimir pareciam grandes demais para seu corpo magro, mas ele
fazia uma pose confiante, com uma mão enfiada no bolso, a outra na
frente do casaco — a postura de durão que mascarava o braço direito
sem vida. Ele esteve doente e sofreu, mas se recusou a ser uma vítima.
"A vida continua", parecia dizer, inclinando a cabeça para o lado com
confiança.

— Gosto das fotos de Daria que Vladimir tirou — comentou Sonia
quando nos sentamos no sofá e espalhamos as fotografias ao nosso redor.

Vladimir capturou minha avó paterna em vários humores — posando contra uma parede branca, parecendo rígida e sem jeito, preparando uma refeição e lançando um olhar furtivo para a câmera,
cerzindo meias, escrevendo em seu caderno e olhando para longe com
um ar sonhador.

Uma das fotos mais tocantes da coleção era Daria segurando meu
pai quando ele era bebê. Quando voltou a Kyiv depois do fim da guerra,
ela descobriu que o marido estava tendo um caso com outra mulher,
e que ela estava morando no apartamento da família. Daria suportou
isso pelo bem de Vladimir, porque ele precisava de ajuda. O marido
acabou cedendo e terminando com a amante, mas, durante alguns
meses, Daria foi obrigada a compartilhar seu lar com outra mulher
cujo marido foi morto durante a guerra e que não tinha para onde ir.
Daria levou Vladimir para as consultas médicas e cuidou dele depois
das cirurgias. Mais tarde, quando descobriu que estava grávida do meu
pai, a família pareceu se reconciliar. Vladimir andava com uma bengala. O casal teve sua segunda lua de mel, e meu pai incorporou suas
esperanças de paz e felicidade.

Vladimir capturou Daria abatida e cansada, com linhas profundas
no rosto e bolsas sob os olhos. O familiar casaco disforme escondia seu
corpo magro, e os sapatos gastos pareciam vários números maiores.
Reconheci as roupas escolhidas sem cuidado, lembrando como minha
avó gastava todo o seu dinheiro com a família, relutando até mesmo

em comprar um novelo de lã para fazer meias — ela as tricotava usando os pelos do nosso poodle, para grande surpresa e choque da minha mãe.

No entanto, apesar dos sinais da idade e das roupas nada lisonjeiras, minha avó sorria feliz abraçada ao novo bebê. Eu não conseguia parar de olhar para ela e, quanto mais o fazia, mais sentia algo mudar dentro de mim.

— O sorriso de Daria ilumina todo o rosto! — exclamou Sonia.

A mulher na fotografia era a Daria que amava caminhadas na floresta, poesia persa e flores silvestres. A mulher que, apesar das dificuldades e do sofrimento, nunca se tornou amarga ou ressentida, e via o mundo à sua volta cheio de maravilhas. Gostaria de poder compartilhar aquela foto com meu pai para lembrá-lo de onde ele viera e por que ele precisava ficar.

Sentada em meu antigo quarto rodeada por imagens de pessoas que eu amava, reconheci que o passado podia conter dor e beleza e que, embora algumas dores jamais desapareçam, eu podia aprender a aceitá-las. Decidi abraçar o passado em sua complexidade assim como eu abraçava o futuro em sua incerteza. E me dei a liberdade de sofrer.

17

O jardim estava silencioso à luz límpida do início da manhã, e os sons do ancinho e das folhas farfalhando sob os meus passos ecoaram no ar fresco. As cerejeiras que eu tinha caiado na primavera pareciam nuas e abandonadas. Sua cobertura dourada impregnada pela geada cobria o chão. No início daquela semana, Valentina, tio Tolya, Dmytro e eu podamos as roseiras e adicionamos terra molhada ao redor de seus galhos grossos. O trabalho de coveiro incutiu em tio Tolya hábitos difíceis de perder, e as pilhas de terra cônicas e organizadas tinham uma aparência fúnebre.

— Pelo amor de Deus, sobrevivam ao inverno — disse tio Tolya acenando com o ancinho sobre as rosas.

Minha avó reclamou que nosso jardim parecia um cemitério.

— Não são sepulturas, elas guardam as raízes do futuro — explicou ele, solene.

Valentina revirou os olhos e, quando seu amigo foi embora, pediu-me que varresse as folhas para cima das rosas enterradas, escondendo os montes sepulcrais.

Voltei para Bruxelas pouco depois de Vladimir e eu termos nos reconciliado. Antes de partir, prometi a Valentina e Dmytro que retornaria no outono. Pani Olga brincou que eu era uma Perséfone moderna, confinada ao Hades no inverno e libertada nos Campos Elísios na primavera. Respondi que Bruxelas estava longe de ser o inferno e que a Ucrânia não era exatamente um paraíso, mas a comparação da minha amiga tinha um pouquinho de verdade. Sempre presumi que, ao contrário do restante da família da minha mãe, não sentia uma saudade desesperada de Bereh, mas estava enganada. Ansiava por Valentina e Bereh quando estava em Bruxelas e sentia falta do meu marido e da idiossincrática capital da Bélgica quando estava na Ucrânia. Quando criança, oscilava entre Kyiv e Bereh, o lado do meu pai e o da minha mãe, e agora aquele sentimento de saudade que me era tão familiar parecia voltar com força. Mas dessa vez era diferente, pois eu havia mudado. Me sentia mais à vontade com minha lealdade dividida e me confortava saber que tinha mais de um lar pronto para me receber. Eu era parte das duas famílias.

Quando voltei a Bereh em setembro, as conversas entre nossos vizinhos giravam em torno do inverno que se aproximava. Sasha terminava de vender os crisântemos no mercado de Poltava e não trazia mais uma dose fresca de fofoca no fim do dia. Em vez disso, se ocupava plantando bulbos de flores para o ano seguinte e não tinha tempo para se preocupar com o estado do nosso jardim ou do meu guarda-roupa. Nossa vizinha Antonina reclamava que a mulher não tinha sussurrado corretamente para seus pepinos na primavera, já que a produção se mostrava escassa. Tio Tolya dizia que era tudo bobagem porque o mundo acabaria mais cedo ou mais tarde.

— Escrevam o que estou dizendo, a Terra saiu do eixo.

Tio Tolya colheu vários sacos de batatas e comprou uma carroça cheia de madeira barata da família de um homem que ele havia enterrado fazia pouco e, tendo garantido assim um inverno quente e abundante, não se preocupava, ainda que o mundo estivesse fora do eixo.

Valentina parecia mais fragilizada que no verão e acabou delegando grande parte do trabalho no jardim para Dmytro e tio Tolya, sem reclamar. Eu queria deixar o pomar preparado para o inverno e passei a lembrá-la de tomar os remédios. Por sua vez, ela me incentivou a encontrar meus amigos.

— Teremos tempo para conversar quando a neve chegar — dizia, correndo para o quintal para pegar maçãs ou verificar se os repolhos estavam prontos para serem colhidos.

MINHA UCRÂNIA 279

Como eu visitava a Ucrânia todos os anos desde 2014, meu círculo de conhecidos tinha crescido tanto que eu poderia passar cada dia com uma pessoa diferente. Sempre que ligava para meus amigos, eles faziam planos e esperavam me encontrar assim que eu chegasse. Pani Olga precisava da minha ajuda para fotografar os *rushnyky* novos e classificar diferentes padrões regionais. Nadia me convidou para ir a Reshetylivka para a abertura de sua exposição de bordados. Ela tinha feito um lindo bordado branco sobre branco em uma camisa para mim e ficou triste por eu já ser casada, porque queria me fazer um vestido de noiva tradicional.

— Você sempre pode ter um segundo casamento na Ucrânia, como uma renovação de votos — sugeriu.

Sonia e Keywan insistiram para que eu ficasse com eles em Kyiv, e Alyona me convidou para passar um feriado prolongado com sua família em Odessa.

Por mais que tenha apreciado receber tantos convites, não fui a lugar nenhum e fiquei com Valentina. Mantive contato com Vladimir por Skype e coloquei uma câmera na sala de jantar para que ele pudesse se juntar a nós para um chá virtual. Ele nunca negou sua admiração por Putin e a crítica aos nacionalistas ucranianos, mas aceitei que nós dois não concordaríamos em tudo. Também aceitei o impulso implacável da minha avó pela perfeição e a importância de seu pomar.

— Estamos todos fadados a nos tornarmos escravos da terra? — brinquei com ela, mas aprendi tão bem os ritmos do jardim que Valentina não precisava mais me dar tarefas especiais.

Pela manhã, eu pegava um ancinho e varria as folhas caídas. Às vezes sentia o cheiro de inverno no ar e ficava ansiosa. O ciclo de morte e renascimento era implacável e, para manter os pensamentos melancólicos afastados, lembrei a mim mesma que estava preparando o jardim para a primavera.

Ouvi Valentina me chamar. O braço da minha avó estava por cima do portão do jardim. Apontava para meu celular, segurando-o com o braço estendido como se ele estivesse infectado com uma doença contagiosa.

— *Organy* — disse silenciosamente. Queria dizer "os órgãos", nome popular da KGB.

Limpei as mãos sujas em folhas de bardana cobertas de orvalho e fui correndo até Valentina.

— Aqui é Elena Ivanovna, diretora dos arquivos do SBU. Eu estava verificando alguns documentos e estou ligando a respeito de sua visita para analisar o arquivo de Nikodim Berezko. Você tem um minuto?

Reconheci a voz da arquivista da Casa do Galo. Não sentia o mesmo pavor de Valentina em relação à organização, mas receber uma ligação inesperada assim me deixou nervosa.

— Sim, estou ouvindo.

Sentei-me em um banco sob o arbusto de lilases e acenei indicando a Valentina para que entrasse. O ar estava gelado e ela estava sem casaco. Indecisa, ela ficou um tempo atrás da cerca de madeira e depois voltou lentamente para dentro de casa.

— Pode confirmar seu endereço, por favor? Preciso atualizar a informação no arquivo, já que você o solicitou duas vezes.

Senti meus ombros relaxarem e expliquei minha situação.

— Mas você passa muito tempo na Ucrânia — disse ela.

— Essa informação é necessária para os registros oficiais? — perguntei, amassando folhas secas de lilás com o salto da bota.

— Não, de modo algum. Você não precisa explicar nada. Só estava curiosa.

— Posso perguntar uma coisa, também não oficialmente? E você também não precisa responder se não quiser. O arquivo sobre meu tio-bisavô diz que ele se suicidou...

Elena Ivanovna não me deixou continuar.

— Nikodim Berezko não se suicidou — disse. — Ele foi fuzilado. Assim como milhares de outras pessoas. Em 1937, a KGB matou pessoas para cumprir as cotas e depois inventou os casos para dar a im-

MINHA UCRÂNIA 281

pressão de que seguiram o processo ao pé da letra. Eles também emitiram atestados de óbito falsos citando suicídio ou doença cardíaca para isentar o Estado de qualquer responsabilidade. O atestado de óbito de Berezko não parece correto. O original não tem data, hora, assinatura, exceto o que foi acrescentado depois, com uma letra e tinta diferentes.

Elena Ivanovna fez uma pausa antes de continuar.

— As pessoas que escreveram esses documentos também foram mortas. O interrogador-chefe, Zdykhovsky, foi acusado de ser o mentor da mesma organização trotskista de direita que serviu de pretexto para a execução de Berezko.

Fiquei em silêncio. Tracei os veios de uma folha amarela que tinha caído no meu colo.

— Claro, não sabemos ao certo o que aconteceu. Nunca teremos certeza. Apenas identificamos padrões — disse Elena. — Mas seu tio era inocente...

— Se Nikodim era inocente, por que vocês não emitiram o maldito certificado de reabilitação para o filho dele em vez de obrigá-lo a escrever dezenas de cartas e perder sua pensão? — perguntei, interrompendo-a.

— Não posso me desculpar por toda a organização, mas sinto muito. Realmente lamento — respondeu ela com toda a calma. — Mesmo nós que trabalhamos na Casa do Galo temos consciência e nossos próprios medos.

— Tenho mais uma pergunta. Minha bisavó Asya foi intimada pela KGB em 1945 para dar esclarecimentos a respeito de seu trabalho durante a guerra, mas foi liberada. Ela foi libertada com uma condição, colaborar, talvez?

Doeu-me dizer aquilo, mas, se eu tinha chegado até ali, precisava saber a verdade.

— Posso verificar e ligar de volta?

Respondi que sim e dei a Elena Ivanovna o nome completo e a data de nascimento de Asya.

Muito tempo depois de termos desligado, eu continuava sentada olhando para o celular silencioso. Então, o coloquei no bolso do casaco e peguei o ancinho. As folhas avermelhadas tinham um aroma pungente de casca de nozes e borra de vinho. A oficial não tinha revelado nada de extraordinário a respeito do destino de Nikodim. Eu havia lido dezenas de livros sobre o terror stalinista, sobre a extensão do seu alcance e a natureza aleatória das prisões e execuções. No auge do Grande Terror, os presos eram mortos e somente depois seus dossiês eram compilados para manter a aparência de legalidade. Regimes totalitários, da Alemanha nazista ao Khmer Vermelho, têm um apego mórbido por documentar seus atos. Ao ler o arquivo de Nikodim, eu estava ciente de que corria o risco de me enredar em uma teia de mentiras. Porém, meu tio-bisavô não era apenas mera estatística para mim, e sua morte representava mais que um arquivo. Minha mão tremia segurando o ancinho. Mordi o lábio inferior e puxei o cabo com toda a força, como se junto às folhas em decomposição eu pudesse varrer a dor, a tristeza e o desgosto que sentia.

Entrei em casa cambaleando e encharcada de suor e larguei o casaco sujo de terra no corredor. Valentina estava sentada à mesa de jantar com o jornal. Olhou para mim preocupada.

— Suas bochechas estão vermelhas. Tem certeza de que não pegou um resfriado? Eu disse para você não trabalhar no jardim nesse frio — disse ela, tocando minha testa. — Enfim, o que a KGB queria?

Quem quer que ocupasse a Casa do Galo, continuava sendo a KGB para Valentina.

Respondi que a arquivista ligou para dizer que Nikodim não se suicidou e que sua morte foi trágica e sem sentido.

— Nós duas sempre soubemos disso, não é? — perguntou, gentilmente.

— Eu fui rude, como se ela fosse responsável por tudo. Pelo destino de Nikodim, pelo sofrimento da esposa dele, pelo círculo vicioso e cruel que o filho dele vivenciou ao tentar provar a inocência do pai — respondi.

MINHA UCRÂNIA 283

Pensei no arquivo de Nikodim e estremeci. Era angustiante ver que a verdade podia desaparecer com o golpe de uma caneta. Uma história podia ser inventada e os fatos, adaptados a ela. A realidade podia ser refeita a pedidos. Uma pessoa inocente podia ser considerada culpada e o preto tornado branco ou qualquer tom intermediário.

"A verdade sempre aparece", podem dizer os otimistas. Quem sabe, mas quando a névoa se dissipar e os contornos da verdade se tornarem óbvios, será tarde demais. O que a oficial disse? "Ele foi fuzilado. Assim como milhares de outras pessoas." Era preciso ser ainda mais otimista para imaginar que as pessoas aprendam com os erros da história.

Muitas vezes, durante a busca por Nikodim, me perguntei qual exatamente era a verdade que eu buscava. Agora sabia o que tinha acontecido com ele. Nikodim estava morto. Sua família se dispersou. E essa informação não acrescentou nada à minha compreensão de Nikodim ou de seu passado.

— Qual é a verdade nessa história? — perguntei.

Valentina tirou os óculos de leitura, afastou-os com impaciência e ligou a televisão no noticiário da manhã.

— Depende do que você quer dizer com "verdade" — disse. — Você procurava Nikodim, mas na verdade queria entender o motivo para o seu pai ter se... se...

Ela não disse "matado". Sabia sobre a minha conversa com Vladimir. Calou-se abruptamente, virou-se para a TV e aumentou o volume.

— E acho que, se essa é a sua verdade, então você a encontrou.

Como de costume, minha avó realista deu suas declarações filosóficas com o mesmo tom prosaico do meteorologista, em quem sua atenção passou a se concentrar. Ela queria saber se o dia seguinte seria quente o bastante para plantar flores para a primavera.

O telefone tocou quando eu estava prestes a preparar o jantar.

— Olá, aqui é Elena Ivanovna. Não achei registros de Asya Berezko em nosso sistema além de seu dossiê pessoal. Talvez a KGB não tenha encontrado nada suspeito em seu registro e não viu motivo para detê-la.

— Na cópia do dossiê que temos em casa, vi que as declarações mais positivas a seu respeito foram escritas por vizinhos e colegas. Sempre imaginei que as pessoas aproveitassem essas oportunidades para expor suas queixas, para bajular a KGB ou por outros motivos ocultos.

— As pessoas são piores e melhores do que imaginamos — disse Elena. — Aprendi isso fazendo esse trabalho. A melhor carta é de Sergiy Berezko — acrescentou. — Descreve Asya com os maiores elogios.

— Sergiy Berezko era marido dela.

— Ele diz que apostaria qualquer coisa na lealdade de Asya como cidadã patriota da União Soviética. Quem sabe isso também a tenha protegido. — Elena soltou um suspiro e acrescentou: — Ele deve tê-la amado imensamente.

— Sim, amou. Ele teria dado a vida por ela.

— Ele quase fez isso. Graças a Deus, a KGB a liberou e não insistiu na questão.

Coloquei a chaleira no fogo e preparei uma bandeja de chá, com nossas melhores xícaras de porcelana, vários tipos de geleia e chocolates.

— Para que isso tudo? — indagou Valentina. — Estamos esperando a rainha da Inglaterra para o chá?

— Merecemos um agrado depois de todo o trabalho no jardim — argumentei. — É uma pena que não tenhamos vinho, ou poderíamos beber um pouco.

— Eu tenho — disse Valentina. — Da última vez que fomos à Crimeia, sua mãe e eu visitamos os vinhedos de Massandra e compramos uma garrafa de cabernet. Faz anos, então espero que ainda esteja bom.

Valentina foi até a despensa e voltou com uma garrafa tão branca de pó que parecia um *grand cru* e duas taças de cristal ainda mais empoeiradas. Lutei para abrir a garrafa com um saca-rolhas enferrujado e consegui depois de algumas tentativas. O vinho exalou um aroma azedo e mofado, mas estava aceitável, e enchemos as taças.

— A que vamos brindar? — perguntou Valentina.

— Vamos brindar ao amor — respondi. — Ao amor e à família.

Epílogo

*"Il faut cultiver notre jardin."**

— Voltaire, *Cândido, ou o otimismo*

Thauma é a palavra grega para milagre. Não no sentido sobrenatural, como andar sobre as águas ou alimentar quinhentas pessoas com cinco pães e dois peixes. *Thauma* é um espanto cotidiano, um breve vislumbre do divino através do véu que separa o mundo dos mortais do reino celestial. Na tradição ortodoxa, o limite entre esses dois mundos é fluido, e cada instante pode ser um portal e uma travessia.

A última vez que vi o jardim, ele estava coberto de neve.

— Olhe, já dá para ver os brotos — comentou Valentina, apontando para os galhos da cerejeira.

Sob a camada de gelo, vi o tom violeta das conchas que guardavam as futuras flores. O pomar de inverno deveria ser uma visão desoladora, estéril e gelada, mas eu via lembretes de vida em cada botão inchado e cada lâmina de grama irrompendo na neve. A promessa de verão no pomar de inverno me parecia a melhor ilustração de *thauma*, mas, quando falei isso para Valentina, ela não ouviu. Ela já pensava na estação de plantio seguinte, com seus novos projetos, entusiasmos e ansiedades.

---

* "Devemos cultivar o nosso jardim", em uma tradução literal. *[N. da E.]*

— Será que tio Tolya conseguiria construir uma pequena estufa ali? — perguntou ela, apontando para um canto vazio no jardim. — Eu estava lendo sobre um tomate híbrido de frutificação precoce.

Valentina assoprou nas mãos para aquecê-las. Suas bochechas estavam da cor de sua beladona favorita, mas ela estava muito imersa em devaneios para se importar com o vento cortante e as nuvens escuras vindo do leste.

— Adoraria aprender a cultivar bons tomates — disse ela, enquanto caminhávamos de volta para a casa em meio aos montículos de neve.

Ao voltar para a Ucrânia, presumi estar à procura de Nikodim. Mesmo depois de perceber que encontrá-lo não seria uma tarefa simples, ainda não entendia que estava buscando mais por pedaços de mim mesma do que por meu tio-bisavô. Eu estava preenchendo o vazio, tentando encontrar o equilíbrio que foi subvertido quando deixei a Ucrânia e, mais uma vez, ao perceber, em 2014, que nunca havia rompido meus laços. Eu estava de luto pelo meu pai. Precisava me lançar em jornadas, vasculhar arquivos e minhas memórias. Seria possível ouvir de novo a voz dos meus bisavós se eu soubesse escutar.

Ouvi e procurei, mas, de um jeito que apenas Valentina — ou um místico ortodoxo — poderia explicar, era Nikodim quem estava guiando a minha busca. Ele foi um catalisador que precipitou a minha jornada e um espelho em que pude ver o meu passado refletido. Descobri que esse passado era um repositório de perda e dor, mas também fonte de resiliência e esperança. Percebi que, apesar do trauma e do sofrimento, as pessoas que vieram antes de mim encontraram a felicidade e mantiveram sua dignidade. Mesmo nos tempos mais sombrios, elas bordavam um *rushnyk* e cultivavam um pomar de cerejeiras. Comecei a não dar valor à minha crença em *thauma*.

Milagres abundavam no decorrer da minha busca. Montei um quebra-cabeça ouvindo a voz de Sergiy enquanto procurava por Nikodim. Conversando com Vladimir sobre meu pai, montei outro. Por mais difíceis que essas buscas e conversas tenham sido, elas também me ajudaram a retomar o controle sobre meus medos. Às vezes me perguntava o que exatamente eu tinha encontrado, mas, em sua forma mais simples, era meu senso de identidade e meu pertencimento. A Ucrânia continuou sendo meu lar.

Até 2019, eu ia à Ucrânia sempre que podia e passava todo o tempo possível com Valentina, para compensar os anos que vivemos separadas. Também mantive um contato mais próximo com Vladimir, com meu primo que morava em Israel e outros membros da minha extensa família. A sabedoria e a força de Valentina e Vladimir me impressionaram, e, apesar da teimosia dos dois me exasperar, segurei a língua. Somos todos galhos da mesma árvore. Quando Valentina e eu preparamos nossos pães para a Páscoa, separamos dois para Nikodim e meu pai. Depois de décadas de esquecimento, Nikodim voltou às histórias da família. Nós nos lembramos dele não como vítima ou herói, mas como o irmão mais velho de Sergiy que o inspirou a estudar e ser professor. Não sabemos onde Nikodim está enterrado, e o lugar de descanso do meu pai está longe, na Califórnia, mas como um gesto pela memória deles, seguimos a tradição e deixamos os pães no cemitério local de Bereh.

Pani Olga conseguiu um novo emprego, mudou-se para um apartamento e segue catalogando bordados e colecionando *rushnyky*. Os amados padrões branco sobre branco de Nadia e Reshetylivka conquistaram a indicação para se tornarem Patrimônio Imaterial da Unesco, e ela se dedica a transformar essa indicação em reconhecimento e trabalha em um centro de artes dedicado à preservação do bordado. Quando a pandemia de covid-19 a forçou a parar de viajar pelo mundo promovendo as artes de Reshetylivka, Nadia levou seu projeto para a internet. Continua dando aulas e criando trajes requintados. Sempre que a observo trabalhando, os dedos tão hábeis e graciosos, me parece incrível que, apesar do turbilhão que é a história ucraniana, a arte e a beleza resistam.

— Sobrevivemos ao comunismo — diz Nadia. — Vamos ter esperança de que podemos sobreviver também a esta guerra.

Nikodim permanece jovem. Sem sepultura. Sem rosto. É o homem que desapareceu, mas escapou do esquecimento. Às vezes acho que a odisseia de Nikodim — a minha odisseia — não acabou, e que ainda há muito a descobrir. Às vezes, passo em frente à Casa do Galo e, do outro lado da rua, contemplo sua magnífica fachada carmesim. O lugar ainda me deixa desconfortável, só que não me assusta mais. Eu poderia visitar mais arquivos e procurar por mais histórias. Talvez um dia faça isso. Até lá, fico no pomar de cerejeiras. Caminho entre as árvores e aliso suas cascas ásperas.

— "Mas em ti o verão será eterno"* — sussurro para o jardim.

Tornei-me minha própria versão da encantadora de pepinos depois de tantos anos em Bereh. Às vezes, até penso em me mudar para cá definitivamente e cultivar meu próprio pomar.

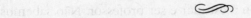

A última vez que vi Valentina foi nos últimos meses de 2019. Preparamos o pomar para o inverno e planejamos o plantio para a primavera seguinte. No entanto, em 2020, a pandemia e um problema de saúde me impediram de ir à Ucrânia. No fim de 2021, Valentina contraiu o vírus da covid. Na última vez em que conversamos pelo Skype, ela respirava com dificuldade, mas fazia pouco caso da doença.

— Consigo me movimentar e trabalhar um pouco — contou. — Sequei uma bandeja de maçãs para você. Sabe quantas maçãs colhemos este ano? Sasha também está doente, mas não consegue nem sair da cama.

No dia seguinte, Valentina foi levada para o hospital, onde morreu enquanto dormia, aos 87 anos. Sasha sobreviveu à doença e ajudou Dmytro com os preparativos para o velório. Tio Tolya cuidou do enterro. Os voos para a Ucrânia foram cancelados em razão de uma nova

---

* Shakespeare. Soneto 18. *Poemas de amor*. Ediouro, 2001. Tradução de Bárbara Heliodora. [N. da T.]

MINHA UCRÂNIA

onda de covid-19, e minha mãe e eu acompanhamos o velório pelo Skype. Isso fez com que tudo parecesse uma peça de teatro, irreal de alguma forma.

No dia 24 de fevereiro de 2022, a Rússia invadiu a Ucrânia e começou uma guerra que, enquanto escrevo, ainda segue em curso. Os ataques se desenrolaram nas mídias sociais com vídeos de bombardeios, prédios destruídos e corpos ensanguentados. Não consegui mais dormir e cheguei ao limite. Eu não podia ir à Ucrânia, mas minha conexão com o país tinha se tornado tão profunda que todos os dias eram cheios de uma dor tão imensa que me debilitava. O que fez 2022 ser tão diferente de 2014 foi que pude compartilhar minha angústia e minha raiva com muitas pessoas, meus amigos e conhecidos em Bruxelas e também os leitores do meu blog, espalhados pelo mundo. A guerra era tão sem sentido e a destruição, tão indiscriminada que eu não precisava mais explicar a catástrofe para ninguém. Todos nós compartilhamos da dor e do sofrimento da Ucrânia enquanto buscávamos maneiras de ajudar.

Peguei meu estoque de farinha e arroz e trabalhei com a comunidade ucraniana de Bruxelas para distribuir comida para os refugiados recém-chegados. Eram principalmente famílias com crianças e idosos que tinham fugido da ocupação da Ucrânia Oriental e recomeçavam suas vidas na Bélgica. No entanto, todas as conversas com eles eram sobre a saudade que sentiam do nosso país e o desejo de voltar para casa o mais depressa possível. Esse anseio por uma pátria em perigo ecoou na minha saudade e foi amplificada por tanto tempo sem poder voltar à Ucrânia. Às vezes eu me pergunto amargamente se estaríamos nessa situação em 2022 se o mundo tivesse se importado mais com meu país em 2014. De qualquer maneira, vivi na Ucrânia enquanto estive fora dela.

Dmytro ficou em Bereh. Perder Valentina fez com que todos nós sentíssemos que as coisas nunca mais voltariam a ser o que eram, mas sua recusa em ir embora tinha um significado mais profundo. Ele ficou porque queria continuar cuidando do jardim de nossa avó. Dmytro limpou a terra, podou as árvores e caiou os troncos enquanto as sirenes anunciavam mais um ataque aéreo. Poltava foi, em grande parte, poupada da destruição que outras regiões mais centrais e mais a leste sofreram, mas a situação permaneceu tensa. No entanto, o que eu recebia do meu primo eram fotos de mudas novas e do pomar florido. Durante a colheita, ele disse que as cerejeiras rederam dois baldes cheios.

— Congelei para fazermos *varenyky* quando você vier — disse. — Quando vencermos essa guerra.

Imaginei nós dois abrindo a massa sobre a mesa de carvalho de Valentina e recheando os bolinhos com frutas açucaradas. Pensei no aroma da farinha e do sumo das cerejas e a sensação do rolo pesado em minhas mãos. A cena foi tão comovente que chorei, mas escondi as lágrimas de Dmytro e brinquei que dois baldes de cerejas dariam *varenyky* suficientes para alimentar toda Poltava.

— Parece uma ótima ideia, não é? — disse ele.

Agora entendo melhor por que Asya e Sergiy cultivavam seu pomar e como sobreviveram às muitas calamidades do século XX nas fronteiras. Seguimos vivendo e cuidamos do nosso jardim um dia e uma árvore de cada vez. O pomar segue cheio de luz do sol e do canto dos pássaros, e sua abundância é uma recusa em se submeter ao desespero e ao medo. Cada broto e cada ramo são um lembrete do irreprimível *memento vivere* que ilumina com esperança os dias mais sombrios.

Bruxelas, agosto de 2022

Agradecimentos

Escrever um livro é uma jornada, e no meu caso foi uma peregrinação. Muitas pessoas a tornaram possível, e vou começar mencionando o mais fortuito dos encontros com Pani Olga e os voluntários da Igreja Ucraniana Ortodoxa São Nicolau. Quando me tornei sua arquivista não oficial, a equipe da igreja me recebeu com carinho e me ensinou sobre a arte, a história e a religião ucranianas. Minha peregrinação não teria enveredado pelo caminho fascinante que tomou se não fosse por eles.

Nadia Vakulenko e a equipe da Faculdade de Artes de Reshety-livka foram meus professores no que diz respeito a bordados e outras atividades manuais ucranianas. Tive aulas com Nadia e aprendi por que a técnica do branco sobre branco mereceu o título de Patrimônio Imaterial da Unesco.

Kateryna Ivanyvna e Volodymyr Mykolaevych Nakaznenko mantiveram as portas de sua casa em Poltava abertas para mim e compartilharam suas histórias familiares enquanto eu buscava pela minha. A artista Natalia Satsyk em Lviv me ajudou a entender o que tornava a cultura ucraniana tão vibrante e me inspirou a pesquisar o cenário artístico do país. Os ícones artísticos do Mosteiro de Kyivo-Pecherska, Natalya Gladovska e Mykhailo Haiovy, expandiram ainda mais meu conhecimento sobre as artes ucranianas e me iniciaram no mundo misterioso da pintura de imagens. Como a resiliência da arte e da cultura é um importante tema deste livro, suas aulas foram inestimáveis.

Embora a Casa do Galo, antiga sede da KGB, me assustasse no início, seus arquivistas fizeram de tudo para me ajudar a rastrear o arquivo de Nikodim e obter qualquer outra informação necessária. Por motivos de privacidade, seus nomes foram alterados, mas sigo grata pela ajuda que deram.

Agradeço aos meus agentes, Charlie Campbell, e Sam Edenborough, pela ajuda. Eles foram pacientes e prestativos em todas as etapas da transformação do manuscrito em livro. Agradeço muito ao meu agente americano, Beniamino Ambrosi. Sou grata a minhas editoras na Virago, Anna Kelly e Rose Tomaszewska, e a meu editor na Abrams Books, Jamison Stoltz, pela orientação e ajuda. As equipes talentosas da Virago e da Abrams Books merecem uma menção especial pelo trabalho árduo neste livro. Sua paixão e dedicação transformaram nossa colaboração em uma alegria imensa.

Também agradeço a Markku Aalto (Tammi), Dorotea Bromberg e Casia Bromberg (Brombergs Bokförlag), Ana Luísa Calmeiro (Porto Editora), Raïssa Castro (Grupo Editorial Record), María Fasce (Lumén Editorial), Iago Fernández (Grupo Enciclopedia), Camilla Rohde Søndergaard (Forlaget Klim), Monika Rossiter (Mova/Kobiece), Friederike Schilbach (Aufbau), Elisabetta Sgarbi (La Nave di Teseo), Jan Swensson e Marie Kleve (Aschehoug), Michel van der Waart (De Arbeiderspers), às equipes editoriais da Faces, da Könyvmolyképző e da Moonhak Soochup, e aos demais editores internacionais e suas equipes.

Também não posso deixar de mencionar as longas conversas com minha amiga Farran Smith Nehme a respeito do quadro *Paisagem com a queda de Ícaro*, que me inspiraram a repensar minhas ideias sobre a perda e o luto. Agradeço a Katherine Foshko Tsan por ler as primeiras versões do livro e compartilhar suas impressões.

Meu marido Paru merece uma menção especial por ler todas as versões do manuscrito e tolerar minhas longas ausências enquanto eu viajava pela Ucrânia. Este livro não teria sido possível sem a ajuda da minha família, que leu diferentes versões e me ajudou a estabelecer datas e a checar os fatos. Agradeço o seu apoio e amor.

O livro foi escrito em memória de minha avó Valentina, que faleceu no outono de 2021. Ela foi uma pessoa formidável que cultivou seu pomar de cerejeiras até o último dia de sua vida.

Este livro foi composto na tipografia Minion Pro
em corpo 11,5/16, e impresso em papel off-white
no Sistema Cameron da Divisão Gráfica
da Distribuidora Record.